シリーズ 古代史をひらくⅡ

古代人の一生

吉村武彦
吉川真司
川尻秋生［編］

シリーズ 古代史をひらくⅡ

古代人の一生

老若男女の暮らしと生業

岩波書店

刊行にあたって

もう一度、歴史を知ること、古代史を知ることの「面白さ」を皆さんに伝えたい。シリーズ「古代史をひらくⅡ」は、私たち編集委員の熱い思いから始まりました。

本シリーズの第Ⅰ期では、「前方後円墳」「古代の都」「古代寺院」「渡来系移住民」「文字とことば」「国風文化」の六冊を刊行し、幸いにも古代史に関心を持つ読者に温かく迎えられました。専門の研究者が日々追い求めている「本物の歴史」に触れてみたいという思いがあったからでしょう。

先にあげた六つのほかにも、古代史には重要なテーマ＝問題群がたくさんあります。それぞれの分野で研究が進み、新しい歴史像が見えてきています。「やさしく、深く、面白く」歴史を語るという、第Ⅰ期以来の目標をふたたび掲げて、このたび第Ⅱ期として「古代人の一生」「天変地異と病」「古代荘園」「古代王権」「列島の東西・南北」「摂関政治」の六冊を企画しました。

各冊では、まず「温故知新」のスピリットで古代の事柄を知ることをめざすとともに、これまでの古代史の枠内に閉じこもることなく、現代へと「ひらく」ことを心がけています。ジェンダーの問題や災害・環境の問題は、まさに現代の課題でもあります。荘園のあり方や地域どうしのつながりについては、新しい事実がさまざまに見えてきています。王権や摂関政治といった古くからあるテーマについても、研究の進展により、これまでとは異なる視角からわかってきたことがあります。

いずれのテーマにおいても、ますます精緻化する最近の研究を、図版や脚注も活用してなるべくわかりやすく説明し、考えるための道筋をお伝えしています。今回も、考古学・文学・歴史地理学・古気候学・建築史学・朝鮮史など、隣接分野との緊密な連携をはかり、それぞれの最前線で活躍している執筆陣の参加を得ることができました。また、各テーマの核心となる論点や今後の研究方向などを話しあう「座談会」を収録しています。

「学際」「国際」「歴史の流れ」という広がりを意識しながら、私たち研究者が日々味わっている、歴史を知る「面白さ」をお伝えしたい。この列島にかつて生きた人々が歩んできた道を読者の皆さんと共有するとともに、古代史から未来への眼差しを「ひらく」ことをめざします。

二〇二三年一〇月

編集委員
吉村武彦・吉川真司・川尻秋生

目次

＊　引用文・引用挿図の出典や本文記述の典拠などを示す際には、［吉村、二〇二三］のように略記し、その文献名・出版社・出版年などは各章末の文献一覧に示した。

〈古代人の一生〉を考える

吉村武彦

「選べること」と「選べないこと」

芥川龍之介の小説「河童」に、興味深いくだりがある。河童の国では、お産するにあたり、父親が、

「電話でもかけるやうに母親の生殖器に口をつけ、「お前はこの世界へ生れて来るかどうか、よく考えた上で返事をしろ」」

と尋ねる。子どもの返事は、

「僕は生れたくはありません」

だった。そのため、誕生しなかったという話である。[1] 生まれる予定の河童は「僕」の表記から男だと思われるが、これが男性優位を示すかどうかはわからない。龍之介の子ども三人が、男だったことが影響したかもしれない。

「河童」では、生まれてきたいかどうかが尋ねられる。人間の国では、こうした

(1)『芥川龍之介全集』8、岩波書店、一九七八年。

問いかけはありえない。いうまでもなく、フィクションと現実世界との違いである。どちらの性として生まれるかも含めて、子どもには選べない。性差に関しては、おそらく物心がつく頃から意識していくことになる。幼児期から、その時代の「男らしさ」と「女らしさ」に基づいて育てられる。

また、本人の身分も、選べない事柄である。すでに三世紀の倭人社会を描いた『魏志《ぎし》』倭人伝に「大人《たいじん》・下戸《げこ》・奴婢《ぬひ》」の身分が記されている。七世紀になると大化元年(六四五)の「男女の法」に「良人《りょうにん》・奴婢」の規定がみられる。おそらく浄御《きよみ》原令《はらりょう》には、「良人」と「賤《せん》」の身分差別が存在したものと思われる。(2) この良・賤(奴婢)の身分は、親の身分によって決まるので、生まれてくる子どもに選択権はない。

一方、古代の結婚においては、天皇クラスは本人の意志で配偶者を選ぶことができる。埼玉県の稲荷山《いなりやま》古墳から出土した金錯銘《きんさくめい》鉄剣に「獲加多支鹵」(ワカタケル)と記された雄略《ゆうりゃく》天皇をとりあげてみよう。『古事記』に「吉野宮に幸行《いでま》しし時、吉野川の浜《ほとり》に童女《おとめ》有り。其の形姿《すがた》美麗《うるわ》し。故《かれ》、是の童女を婚《ま》きて、宮に還り坐《ま》しき」(雄略段)というように、雄略は形姿美麗の童女と結婚する。また、雄略は人妻にも関心をもち、「茂《こまやか》に綽《きわやか》にして、諸の好備《かおそなわ》れり。曄《あからか》に温《にこやか》に、種《くさぐさ》の相《かたち》足れり」(3)(女性の美しさへの最大限の賛辞)とされる吉備上道《きびのかみつみち》臣田狭《たさ》の妻・稚媛《わかひめ》を気に入り、夫の田狭を朝鮮半島に派遣して引き離す。そして、「自ら稚媛を求《ま》ぎて女御《みめ》としたまはむと

(2) 持統《じとう》五年(六九一)三月癸巳詔に、「良」「賤」の区別があり、良賤関係は大宝令《たいほうりょう》の戸令《こりょう》に引き継がれる(『令集解』戸令良人家人条・官奴婢条ほか)。なお、「賤民」といわれることがあるが、古代では「賤」は半人・半物の扱いなので、「賤民(人)」とは呼ばれない。「賤」として処遇される。

(3) 言葉の意味としては、女性は「美しく豊かにして多くの長所が備わっている。輝かしい潤いがあり、種々の表情が充ちている」ということ。

欲《おもほ》」して迎え入れる(『日本書紀』雄略七年是歳条)。専制君主の性格が丸出しである。

これらは雄略天皇の婚姻譚であるが、一般社会においてはどうであろうか。万葉歌では、男性の「一目見し　人に恋ふらく」(二三四〇)、「たまさかに　わが見し人を　いかにあらむ　よしをもちてか　また一目見む」(二三九六)の歌詞、また女性の「み空行く　月の光に　ただ一目　相見し人の　夢にし見ゆる」(七一〇)とある一目惚れの歌は、本人の意志による恋の始まりである[古橋、一九八七]。たとえフィクションであれ、個人の想いから始まる恋愛では、相手を選ぶことができたようだ。

このように誕生に関することは選べないが、民衆の間では、恋愛は選択する余地があった。恋愛が順調に発展すれば、結婚にいたる。こうした「選べること」と「選べないこと」とに遭遇するのが、人の一生ではなかろうか。

人の一生と結婚・出産

性差については、生物学的な形状によって男・女が区別されるだろう(4)。そして、時代の性別役割の考え方によって養育され、成長していったはずである。各時代の男らしさ・女らしさの性差に、どのような意味づけがなされたのか、それが問われることになる[元橋、二〇二〇]。また、性別の分業に関しては、本来の生物学的な筋力や運動能力の差違に基づくものであるかどうか、検討が必要であろう。古代に

(4) 戸籍・計帳において、課役と関連する中男・正丁・老丁の判定に関わる時、「皆国司親《みずか》ら形状を皃《み》て、以て簿定むること為《せ》よ」となっている(戸令造帳籍条)。誕生時とは異なるが、「形状」には外性器が含まれるであろう。

おいてはどのような性差があったのか、実態を明らかにすることが重要である。それは家族単位からはじまり、社会全体にいたる性別の特徴・役割の検証である。

さて、古代では田租《でんそ》を除き、男性が課税の対象とされるが、年齢（古代は数え年）によって賦課の内容が異なる。律令法による年齢区分は**表1**のようになる（戸令三歳以下条）。

表1　養老令による年齢区分（括弧内は大宝令）

区分	黄（緑）	小	中（少）	丁	老	耆老
年齢	～3	～16	～20	21～	61～	66～

基本的には成年男子である「丁（正丁）」に課税されるが、一般の男性百姓は田租のほか、調庸《ちょうよう》・雑徭《ぞうよう》を負担する。正丁以外では中男《ちゅうなん》（少丁）が正丁の調・雑徭の四分の一、老丁が二分の一の課税額である。賦課対象なので課口《かこう》と呼んでいる。

ところで、不課口の女性の場合、結婚後はどうしても出産・育児が家族生活で大きな役割をしめる。極端にいえば、人生の主要な「任務」として担わされる。律令法では、男子が一五歳、女子は一三歳になれば結婚できる（戸令聴婚家条）。「正倉院文書」(5)にある大宝二年（七〇二）美濃国加毛《かも》郡半布里《はにゅうり》（現、岐阜県加茂郡富《とみ》加《か》町付近）の戸籍(6)によって、具体的に考えてみたい。

女性が一〇代で出産しているのは、一三例ある。結婚して、一年前後で子どもが生まれるとすれば、男性は二〇歳以上で結婚するのが大半となる。注目したいのは、

(5) 東大寺写経所に反故《ほご》紙として払い下げられた文書が、写経所の事務関係の書類として再利用された。東大寺の正倉院に保管されていたので、「正倉院文書」という。『大日本古文書』（編年文書）全二五巻（東京大学出版会）に所収されている。写経所の運営状況がわかるばかりか、不要となった戸籍・計帳や正税帳などが反故紙とされたので、当時の行政の実状を知る上できわめて貴重な史料群である。

(6) 半布里の戸籍は、五八戸のうち五四戸の戸籍が残され、かなり正確な戸籍と評されている。

出産期間である。子どもの数が一〇人以上の場合も四例あり、ほとんどの女性が多産である。つまり、結婚して十数年から二十数年におよぶ年数が、出産・育児期間。これは女性の生き方に、大きな制約を課している。

なお、子どもが産めない女性には、過酷ともいうべき離婚の条件が待ち受けている。律令法には夫による一方的な離婚条件として、子どもが産めない女性の「子なし(無子)」が規定されている。しかも、子の出産とは「男の子を産む」ことだという解釈が行なわれている(公的な注釈書といわれる「義解《ぎげ》」説)。明らかに男系の後継者をつくらねばならないという、家族・氏族意識の所産であろう。

「無子」の規定が記された戸令七出《しちしゅつ》条では、ほかに「淫泆《いんしつ》、不事舅姑(舅姑《きゅうこ》に事《つか》へず)、口舌《こうぜつ》、盗窃、妬忌《とき》、悪疾《あくしつ》」を離婚の理由とする。[7] 今日からみれば、七出条は全体として女性差別に違いなく、父母・夫を重んずる家族・親族観をもつ儒教思想と関係がある。「無子」のほか、夫の父母につかえない「舅姑に事へず」[8]なども、条件になっている。中国の唐令《とうれい》に基づくとはいえ、古代日本における婚姻は対等・平等性からは、ほど遠いといわねばならない。

戸籍の作成と性差・氏・身分

さて、人の一生を特徴づける性差・身分などは、七世紀後半に戸籍が造られるよ

(7) 大宝令は「六出」で、「悪疾」が含まれなかった。

(8) 七出条の舅姑は、夫の父母を意味する。ほかに、「舅」が母の兄弟を指す場合、「姑」が父の姉妹を指す場合がある(戸令稼女条)。

うになると、誕生時から記録されるようになる。戸籍には氏《うじ》の名とカバネが記され、個人名が記載される。こうして所属する氏(姓)が決定されるが、これを定姓《ていせい》機能という。奴婢などの賤には氏の名はなく、奴婢は無姓者である。古代日本では、天皇が氏姓秩序を形成したが、氏姓秩序を超越した天皇一族も無姓となっている。

このように戸籍によって、古代人の身分が決定される。また、戸籍には口分田《くぶんでん》を班給する班田と、租税(公租公課)を収取する課税台帳の役割がある。さらに人々を戸籍に登録された本貫地《ほんがんち》に緊縛するという役割も果たした[吉村、一九九六]。このように戸籍によって性差や身分が明確になるが、女性の個人名の付け方には特徴がある。古代では女性に課役負担がないため、男性か女性かを区別することが必要であり、女性の個人名には「売・女」(いずれも「め」と読む)の文字が付けられる。個人名によって、性をまちがうことがないようにされている。

律令法における男・女の呼称

性差を表す文字は、「男・女」である。そのため律令においても「男女、三歳以下」(戸令三歳以下条)、「男年十五。女年十三以上」(同聴婚嫁条)とあるように、客観的な性差としては「男・女」の漢字が用いられている。(9) したがって男・女の呼称は一律に呼ぶことができたはずである。ところが、王(天皇)制や官人《かんじん》制などがそれぞれ

(9)「男・女」の用法は、中国令と日本令とは同じである。したがって、中国の用法が日本にもたらされたことになる。

別個に形成されてきたため、各制度における男・女の呼称は統一されていない。

また、律令法において、そもそも男の一般的な名称は「男夫」「男子」、女の名称は「婦人」「婦女」とされる。「婦」は本来「嫁した女性」のことであるが、[10]「人・女」などの字を組み合わせて「婦人・婦女」とすれば、女の一般的な名称になるという〔滋賀、二〇〇三〕。

結婚した男女は、親族名称からいえば「夫」と「妻」である（儀制令五等条）。したがって、「夫妻」の名称がいちばん客観的である。律令条文でも、戸令殴妻祖父母条・為夫妻条において、「夫妻」の語が使用されている。不思議なことに、今日でも使用されている「夫婦」の語は古代でも使われているが、実は養老令《ようろうりょう》の条文には存在しない。[11]逆に、『書紀』では「夫妻」の語は神代第八段一書第二に一箇所しか用いられておらず、「夫婦」が多用されている。

以上のように、「婦」の字は客観的な親族名称ではなく、女性の婚姻と強く関わっている。「男」字との関係では、特別扱いとも考えられる。辞典のなかには、「本来は、夫妻は男女対等の言い方。夫婦は男尊女卑の言い方」ともされている（『角川新字源 改訂新版』）。「夫妻」に比べると、ともあれ、「夫婦」の語は男性中心の言葉になっていることは否めない。

それでは、律令法のなかで同様な身位・役職の男・女は、それぞれどのような名

（10）ただし、目上の血族に来嫁した時は「婦」とはいわず、兄の妻は「嫂」であり、尊属に来嫁した女性は「伯叔母」である。日本令の「伯叔婦」（儀制令《ぎせいりょう》五等条）は誤用という〔滋賀、二〇〇三〕。

（11）唐律の義絶離之条と奴娶良人為妻条に、「夫妻」の用語がある。日本律は不明であるが、おそらく存在したであろう。「夫婦」の用語は、唐律奴娶良人為妻条の条文「与良人為夫妻」を注釈する疏議《そぎ》で「嫁娶為良人夫婦」としていて、夫妻と夫婦とが同じ脈絡で使われている。

称で呼ばれているのであろうか。主要なものを取りだすと**表2**のようになる。

男の名称には、「親王・諸王・歌人」などのように一般的な命名が多い。一方の女性には「内・女」を付けて「内親王・女王・歌女」と呼んでいる。女性を特別視していることがわかる。古代の律令制国家は官人(官僚)制によって運営されているが、官人は男性であり、女性は「宮人《くにん》」と呼んでいる。宮人も位階をもつが官位相当制はなく、官位令《かんいりょう》にも規定されていない。女性の宮人は、官僚制の原理から排除されているということができる。

表2　律令法における男・女の対比と名称

男の名称	女の名称	関連する条文
皇帝(皇)	女帝	継嗣令皇兄弟子条(古記に男帝・女帝)
親王	内親王	家令職員令一品条
諸王	女王	喪葬令百官在職条
官人	宮人	職員令中務省条・式部省条
歌人	歌女	職員令式部省条
夫	妻・妾	戸令三歳以下条
仕丁(丁)	女丁	賦役令仕丁条(男丁なし)
男夫	婦女・婦人	僧尼令停婦女条・獄令婦人在禁条
男子	女子	戸令応分条
兵衛	采女	軍防令兵衛条

制度化された性差と家父長制

日本列島には、六世紀の欽明《きんめい》朝の時代に百済から仏教が伝来し、漢訳仏典がもたらされた。そして七世紀になると、推古《すいこ》朝に中国の礼制が部分的に導入され、外交使節との儀礼(賓礼《ひんれい》という)や王宮(小墾田《おはりだ》宮)の朝礼などが改革された。天平勝宝三年

(12)　従来の研究では、ローマにおける家父長制との比較で捉えられていた。また、理論的にはエンゲルス『家族・私有財産・国家の起源』を典拠にすることが多かった。この手法がまちがっているわけではないが、中国の儀礼や律令法は中国的

（七五一）に編纂された漢詩集『懐風藻《かいふうそう》』の「序」に、「聖徳太子に逮《およ》びて、爵《しゃく》を設け官を分かち、肇《はじ》めて礼義を制《さだ》めたまふ」とある。このように八世紀半ばには、推古朝に礼制が整えられたとの伝承があったことになる。

その後、七世紀後半になると、中国の永徽《えいき》律令を手本として、律令法を継受する。こうした一連の過程を通じて、中国的な家父長制の思想を受け入れたと思われる。日本における性差に基づく区別・差別は、この家父長制の影響が強い⑫。

古代の官人たちでは、大学の出身者は『周易《しゅうえき》』『尚書《しょうしょ》』『周礼《しゅらい》』『儀礼《ぎらい》』『礼記《らいき》』『毛詩（詩経《しきょう》）』『春秋左氏伝（左伝）』の経書《けいしょ》の一部と、『孝経《こうきょう》』『論語』は学んでいるから（学令《がくりょう》経周易尚書条）、中国の儒教の知識はもっていた。ただし、家族や社会のありさまが異なるので、どのように実践していたかが問題になるであろう。日本の実状については、史料に基づきながら、独自に考察していく必要がある。

さて、中国の家父長制については、仁井田陞《にいだのぼる》の研究がある。仁井田によれば、家父長制とは「家長」としての地位と権威、そして「父」としての「父権・夫権」が問われる。家長は、家が所属する氏族（宗族）の「族長権力」の制約を受けるという⑬［仁井田、一九六三］。たとえば結婚においても、一族（氏族）が関係するから、結婚をつかさどる主婚《しゅこん》（日本令では婚主）の担当者は、祖父母・父母の順序となる（戸令稼女条）。ところが、日本ではそもそも婚主に本来の役割がなく、条文の趣旨も「承諾」

な家父長制家族に基づいている。また、漢訳仏典における家父長制の影響もある。そのため、日本の家父長制は、中国との比較で考察する方法が有効性をもつと思われる。

これまでに、吉田晶による日本古代における家父長制の研究がある。ただし、奴隷制など経済関係が中心となっており、「家長としての父による絶対的な権威と権力」の具体的解明には必ずしもなっていない［吉田、一九八〇］。

(13) 仁井田陞『中国社会の法と倫理』の第一章「中国の家父長権力の構造」が、ローマの家父長制を考慮しながら中国の家父長制を考察している（清水弘文堂書房、一九六七年）。

を求められる程度である（日本思想大系『律令』補注）。しかも、実際の結婚は親の承認で済まされており、一族が関与する役割は中国と異なっている(14)。

中国においては、狭義の家は「家系をともにする生活共同体」を指すとされ(15)、「同居共財《どうきょきょうざい》」(16)を旨とするという〔滋賀、一九六七〕。ところが、堀敏一は主に律令の分析から、家は祖父母・父母と子・孫、夫と妻妾、兄姉と弟妹といった、尊卑・長幼の身分関係の総合体として存在するにすぎないとしている。また、家長の第一の義務は戸口の登録と維持であり、国家の関心事が課役徴収と田地の維持にあることに求めている。そして、家長には家財管理の権限があるだけだという〔堀、一九九二〕。このように研究者によって必ずしも統一した見解があるわけではないが、時代を限定して定義する必要があろう。

それはともかく、日本律令は中国法の「家」概念を受け継いでいるので、「家長」（戸令戸主条）や「当家」（田令《でんりょう》官位解免条）の概念も、元は中国的な設定だったはずである。しかし、日本では必ずしも中国と同一の意味を有しているとは限らない。そのため、「家父長制」の用語を使用する際は、中国とは異なる日本独自の定義が必要になるのではなかろうか。これまでの研究史では、必ずしもきっちりした手立てが取られていないように思われる。

『日本書紀』や『日本霊異記《りょういき》』の記述によれば、「家」は住まいの建造物としての

（14）これは家族と氏族（氏上《うじのかみ》）との統制の問題である。たとえば中臣鎌足から長女を天智の妃とすることを依頼された蘇我倉山田石川麻呂は、婚約の日に一族の者に自分の長女を盗まれている（『書紀』皇極《こうぎょく》三年正月条）。必ずしも主婚的立場が貫かれていない。蘇我氏の場合、馬子の没後の墓（桃原墓）の造成に一族が参加しており、その一族の境部摩理勢が墓所の廬《いおり》を壊した記事もある（『書紀』舒明《じょめい》即位前紀）。『書紀』には、族長（氏上）と諸族との関係の記述があり、両者の関係がわかる。また、氏神《うじがみ》の祭祀などを通じて同族的結合の意味を考察することもできるが〔吉田、一九八〇〕、生産活動などでは不明なことが多い。

意味が第一義的になっており、この面でも中国の「家」とは異なっていた。ただし、『書紀』では家が有する「財宝」（皇極三年七月条）、「財物」（大化二年三月甲申条）、「奴婢」（大化元年八月庚子条）や「馬」（大化二年三月甲申条）が問題となっており、これらは家産として捉えられる。『書紀』の「家長」の語は戸令戸主条からの引用であり、家長的な立場がいつから機能していたのかは歴史的に考察すべきであろう。

女性の「三従」

女性への差別を象徴的に示す言葉は、「三従《さんじゅう》」であろう。「三従」とは、女性は「結婚前には父に従い、結婚してからは夫に従い、夫亡き後は子に従う」という教えである。この通りであれば、女性は一生自分の意志で生きられないことになる。この考え方は、中国の『儀礼』や漢訳仏典に記されており、早ければ六世紀の仏教伝来以降に受容された可能性がある。遅くとも七世紀には、日本列島にもたらされていただろう。一方、日本側で「三従」思想が実際の場面でみられるのは、いつ頃からであろうか。

現存している文献のなかで、もっとも古いのは『勝鬘経義疏《しょうまんぎょうぎしょ》』である。その「総説」には、

それ勝鬘は、もとは是れ不可思議なり。（中略）所以《ゆえ》に初には舎衛国《しゃえいこく》の王のとこ

(15) 広義には、家系を同じくする人々の総称。したがって、中国語の「家」とは、家系または家計をともにする人々の観念的または現実的な集団、ないしはその集団の生活を支える財産の総体を意味する［滋賀、一九六七、五三頁］。

(16) 同居人が、収入・消費および資産保有の全面にわたる共同会計を維持する関係のこと。共同会計の資産内容が「家産」［滋賀、一九六七］。

ろに生れて孝養の道を尽し、中ごろは阿踰闍《あゆじゃ》の友称の夫人《うしょう》となりて三従の礼を顕し、終には影響《ようごう》の釈迦と共に摩訶衍《まかえん》の道を弘む。(17)(日本思想大系『聖徳太子集』)とある。勝鬘(夫人)が、北インドの阿踰闍国で国王(友称)の夫人(王妃)になった時に、「三従」の礼を顕したという。

これはインドの王妃の例ということになるが、『勝鬘経義疏』には模範的な生き方として記されている。『義疏』の著者は、厩戸皇子《うまやと》(聖徳太子)とされているが、その当否は別にしても、『義疏』が存在していたとすれば、すでに推古朝には三従思想が流布していたことになる。『書紀』によれば、「天皇、皇太子を請《ま》せて、勝鬘経を講《と》かしめたまふ」(推古一四年七月条)とみえ、厩戸皇子は推古天皇から依頼されて勝鬘経を講経していた。歴史的事実としては、どうであろうか。

『勝鬘経義疏』は、七世紀前半までさかのぼる可能性が高い[東野、二〇一七]。現在のところ、『義疏』以降の三従の記述となると、かなり時期の離れた『万葉集』の記事となる。大伴旅人《おおとものたびと》の七九三番歌の後にみえる「紅顔《こうがん》は三従とともに長く逝《ゆ》き、素質は四徳とともに永く滅びにき」の文章である。(18)すでに女性の生き方として通用していたと思われる。こうした三従思想は、列島社会に徐々に浸透していったのではなかろうか。

(17) 舎衛国はコーサラ国のこと、阿踰闍は舎衛国と並ぶ北インドの都城。友称は阿踰闍国王のヤシヨーミトラ。影響の釈迦は、本地《ほんじ》の仏が人間の姿をとって釈尊として示現している意味。摩訶衍は大乗のこと(日本思想大系本頭注)。

(18) この文章は、大伴旅人ないし山上憶良の作といわれる。美しい容貌は三従とともに長く消え去り、白い柔肌(素質)は女性の守るべき四徳(婦の貞順、婦の言葉、婦の身だしなみ、婦の家政)によって永く滅びてしまう、という意味。

皇位の継承と男・女の天皇

次に視点を変えて、政治的関係を有する性差について考える。その最たるものは女帝の問題、つまり天皇の性差であろう。最初に、前任者とどのような系譜関係をもつ人物が即位するのか、いかなる手続きで即位するのか、確認しておきたい。律令法が導入されても、そのなかに皇位継承法は含まれていない。天皇は律令法を超越した存在であり、律令法には束縛されないからである。

天智朝に設定された「不改常典《ふかいじょうてん》の法」は皇位継承法であり、おそらく父系の直系継承法と思われる。それ以前に関しては、同世代では兄弟、世代間継承では天皇ないし天皇たりうべき人の長子《ちょうし》(長男)によって継承されたといわれる[井上、一九六五]。こうした男性優位とみられる慣習法と不改常典の法にもかかわらず、天皇は男性ばかりではなく、推古天皇以降では女性天皇が頻出した。皇位は女帝を含めて、基本的に血縁関係および夫妻関係を通して受け継がれており、新帝は前王ないし元王らとのつながりがある。

それでは、皇位継承にはどのような手続きが必要であったのだろうか。天皇が死去すれば、新たな天皇を決定するのは、大臣《おおおみ》らの群臣である。群臣の意思による推挙によって、新帝が決定されるというシステムである。この制度は、大化元年(六四五)の乙巳《いっし》の変で皇極天皇が譲位し、天皇家の自律的意思によって次の天皇が決まるようになるまで続く。

この手続きは、選ばれる天皇の性差とは無関係である。そのため推古天皇をはじめとする女性天皇が決まるのも、群臣の推挙による。したがって、女性天皇の誕生は、群臣の意向ということにもなる。そして、新しく即位した天皇のもとで、新たに群臣が任命される。新天皇を推挙した群臣にも、再任の手続きが必要である。

なお、女帝が存在した時期を含め、大臣・大連《おおむらじ》と大夫などの群臣はすべて男性であり、律令官人が男性で構成される原理と通底している。ヤマト王権と律令制国家は、官人制の機構によって運営される。ただし、古代の天皇は専制君主であり、一般的には群臣が天皇の意思を束縛することはない。法令は天皇の意思を表す「詔《しょう》・勅《ちょく》」によって発布され、天皇の意思とは無関係に重要法令が施行されることはない(19)。

こうした構造のもとでは、天皇・皇后・皇太子という権力核を構成するメンバーそれぞれの意思も政治動向とは無関係ではない。ただし、女性天皇の場合は皇后が存在しないので、皇太子の役割が小さくないだろう。また、大臣などのブレーンとの関係にも注目する必要があるかもしれない。いずれにせよ、天皇が男性か女性かという性差問題と、男性原理の官人制の問題とは区別して考える必要がある。

皇后と後宮

(19) 詔書の場合は、大《だい》納言《なごん》が施行の許可を天皇に求め、天皇は許可したことを示す「可」と記す(公式令詔書式条《くしきりょうしょうしょしきじょう》)。勅旨の場合は、中務省《なかつかさしょう》の長官が施行許可を得て、施行する(同勅旨式条)。詔書には大臣・大納言、勅旨には太政官《だいじょうかん》の弁官《べんかん》の署名が必要であり、中務省の官人も署す。このように群臣・太政官が関与するが、基本的には天皇の意思(天皇大権)が重視されている。

さて、結婚は男・女の意向によって決められるとしても、相手の身位の高さによっては、政治的な性格を帯びてくる。とりわけ天皇との結婚ともなれば、生まれてくる男子は即位の可能性がある。天皇の后妃には、どのような人が選ばれているのだろうか。後宮職員令《こうきゅうしきいんりょう》(20)によれば、妃《ひ》(二員)は四品《しほん》以上とあるので、天皇の皇女たる内親王である。妃以外では、夫人《ぶにん》(三員)が三位以上、嬪《ひん》(四員)が五位以上という貴族の娘であることが規定されている(妃条)。

すぐにも気づかれるだろうが、ここには皇后の規定がない。これは唐令と同じであるが、皇后は特別な存在であるからだろう。妃が四品以上なので、ふつうは妃以上の身位が律令の趣旨であるとみる。これが正式な後宮の制度であるが、后妃以外にも采女《うねめ》とは性的関係が生じることがある。

それでは、実際の皇后はどうであろうか。「天皇・皇后」の称号が定まった浄御原令以降の天皇では、持統(女帝)、文武《もんむ》(皇后なし)、元明《げんめい》(女帝)、元正《げんしょう》(女帝)、聖武《しょうむ》(藤原光明子《こうみょうし》)、孝謙《こうけん》(女帝)、淳仁《じゅんにん》(皇后なし)、称徳《しょうとく》(孝謙重祚)、光仁《こうにん》(井上内親王)、桓武《かんむ》(藤原乙牟漏《おとむろ》)となる。女帝には皇后がいないが、男性でも立后者がいない場合もある。内親王は一人である。

それ以前になると、ほぼ確実な継体《けいたい》天皇以降では、浄御原令以降とは異なって、天皇の皇女が大半である(**表3**)。これは、律令法の趣旨を援用して、皇女を皇后と

(20) 後宮職員令の内容は、「妃・夫人・嬪」の「後宮三員」と、いわゆる後宮十二司につとめる「宮人」の規定からなる。大宝令では「後宮官員令」であるが、「宮人職員令」と呼ばれることもあった(日本思想大系『律令』補注)。後宮三員の名称は、日本独自のものであるが、この三員を指す以外に、宮人の集合体やキサキの宮など、建物や場所を意味することもある[三崎、一九八八]。

表3　皇后の出自

天皇	皇后の出自	天皇	皇后の出自	天皇	皇后の出自
継体	仁賢皇女	用明	欽明皇女	孝徳	舒明皇女
安閑	仁賢皇女	崇峻	皇后なし	斉明	女帝，皇極重祚
宣化	仁賢皇女	推古	女帝(敏達皇后)	天智	(倭姫)
欽明	宣化皇女	舒明	(異母弟の娘)	天武	天智皇女
敏達	先・(広姫)，後・欽明皇女	皇極	女帝(舒明皇后)		

して扱った可能性がある。継体以降の皇后をみれば、藤原氏以外の氏族出身者で立后した女性はいない。ただし、皇后以外の妃をとりあげれば、多くの氏族からキサキを迎えている。

さて、古代の天皇大権のもと、皇后がどのような権限を保有していたか、あるいは保有していなかったかに関しては、日本独自の王権構造から考えねばならない。中国律令においては、全体として王族も家父長制的な性格を有している。ただし、日本では推古朝から皇后経験者が女帝になるという歴史があるので、日本的な皇后の役割を考える必要がある。

『書紀』においては、天武天皇の末年、天武が罹病した際、「天下の事、大小を問はず、悉《ことごと》に皇后及び皇太子に啓《もう》せ」（朱鳥元年七月癸丑条）と命じたことがある。七世紀の女帝である推古・皇極（称徳）・持統が皇后経験者であったことも、こうした皇后の政治力と無関係ではないだろう。また、皇后の権威・権力を示唆する記事として、「皇后、体《みみ》、天子に同じと雖《いえど》も、内外の名《な》殊《こと》に隔《へだた》る」(安閑元年七月辛巳条)がある。『続日本紀《しょくにほんぎ》』になれば、「天下の政《まつりごと》におきて、独《ひと》知るべき物に有らず。必ずしもしりへの政有るべし。(中略)並び坐《いま》して有るべしと言ふ事は、汝等王臣等、明《あき》らけく見所《みし》られたり」(天平元年八月壬午条)にある「しりへの政」と関係する。これは、夫人である藤原光明子を立后する宣命《せんみょう》の一部である。中国的な後宮観からいえば「後宮の政」となる可能性があるが、光明子の皇后宮は平城宮の外部にあり、その可能性はないだろう。最近の研究では、「しりへの政」は皇后の有する権力の問題として捉えられている[上村、二〇二三]。

氏女と采女——女性の献上

ところで、後宮とは別に中央・地方の氏族から献上される女性が、氏女《うじめ》と采女《うねめ》である。氏女は「諸の氏は、氏別に女貢《ぐ》せよ」(後宮職員令氏女采女条)とあり、京・畿内から献上される。一方の采女は「郡の少領以上の姉妹及び女の、形容端正なる者」を貢する。采女は、在地の国造《こくぞう》から服属の証しとして貢上させた歴史がある。ただし、古くは氏女と采女の明確な区別はなかったといわれている。また、采女のほかに男性の兵衛《ひょうえ》も貢上される。令制国では、国内の三分の二の郡が兵衛、三分の一が采女を貢上すると規定されている(軍防令《ぐんぼうりょう》兵衛条)。

采女は、律令制下では後宮十二司において働く宮人であるが、大化前代では天皇の性愛の対象者でもあった。『書紀』に「童女君《おみな》は、もと是《これ》采女なり。天皇、一夜与《あた》はして脹《はら》めり。遂に女子を生めり」（雄略元年三月是月条）、「倭《やまと》の采女日媛《ひのひめ》をして酒を挙《ささ》げて迎へ進《たてまつ》らしむ。天皇、采女の面貌《かお》端麗《きらぎら》しく、形容《すがた》温雅《みやびか》なるを見《みそなわ》して、乃《すなわ》ち和顔悦色《うれし》びたまひて曰はく、「朕《われ》、あに汝が妍咲《よきえまい》を観《み》まく欲《ほり》せじや」とのたまひて、乃ち手を相携《うつから》びて、後宮に入りましぬ」（雄略二年一〇月丙子条）などの記述がある。

こうして、采女が産んだ有力な皇子が現れることもある。天智天皇と伊賀采女宅《やか》子娘《このいらつめ》との子の大友皇子（伊賀皇子とも）である。大友は天智一〇年（六七一）に太政大臣となり、天智没後には大海人《おおしあま》皇子（後の天武天皇）と壬申《じんしん》の乱を戦い敗北する。

なお、在地首長の場合にも、采女の献上に類することが、八世紀末においても行なわれていた。出雲国造は出雲大社の神主を兼帯しているが、その新任の日にあたり「嫡妻を棄て、よりて多く百姓の女子を娶《めと》り、号《なづ》けて神宮采女となし、便《すなわ》ち娶りて妾となす」（『類聚三代格』延暦一七年〈七九八〉一〇月一一日太政官符）という状況であった。中央政府は、この行事は神事に託した「淫風」だとして変更する措置をとっている。これは神主の就任儀礼に際し、新たに地域の女性が献上されて性的関係を結ぶ「聖婚」と思われるが、女性の献上は在地でも行なわれていたのである[21]［吉村、二〇一二］。以上のように、天皇や在地首長にとっては、婚姻は政治的支配の重要な

（21）太政官符によれば、筑前《ちくぜん》国の宗像《むなかた》神社の神主（宗像氏がつとめる）においても、同様なことが行なわれていたという。

役割を担っていたと思われる。

本書の構成

日本では『古事記』や六国史《りっこくし》、律令格式《きゃくしき》のほか「正倉院文書」が残され、また木簡や墨書土器によって、古代の歴史や行政の運用状況、そして社会的慣習の一端をある程度復元することが可能である。ただし、文字情報は少なく、古代人が歩んできた道を解明するには、地中から出土する「もの」に頼らねばならない。そのため文字情報を主たる研究対象とする狭義の歴史学(文献史学ともいう)と、「もの」(実際は遺物・遺構・遺跡)を研究対象とする考古学との共同研究は必須である。これが広義の歴史学であり、さらに文学と共同で研究することにより、古代の全体像が見えてくる。本書では、歴史学・考古学・文学の研究から「古代人の一生」というテーマにアプローチする。

吉村武彦「男と女、人の一生」は、男女の生物学的性差と歴史的につくられた社会的・心理的性差がどのようなものであったのか、当時の歴史書や万葉歌などから探ろうとする。『日本書紀』における誕生時の男女差から始め、家族における夫婦や家長の位置、そして結婚に際しても、日本的な婚姻ルールがあることを見出す。ついで女性が能動的に参加する大化前代の戦争や異性装の問題、さらに寺院と神社における男女区別に論及する。

日本古代の性差に基づく労働の分担や役割は、原始社会からの歴史に負うところが多い。これらは文献史料だけから解明するのは難しく、考古学の発掘成果などを参照せざるをえない。ただし、考古学資料は、それ自体を作った人、使った人の性別は語らない。いわば「埋もれた女性」を掘り出す作業が必要となる。菱田淳子「考古学からみる女の仕事、男の仕事」は、この困難な仕事に立ち向かう試みである。

考古学資料においても、ビジュアルに人間や動物・建造物などを造形した埴輪《はにわ》がある。埴輪の表象から男と女の性差にアプローチするのが、若狭徹「埴輪からみた古墳時代の男と女」である。埴輪のなかで人物埴輪は最後に作られたといわれ、埴輪群像として古墳の上に表現される。埴輪群像は、首長の生前における諸行動を共同体に示すものという。なかには女性首長の埴輪が存在している。考古学から、女性の生きた姿を現すことができる、貴重な素材である。

今日でも、公務員の職務は「宮仕え」と呼ばれる。男も女も同じ呼称で、違いはない。古代も同じであるが、男性は官人として勤務し、女性は後宮十二司で働いている。興味深いことに、男性の働く場所（曹司《そうじ》など）と女性が働く後宮とは、空間的に区別されている。こうした事実から、吉川敏子「男の官仕え　女の宮仕え」は、官司に勤務する男性(官人)を「官《つかさ》仕え」、後宮で働く女性(宮人)を「宮《みや》仕え」と、象徴的に表現する。官人と宮人とは、官位相当制をはじめとして官僚制の構造を異にしている。

考古学や歴史学では事実が何かを究明するが、フィクションとしての作品から研究するのが文学研究である。「書かれた」事実はあるが、その内容は虚構といわれる。『万葉集』には、相聞《そうもん》・挽歌《ばんか》・雑歌《ぞうか》というジャンル、すなわち「部立《ぶだて》」がある。夫婦や恋人間の恋愛や、親愛の情を歌ったのが相聞歌である。相聞歌や歌垣《うたがき》を題材にするのが、鉄野昌弘「『万葉集』にみる女と男」である。主題はサブタイトルにあるように、歌から見た「虚構と現実との相関」である。古代における女性と男性とが、フィクションであることから生まれた歌の力を通して結びついていく。[22]

(22) 天皇号の成立は、現在、天武朝説が有力である。しかし、天智朝の可能性もある。ここでは便宜的に天皇号成立以前でも使用した。

引用・参考文献

井上光貞、一九六五年「古代の皇太子」『日本古代国家の研究』(『井上光貞著作集』1、一九八五年)岩波書店
門脇禎二、一九六五年『采女』中公新書
上村正裕、二〇二三年『日本古代王権と貴族社会』八木書店出版部
滋賀秀三、一九六七年『中国家族法の原理』創文社
滋賀秀三、二〇〇三年『中国法制史論集』第一四章、創文社
東野治之、二〇一七年『聖徳太子』岩波ジュニア新書
仁井田陞、一九六三年『中国法制史 増訂版』岩波全書(初版一九五二年)

古橋信孝、一九八七年『古代の恋愛生活』ＮＨＫブックス
堀　敏一、一九九二年「古代中国の家父長制」『シリーズ比較家族１　家と家父長制』早稲田大学出版部
三崎裕子、一九八八年「キサキの宮の存在形態について」『史論』41
元橋利恵、二〇二〇年「性と人権、言葉の玉手箱」『日本の科学者』629
吉田　晶、一九八〇年『日本古代村落史序説』塙選書
吉村武彦、一九九六年「律令制国家と百姓支配」『日本古代の社会と国家』岩波書店
吉村武彦、二〇二一年「女性と子ども」『日本古代の政事と社会』塙書房

男と女、人の一生

吉村武彦

はじめに

男らしさと女らしさ

男女それぞれの特徴を表す言葉として、「男らしさ」「女らしさ」があり、ほかにも「男振り、男冥利」「女振り、女冥利」などの言葉がある。出産・授乳など生物学的な性差があるので、それぞれの身体的な特徴があるのは当然である。

ただし、それらが生物学的性差の範囲でいう言葉なのか、あるいは社会的・文化的差違を含むものなのかが問題となろう。「人（人間）らしさ」とはいうが、必ずしも「男らしさ、女らしさ」を集約した言葉ではない。しかも、ほかの動物と比較するような「人振り、人冥利」という言い方はない。つまり、「男らしさ、女らしさ」には、生物学的な性差以上に心理的・文化的・政治的な意味が、歴史的に付け加えられた可能性がある。実際にはどのような歪みがともなっているのだろうか。

「男らしさ・女らしさ」を表す古代の言葉は、「をとこ（男）さび」「をとめ（乙女）さび」であろう。『万葉集』の八〇四番歌には、男と女についての歌詞として、

　をとめらが　をとめさびすと（遠等咩良何　遠等咩佐備周等）

ますらをの　をとこさびすと（麻周羅遠乃　遠刀古佐備周等）

（1）日本語で男と女を区別した語は「を」と「め」であったが、その後、複合語として「ますらを」と「たわやめ」ができたという［山口、一九九〇］。「ますら」が男らしさ、「たわや」が女らしさの象徴とされるからであろう。

（2）本章は、『万葉集』にみられる歌詞としての「をとこさび」と「をと

の言葉がある。

「をとめ」と「をとこ」に共通する「をと」は、「若い生命力が活動すること」とされ、「結婚期に達している若い男性」が「をとこ」、「結婚期にある女性」が「をとめ」だという。辞書的には男をさすのが「を（男、牡）」、女をさすのが「め（女、牝）」であったとされる（『岩波古語辞典 補訂版』）。また、これまでの古代史研究によれば、青・壮年層の女性が「をとめ」、男性が「をとこ」を意味しているという［田中、二〇一五］。

歌詞では、男性の場合「ますらを（「大夫」などと表記）が、をとこらしく」と歌われている。ただし、「をとめ」の場合は「をとめらが　をとめらしく」と、同じ「をとめ」の語が繰りかえされている。「ますらを」の対語は「たわやめ（たをやめ）」で「やわらかくしなやかな意」といわれるが、[1] なぜか「たわやめが　をとめさびすと」とは歌われていない。[2] なお、女性の美しさは「末の珠名《たまな》は　胸別《むなわけ》の　広き吾妹《わぎも》　腰細《こしぼそ》の　すがる娘子《おとめ》の　その姿《かお》の　端正《きらぎら》しきに　花の如《ごと》　咲《え》みて立てれば」（一七三八、釈読文）と歌われている。胸の幅（胸別）が広く、（蜂のジガバチ〈すがる〉のように）腰がくびれた女性が美しいとされていた。[3]

『万葉集』の注釈書においては、「少女たちが、少女らしい振舞をするとて」「勇ましい若者が男らしい振舞をするとて」（澤瀉《おもだか》久孝『万葉集注釈』[4]）や、「若い娘たちが

めさび」について議論するものではなく、古代に「おとこらしさ」と「おんならしさ」を表す言葉があることを指摘するにすぎない。万葉歌の「をとこさび」と「をとめさび」については、たとえば青木生子《たかこ》の「萬葉にみる女・男」の論がある［青木、二〇〇八］。

（3）国家に献上される采女《うねめ》は、「其れ采女貢せむことは、郡の少領以上の姉妹及び女の、形容端正なる者をもちてせよ」（後宮職員令）とある。

（4）澤瀉久孝（一八九〇―一九六八年）による『万葉集注釈』は、『万葉集』研究の基本文献の一つで、名著の誉れが高い。全二二巻（中央公論社、一九五七―七七年）。

かわい子ぶろうと」「若者たちがますらおぶろうと」(新編日本古典文学全集)などと現代語訳されている。「少女」や「若者」の語釈でいいのかどうかは別にして、青・壮年世代の「あるべきスタイル」に男・女を振り向かせていることが特徴となる。「をとめさびすと」の次には「韓玉《からたま》を　手本《たもと》に巻かし」、「をとこさびすと」の後には「剣大刀《つるぎたち》　腰に取り佩《は》き　さつ弓を　手握《た》り持ちて　赤駒に　倭文鞍《しつくら》うち置き　這《は》ひ乗りて　遊びあるきし」の歌詞が続く。女性は、舶来品の宝玉である「韓玉」を手首に巻いている。流行《はや》りの出立ちであろう。男性の方は、「剣大刀」や「さつ弓」(狩猟用の弓)を携え、赤駒を疾走させる。男女とも、一般民衆の出立ちではなく、当時の理想的な女性と男性の姿を歌ったものであろう。この姿は、当時のジェンダー観と関係していることはまちがいない。

万葉歌は、必ずしも当時の実情を反映して歌われているとは限らない。むしろ、虚構的な性格を持たされていると評する向きが多い。しかし、フィクションの性格が強ければ強い歌詞ほど、当時の先端的風潮を反映しているはずで、その時代観を読みとっていくことができると思われる。

前述の八〇四番歌は、題詞に「二毛《にもう》(黒髪にまじる白髪)の嘆きを撥《はら》ふ」とあるように、六〇歳代後半の筑前国守《ちくぜんのくにのかみ》・山上憶良《やまのうえのおくら》の歌である。「手束杖《たつかづえ》　腰にたがねて　か行けば　人にいとはえ　かく行けば　人に憎《にく》まえ　老《お》よし男《お》は　かくのみならし」*

*(大意) 杖を腰にあてがって、あちらに行けば人に嫌だと思われ、こちらに行けば人に憎まれ、老いた男はこんなものらしい。

と嘆く年齢である。現代と変わらず、どうしても髪や髪型には、年齢を感じさせられるということだろう。

なお、髪や髪型の基本形は時代によって変化する。平安時代になると、男性は成人すると結髪して帽子をかぶる。女性は髪を露出するが、髪の長短や質で美醜を評価されるようにもなる。性別意識と結びついているのに加え、女性の場合は時代によるジェンダー観によって「美しさ」の基準もさらに変化する〔服藤、二〇〇五〕。

『とりかへばや物語』における「男のさま」と「女のさま」

「男さび」と「乙女さび」という性格づけに対し、逆に展開する古代の物語がある。その物語が、平安末期に成立したという『とりかへばや物語』[5]。産まれた息子(若君)が「女のさま(乙女さび)」の女君、娘(姫君)が「男のさま(男さび)」の男君として振る舞っていく物語である。若君は「あてに(上品で)かほりけだかく、なまめかしき」(艶麗高貴で、その上にみずみずしさが加わった)人で、「絵かき、雛遊《ひいなあそ》び」など女の子の遊びをする。「なまめかし」は「しっとりと落ち着いた女性的理想美の意」という(以上、新日本古典文学大系)。ここには、女性をめぐる平安時代的な美意識が語られている。

一方の姫君は、「さがなくて(やんちゃで元気)」「はなばなと(はなやかで)ほこりか

(5)『とりかへばや物語』には、「古本」と「今本」と呼ばれる二種類の本が存在し、すでに『無《む》名草子《みょうぞうし》』(鎌倉時代初期に成立)にも記されている。ここで取りあげるのは、残存している「今本」の物語である。新日本古典文学大系『堤中納言物語 とりかへばや物語』(岩波書店、一九九二年)を参照する。

に(颯爽と)」しており、「鞠《けまり》・小弓」などで遊ぶ(同)。そのため息子と娘を「取りかえたい」(とりかへばや)となる。ここには平安時代的な男女に関する価値意識がのぞいている。

『とりかへばや物語』では、平安期における性別意識が顕著に表れる。漢籍を習うのは男性、眉毛を抜くのが女性と、男女の慣習も違っている。[6] 子どもの遊びも、男女で異なるありさまが描かれている。既述したように、若君が女の子の「絵かき、雛遊び」、姫君が「鞠・小弓」などで遊ぶ。幼少の頃より、遊びにおいても性差に基づく種目が推奨されていたことがわかる。ただし、物語というフィクションでの話ではあるが、たがいに性差を越えた遊びが語られているのは、当時の子どもが実際にそれぞれの遊びをしていたからであろう。

平安末期の物語ではあるが、物語の展開のなかでは「かかるさまは(このような女の姿は)憂《う》き物にも有けるかな、かかればこそ仏も[女を]罪深き物に思ひ置き給けれ(仏も女を罪深いものとなさったのだった)」という描写もでてくる。すでに仏教における女性の「五障《ごしょう》・三従《さんじゅう》」の話が現れている(新日本古典文学大系、脚注)。

ただし「三従」の語は、本書「〈古代人の一生〉を考える」に記したように、七世紀前半の『勝鬘経義疏《しょうまんぎょうぎしょ》』にみえる。そして、『万葉集』にも記されている。「女性は結婚前には父に従い、結婚しては夫に従い、夫亡き後は子に従う」という「三

(6) 眉(眉根)については、「月立ちて　ただ三日月の　眉根掻き　日長く恋ひし　君に逢へるかも」(九九三)など、すでに『万葉集』にも眉を三日月形に描く慣習が歌われている。こうした研究に、石上七鞘『化粧の民俗』(おうふう、一九九九)がある。

従」思想は、明らかに女性差別である。なお、中国の漢訳仏典にも、儒教経典の『儀礼《ぎらい》』にもみられる差別思想である。ちなみに仏教では、インドのマヌ法典から影響を受けたとされている［植木、二〇一八］。

なお、「五障」とは、女性は①梵天《ぼんてん》、②帝釈天《たいしゃくてん》、③魔王《まおう》、④転輪聖王《てんりんじょうおう》、⑤仏身《ぶっしん》にはなれないという五種の障害（五障）(7)である。「三従」とともに、小乗仏教的な思想による、女性への差別である。仏教は中国で翻訳され（漢訳仏典）、朝鮮半島を経由して日本列島へと伝来した。日本に伝わった大乗仏教には、小乗仏教の女性軽視を克服する動きもあるというが、漢訳仏典にも女性差別の影響がみられることは否めない［植木、二〇一八］。これらは古代のジェンダーの問題として、見過ごすことができない事実であろう。

本章の趣旨と構成

七世紀以前の史料の核となる『日本書紀』には、すでに性差による差別がみられる。主に漢訳仏典や中国礼制の影響である。しかし、それ以前の日本列島で男女の性差がどうだったのか、その状態を客観的に示す史・資料があるわけではない。そのため導入として『万葉集』における「男らしさと女らしさ」や、その逆の様相を示す「とりかへばや」に触れて、男女観の特徴をみてきた。いずれも文学作品にお

(7) 梵天は世界の創造主とされた神、帝釈天は仏教の守護神で東方を守る、魔王は欲界の第六他化自在天の王、転輪聖王は四天下を統一して正法をもって世を治める王、仏身は仏のからだである（『例文 仏教語大辞典』）。

ける性差である。

そこで問題にしたいのは、このような男女観を生みだした列島の神話・伝承の成り立ちである。漢訳仏典や礼制の影響があるとはいえ、それらがどのように受け入れられ、いかに変容して「日本的性差」が生まれたのかが問われるからである。

第1節は、『書紀』における男女の誕生譚における性差がどうなっているのか、また現在では家族の要となっている夫婦という単位が、必ずしも家族の中心の位置にないことを述べる。第2節では、あらためて家族における男女の法的な役割を確認し、「家」の営みがどのように行なわれていたのか、イヘギミとイヘトジの役割に注目し、家長の意味を考える。ついで、当時の恋愛・結婚がどのような手続きを要したか、その事実を明らかにしたい。結婚に関わる慣習・社会規範があったのかどうか、この点も女性史研究において議論になっているからである。

第3節では、『とりかへばや物語』で行なわれた異性装を取りあげ、神話や伝承における異性装を考える。アマテラス・神功皇后・ヤマトタケルらの異性装は、実は戦いと関係した装束である。女性は戦いにも能動的に参加したが、夫婦従軍や子どもの参戦の事例も取りあげ、その戦闘における意味について考える。最後の第4節では、古代宗教における女性のあり方を取りあげ、仏教と神社組織の例を対比的に検討する。

本章では、全体としては史料を提示して事実を明らかにし、列島古代におけるジェンダー史の枠組みを提示したい(8)。

1 男女の性差と親族関係の「ことわり」

『日本書紀』における男女の誕生譚

『日本書紀』における大化前代(大化改新以前の時代)の記述が、そのまま古い時代の様相を示しているとは限らない。しかし、神話に書かれた記事となると、大化前代かどうかはともかく、ある程度古い時代の様相を反映していることがある。あるいは律令制国家の理念が影響する場合もあるだろう。『書紀』の神代《じんだい》の巻においても、男女の誕生に関わる性意識が描かれている。

性差が明確に描かれているのは、高天原《たかまのはら》におけるアマテラス(天照大神)とスサノヲ(素戔嗚尊)(9)との誓約の場面である(神代第六段)。アマテラスの問合せに対し、スサノヲは、

「請《こ》ふ、姉と共に誓《うけ》はむ。それ誓約《うけい》の中に、〈注、略〉必ず当《まさ》に子を生むべし。もし吾が所生《う》めらむ、これ女ならば、濁《きたな》き心有りとおもほせ。もしこれ男ならば、清き心有りとおもほせ」とのたまふ。(第六段本文)

(8) 本章の課題である「人の一生」に関する男女のライフサイクルについては、すでにそのあらましを述べたことがある[吉村、二〇二三a]。一部重複することについては、ご了解願いたい。

(9) 『古事記』ではアマテラスは「天照大御神」、スサノヲは「速須佐之男命」と表記する。ただし、本章では『書紀』の表記を便宜的に使用する。

スサノヲとアマテラスにおける「男女の産み分け譚」とでもいうべきものであるが、女子の誕生がスサノヲの「濁き心」、男子の誕生が「清き心」によるものとなっている。ここには、明白に差別観が存在するではないか。「濁き心」は、ほかに「黒《きたな》き心」(本文ほか)、「悪《きたな》き心」(一書第一)とも表記されるが、意味するところはアマテラスに対する反逆心であろう(新編日本古典文学全集『日本書紀』頭注)。一方の「清き心」は、「赤《きよ》き心」(一書第二)とも表記されている。意味としては、アマテラスに対する忠誠心であろう(同、頭注)。

　このように男子の誕生と女子の誕生が、「清き心」と「濁き心」とに結びつけられているのは、単なる区別ではなく、明らかに倫理上の差別観に基づいている。これと類似の神話は、第七段の一書第三にもみることができる。

> 吾、もし不善《よからぬこと》を懐《おも》ひて、また上《のぼ》り来《きた》らば、吾、今玉《たま》を齧《く》ひて生めらむ児、必ず当に女ならむ。かからば、女を葦原中国《あしはらのなかつくに》に降《くだ》したまへ。もし清き心有らば、必ず当に男を生まむ。かからば、男をして天上を御《しら》しめたまへ。

ここでは、女子の誕生が「不善を懐ひて」であり、男子の誕生は「清き心」の状態とあり、基本構造は同じである。『日本書紀』では、論理は一貫しているとみなければならない。

　なお、『書紀』には別の男女誕生譚もみられる。「凡《すべ》て三の神ます。乾道独化《あめのみちひとりな》す。

所以《このゆえ》に、此の純男《おとこのかぎり》を成せり」(第一段)、「凡て八の神ます。乾坤《あめつち》の道、相参《まじ》りて化《な》る。所以に、此の男女を成す」(第三段)である。第一段で示されるのは「陽の道・天の道」という「乾道《けんどう》」、第三段は乾道に「陰の道・土の道」の「坤道《こんどう》」が加わった「乾道・坤道(乾坤の道)」である。陽気のみを受けて産まれた神は男となり、陰気が合一すれば男と女になるという(日本古典文学大系『日本書紀』補注)。「乾道成男、坤道成女」は、『周易《しゅうえき》』(10)の思想に基づいている。

ところで、「陽」と「陰」については、神代の物語において、

(a)陽《お》神《かみ》悦びずして曰はく、「吾はこれ男子なり。理当《ことわりまさ》に先づ唱《とな》ふべし。如何《いかに》ぞ婦人にして、反《かえ》りて言先《ことさきだ》つや。事《こと》既に不祥《さがな》し。以て改め旋《めぐ》るべし」とのたまふ。(神代第四段本文)

(b)陰《め》神《かみ》先づ喜《よろこび》の言を発《あ》ぐ。既に陰陽《めお》の理《ことわり》に違へり。(神代第五段一書第二)

とあるように、陽神と陰神については、最初に陽神が唱えることが正当であり、陰神が最初に喜びの言葉を発することは「陰陽の理」に違反することなのである。このように陽神優先の思想がみられるが、とどのつまり男性優先の思想であろう。『書紀』編纂時には、こうした意味での男女の性差が存在していた。「陰」「陽」の中国思想を継受した頃から、男性優位の立場になっていたと思われる。

(10) 周代に作られた易書といわれる。卜筮《ぼくぜい》あるいは儒教の教えとする説がある。律令法では、大学で教授されるべき経書の一つで、鄭玄《じょうげん》、王弼《おうひつ》注が使用された。

『古事記』神話の改変

一方、『古事記』のストーリーでは、やや複雑な構造になっている。『書紀』『古事記』ともに、スサノヲが高天原に上り、アマテラスを打ち負かすことでは一致している。そしてアマテラスが、天岩戸《あまのいわと》に隠れることになる（天岩戸神話）。ところが『古事記』では、最終的にはスサノヲ（速須佐之男命《はやすさのおのみこと》）は女性を産んだことになっており、男女の産み分けが逆になっている。

『古事記』においても、アマテラスは「汝が心の清く明《あか》きは何を以ちて知らむ」と問い、スサノヲは「おのおの宇気比《うけい》て子を生まむ」と答える。ただし『書紀』と異なって、「うけい」[11]の中身は書かれていない。何か理由がありそうである。そして、アマテラスは三柱の女神を産み、スサノヲが五柱の男神を産むことになる。スサノヲが産んだ最初の男神の名前は、正勝吾勝勝速日天之忍穂耳（マサカツアカツカチハヤヒアメノオシホミミ）である。神名は、「まさしく立派に私は勝った、勝利の敏速な霊力のある、高天の原直系の、威圧的な、稲穂の神霊」であり、スサノヲがアマテラスに勝利して産まれた男子である［西宮、一九七九］。本来であればこうした展開で、『書紀』と同じような結果であったはずである。

ところが、アマテラスはスサノヲが神を産んだ物実《ものざね》（産まれる元になるもの）が自分の物だという理由で、男神五柱がアマテラスの子ども、女神三柱はスサノヲの子ど

(11)「上代に行なわれた占いの一法・判断・推測・証拠の当否。または正邪を決定するために神意をうかがう法。前もって甲と乙という対立した事態を予想しておき、神意の所在が甲にあれば実際に甲が起り、神意の所在が乙にあれば乙が起るとして、神意をうかがう」（『岩波古語辞典 補訂版』）方法のこと。

もと主張する。そのため『古事記』の物語では、スサノヲがアマテラスに「我が心清く明《あか》し。故、我が所生《う》める子は手弱女《たわやめ》得つ。此《これ》に因《よ》りて言《もう》さば、自《おのずか》ら我勝ちぬ」となっている。つまり、スサノヲが「心清く明し」ということで、女子が誕生したことになる。しかし、これだとマサカツアカツカチハヤヒアメノオシホミミの名称と矛盾をきたしてしまう。『書紀』と正反対の結末は、どうしてなのだろうか。

その理由は、つとに津田左右吉[12]が述べたように、スサノヲが最初に産んだのは男子であり、「清く明し」の結果であった。ところが、女子が産まれたとしたのは、後に物語が改変されたことによる〔津田、一九六三、四四一頁〕。元来は、『書紀』と『古事記』は同じようなストーリーだったと思われる。後に改変が加えられたので、「うけい」の中味が記されず省略されたのであろう。しかし、変更された結果、『書紀』と『古事記』とは異なった物語になった。

『書紀』のような結論は、男性優位を主張しており、中国的・儒教的な思想に基づいている。津田は、「皇統が男性によつて継承せられてゐる事実に本づいた構想」と考えたが〔津田、一九六三、六九一頁〕、男性中心の皇位継承観に基づいたものというのが正確である。なお、『古事記』と『書紀』は、そもそも異なった構想・内容をもっており、両書は別々の作品として捉えるべきであるが〔神野志、一九九九〕、これは両者が載せる神話にもあてはまる。『古事記』にみられる「出雲の国譲り神話」

(12) 津田左右吉(一八七三—一九六一年)は、日本と中国の歴史・思想史研究者。特に『古事記』『日本書紀』の研究で、戦後の日本古代史に大きな影響を与えた。著作は、『津田左右吉全集』(全三五巻、岩波書店、一九八六—八九年)。

が『書紀』にはみられないなど、神話の構成・展開も相違している。『古事記』と『書紀』の神話も、それぞれ独自の作品と評価するしかない[13]。

このように『書紀』の男女誕生譚における男性優位は、現行の『古事記』にはあてはまらない。『古事記』では『書紀』の中国的・儒教的な展開を是正し、元のかたちに戻したとも推測できる。ただし、両者が異なるからといって『書紀』の差別意識が消失するわけではない。書名に「日本」という国号を冠した『日本書紀』は、中国を意識して編纂された歴史書である。中国にならい、男女の性差を意識して編纂されたと考えることが妥当であろうか。

親族関係における夫婦の序列

次に、家族・親族のなかで夫婦がどのような位置づけにあったかを考えてみたい。「三従」の思想は妻が夫に従うことをも要求するが、そもそも夫婦というあり方は家族の中心を占めていたのだろうか。『書紀』には必ずしも直接の位置づけを示す記述がないので、半島の百済《くだら》・新羅《しらぎ》に対する批判記事から解いてみたい。批判の対象となっているのは、「凡《おおよ》そ百済・新羅の風俗《くにわざ》、死亡者有るときは、父母・兄弟・夫婦・姉妹と雖《いうと》も、永《ひたす》ら自ら看《み》ず。此を以て観《み》れば、慈《うつくしび》無きが甚《はなは》だしきこと、あに禽獣に別《こと》ならむや」(皇極《こうぎょく》元年五月丙子《へいし》条)という、半島諸国の風俗である。

(13) こんにちでも、文学・歴史学を問わず、いまだに一部の研究者は「記紀神話」という言葉を使っている。しかも、『古事記』と『書紀』の神話をつなげ、あらたな「日本神話」を唱えることもある。しかしながら両者は明確に異なっており、むしろ『古事記』と『書紀』の神話の相違と、その理由の解明こそが、求められる研究課題である。

(14) 兄弟・姉妹については、「古は兄弟長幼を言はず、女は男を以て兄と称《い》ふ。男は女を以て妹と称ふ」(仁賢《にんけん》六年是秋この記事にみられる「父母・兄弟・夫婦・姉妹」という書き順は、倭国側の親族関係の序列を基準にしたものだろう。(14) まずは、その序列の意味である。律令法では、肉親間の遠近を等級で示しており、父母と夫・子が一等親、兄弟・姉妹・妻が二等親である(儀制令《ぎせいりょう》五等条、本書「古代五等親図」参照)。妻より父母と子の方が重視されており、記事の順序は親族関係の優先度を表しているだろう。ほかにも「遂に父子姓を易《か》へ、兄弟宗異《こと》に、夫婦かはるがはる互に名殊《こと》ならしむ」(大化二年八月癸酉《きゆう》条)とあり、「父子・兄弟・夫婦」という親族単位の序列になっている。

このように夫婦より、父母などが上位の序列になっている。これら親族の呼称は、いうまでもなく漢字で表記されている。漢字の意味としては、中国的な親族関係を表しているが、日本でも同じ意味かどうかは検証が必要だろう。(15)

それでは親族集団内において、どのような規範が設けられていたのだろうか。『書紀』では直接語られることは少ないが、先の半島諸国と同じように、蕃国《ばんこく》ないし夷狄《いてき》集団への批判を通じて倭国側の事情を類推することができる。『書紀』には、王権側からみた蝦夷《えみし》批判の記事が少なくない。そのなかに、「蝦夷は是《これ》はなはだ強《こわ》し。男女交り居《お》りて、父子 別《わきだめ》無し」(景行《けいこう》四〇年七月戊戌《ぼじゅつ》条)という描写がある。この蝦夷批判において、父子の区別・秩序がないことが問題視されている。逆にいえば、倭人の側では、父子の関係は明確に認識されているということ

条)とあり、「男キョウダイ」が「兄」、「女キョウダイ」が「妹」と呼ばれた時代があったようだ。息子集団と娘集団が、それぞれ同じ言葉で呼ばれていた時期があったのだろう。ただし、後には子どもの男女の表記にこだわらなくなる。「(蘇我《そが》蝦夷《えみし》の)男女(息子・娘)を呼びて王子と曰ふ」(皇極三年一一月条)とあり、額田《ぬかた》姫王(『書紀』)を『万葉集』では「額田王」と表し、男王と同じ表記である。

(15) たとえば戸籍にみられる「妻」「妾」は、日本の場合、先に婚姻関係に入った女性が「妻」、後からの女性が「妾」の可能性がある[関口、一九九三]。必ずしも厳密には使われていない。

になる。おそらく儒教的な父子関係が、暗黙の了解として意識されていたのだろう。

このような『書紀』の記述から、いくつかの親族間の人間関係の特徴を取り出してみたい。第一に、仁徳《にんとく》天皇が、妃にしようとした雌鳥《めとり》皇女を騙しとった隼別《はやぶさわけ》皇子に対し、次のような言葉を発している。（1）「友于（このかみおとと）の義に敦《あつ》くまして、忍びて罪せず」（仁徳四〇年二月条）。この「友于の義」(16)は、仁徳と隼別皇子とが異母兄弟であることを述べたものであるが、兄弟間における交わりの関係性が意識されている。

この兄弟間の関係性については、ほかの物語に具体的に示される。顕宗《けんぞう》天皇即位時における、顕宗（弟）と仁賢《にんけん》（兄）の即位の順番をめぐるやりとりである。弟の顕宗は、「兄（が）友《うつくし》び、弟（が）恭《いやま》ふは、不易《つね》の典《のり》なり」と古老の言を述べ（実際は『史記』などにみえる思想）、これを「弟恭（おととゐやまひ）の義」（弟としての兄への恭敬の義）と称している（顕宗即位前紀）。兄への「ゐやまひ」と弟への「うつくしび」(17)が、兄弟間の関係性を示したものであろう。

第二に、蘇我蝦夷が、父の馬子《うまこ》の墓所で境部摩理勢《さかいべのまりせ》が施設を破壊した際、自ら発した言葉である。（2）「吾、汝が言《こと》の非を知れども、干支（このかみおとと）の義を以て、害《やぶ》ること得ず」（舒明《じょめい》即位前紀）である。この「干支の義」は、蘇我一族の蝦夷と摩理勢の親族関係を示す言葉とされるが、二人は叔父―甥の関係である。蝦夷が氏《うじの》

(16)「このかみ（子の上の意）」は、①長男、②「氏の上」に同じ、③兄、また、姉、④年上、年長などを指す言葉。「おとと（弟）」は、①兄から見た弟、②姉から見た妹、③姉から見た弟を指すという（『岩波古語辞典 補訂版』）。

(17)「いやまう（ゐやまふ）」とは、「（相手を）尊んで礼儀を尽す」ことであり、「うつくしぶ」は「親が子を愛するように人をかわいがる」ことである（『岩波古語辞典 補訂版』）。

上《かみ》ないし氏の年長者として発した言葉である。

以上の親族間における人間関係の序列は、(1)「友于の義」、(2)「干支の義」と表されている。ここで注目したいのは「義」の文字である。「義」は日本語で「ことわり」と読むと思われるが、「ことわり〔理・義・辞〕」は「ものごとが、そのうちに備えている道理・筋道をいう」といい〔白川、一九八七〕、また「物事の筋道を見つけ出したり、作り出したりする意」(『岩波古語辞典 補訂版』)といわれる。兄弟や叔父―甥という同姓関係において、こうした「ことわり」といわれる社会的規範が唱えられたのである。

儒教的な「ことわり」と性差

それでは、同姓以外の親族間にも何らかの「義」が存在したのであろうか。参考例となるのが、『万葉集』の八〇〇番歌の山上憶良の歌である。神亀《じんき》五年(七二八)七月二一日に選定された歌謡である。必要となる歌詞を、原文の訓字(「父《ちち》」のように、やまと言葉を漢字で表記した字)を生かして平がな表記にすれば、

父母を　みればたふとし　妻子《めこ》みれば　めぐしうつくし　よのなかは　かくぞことわり(18)

となる。この歌詞も父母を優先した順序である。「父母」などの用語には、原文に

(18) 原文は、「父母乎　美礼婆多布斗斯　妻子見礼婆　米具斯宇都久志　余能奈迦波　加久叙許等和理」。

あるように訓字を用いている。しかも、この歌詞の序(前書)に「或いは人有り。父母を敬ふことを知りて、侍養《じよう》することを忘れ、妻子を顧みずして、脱屣《だっし》(脱ぎ捨てた履き物)より軽しとす」、「所以《このゆえ》に三綱《さんこう》を指し示し、更に五教《ごきょう》を開き」とある。憶良は筑前国守として、「三綱」(君臣・父子・夫婦の道)の重要性を指示し、「五教」(父は義、母は慈、兄は友、弟は順、子は孝という人の道)を説いていた。律令法には、国司の職掌として「五教を喩《さと》」すことが記されており(戸令《こりょう》国守巡行条)、憶良はこの条項を実践していたのである。父母・夫婦の順序も、三綱に基づいているのだろう。

その親族への対応は、父母には「たふとし(尊し)」「敬ひ」、妻・子には「めぐし(愍し、愛し)うつくし(愛し)」という情感を持つことが求められている。それが「ことわり」なのである。この憶良の歌詞は、大伴家持《おおとものやかもち》によって「父母を　見ればたふとく　妻子見れば　かなしくめぐし　うつせみの　よのことわりと」[19](四一〇六、訓字を生かした平がな表記)として歌い直されている。ここには「世のことわり」と、「世の中の　常のことわり」[20](三七六二)という規範意識が存在している。

こうした「ことわり、義」の特徴は、「三綱」にあるように、親族関係では夫婦ないし妻子よりも、父母・父子関係が上位にあることである。また、こうした親族間の序列のさらに上に、「君臣」関係が位置づけられている。[21]それでは、君臣関係に性差は存在したのであろうか。

(19) 原文は、「父母乎見波多布刀久　妻子見波可奈之久米具之　宇都世美能　余乃許等和利止」。

(20) 原文は、音がな表記の「与能奈可能　都年能己等和利」。中臣宅守の歌。

(21) 君臣関係は、「倭の五王」の一人、武が(『書紀』の雄略天皇)上表文において、宋の順帝を「君」とし、自らを「臣」と表している(『宋書』倭国伝)。五世紀における宋と倭国の君臣関係である。これを倭国内において援用したものであろう。

『書紀』では、雄略《ゆうりゃく》天皇に叛意をもつ吉備上道田狭《きびのかみつみちたさ》の子・弟君《おときみ》の婦樟媛《くすひめ》が、ヤマト王権について語る場面に、君臣関係の意識をみることができる。「弟君の婦樟媛、国家の情《こころ》深く、君臣の義切《たしか》なり」(雄略七年是歳条)とある。ここでは樟媛と雄略との関係を、「君臣の義」と表している。倭国王との君臣関係には、男女の性差は関係していない。

それでは、君臣関係において「義」はどのような意味をもつのであろうか。「義」は、つとに推古《すいこ》朝の冠位十二階制にみえる。十二階制は、「徳・仁・礼・信・義・智」の六項目に、「大・小」を付したものである。この項目は、儒教の五常《ごじょう》「仁・義・礼・智・信」に「徳」を付加したもので、儒教思想に基づく。中国において、「六朝から隋唐にかけては、義はさまざまな社会的関係におけるあるべき姿を示す語として使われている。これら諸関係のうち、最も多く見られるのは個人と個人との間でとり結ばれるもの」、「義のなかで個人の恩義・信頼関係よりも体制の枠内での上下関係、とくに君臣関係を表す側面が強調されていく」(「義」『中国思想文化事典』)と説かれている。『書紀』でも、こうした用法によって使われている。具体的にはどうだろうか。

憲法十七条では、「信は是《まこと》れ義の本《ことわり》なり」(第九条)といい、「義」の根本は「信」という。「其れ善悪成敗、かならず信に在り。群臣共に信あらば、何事か成らざらむ。群臣信无《な》くは、万《よろづ》の事ことごとくに敗《やぶ》れむ」とされるからである。官人《かんじん》の道徳的規範を強調する憲法の趣旨に合致するといえそうである。日本古代では官人が男性であることからいえば、その官人社会を念頭にして説かれている。なお憲法十七条には、親族関係における個人間の関係性を説く文言などはない。

以上のように、親族における人間関係の規範は「ことわり、義」と推測できる。しかし、こうした「ことわり」をはずして、例外とする措置もみられる。たとえば、「また婦女は、夫有ると夫無き、及び長幼を問ふこと無く、進仕《つか》へむと欲《おも》ふ者をば聴《ゆる》せ」（天武二年五月乙酉《いつゆう》条）という宮人《くにん》への出仕、また「人ごとに出家一人を賜ふ。その出家者は、男女と、長幼と問《い》はず、皆願に随《したが》ひて度《いえで》せしむ」（天武六年八月乙巳《いっし》条）という仏教の出家者の場合である。宮人としての出仕や出家は、「ことわり」のきずなを越えて運用されたのである。

2　暮らし・生業と性差

家族における男と女

律令制下では、一里が五〇戸（郷戸《ごうこ》という）で編成され、里の数によって大郡・小郡などの郡の規模が決まる（戸令為里条、定郡条）。養老元年（七一七）に、里は「郷」

(22) 房戸とは、郷里制の施行時期（七一七—七と改称され、郷内に二、三の「里（こざと）と称する」が設けられた。この里は、天平一一年（七三九）末頃に廃止された。郷戸は、二一四の房戸《ぼうこ》から構成されている[22]。郷戸の法的な責任者を「戸主《こしゅ》」というが、国家に対する納税の責任者である。

男女ともに年齢区分があり、大宝令《たいほうりょう》では①緑（三歳以下）、②小（一六歳以下）、③少（二〇歳以下）というところまでは共通している。男は、④二一歳になれば「丁」という。丁は課役《かやく》負担者であることを示す。そして、⑤老（六一歳以上）、⑥耆（六六歳以上）となる。女性の場合、不思議なことに二一歳以上は条文に記載されていない。ただし、令本来の主旨では、「未婚・既婚・寡」によって区分されるとし、未婚の場合は二一歳以上でも「中女」と推定されている（日本思想大系『律令』補注）。実際の戸籍の名称を含めて図示すれば、**表1**のようになる。

一見してわかるように、男性の呼称は「児・子・丁・老」であり、一般的な区分名称の文字が使われており、「男」の字は使用しない。ところが女性の場合は、すべて「女」の字が用いられており、女性としてわかるように特定されている。しかも、律令制下の戸籍では、女性の個人名には必ず「女・売」（ともに「め」と読む）の文字が記されており、女性であることを明確にしている。律令制以前では「姫・媛」などのほか、山辺小島子《こしまこ》・青海勾子《あおみのまがりこ》・大伴連小手子《こてこ》・大葉子・春日臣老女子《おみなご》・葛城直広子のように「子」の字もみられる[23]［角田、二〇〇六］。以上のように、男性

三九年）に設けられた郷戸内の小家族の戸。雑徭《ぞうよう》などの免除は房戸単位に行なわれたので、課役の徴収と関係している。郷戸・房戸ともに直系・傍系・非血縁の家族を含むので、百姓の家族ないし小家族そのものを示しているとは限らない。

（23）「子」の字については、一部に男性名という誤解もあるが、男女ともに使われている。なお、膳《かしわで》臣賀拕夫《かたぶ》を膳臣傾《かたぶ》子、阿倍鳥《あべのとり》を阿倍鳥子というように、子は尊称（敬称）である。読みとしては、中臣方《かた》子を「中臣可多能子」と表記するので、「かたぶこ、とりのこ、かたのこ」というように読んだ可能性がある［青木、一九九七／吉村、二〇〇五］。

表1　大宝令による年齢区分の性別名称と課役負担

年齢区分		男　性			女　性
年齢	令区分	戸籍名称	課役・兵士の負担	課口	戸籍名称
～ 3	緑〈黄〉	緑児			緑女
4～16	小	小子			小女
17～20	少〈中〉	少丁	正丁の調・雑徭の 1/4,（兵士）	課口	少女（次女＊）
21～60	男は丁	正丁	調庸・雑徭，兵士	課口	正女（丁女）
61～65	老	次丁（老丁）	正丁の調庸・雑徭の 1/2	課口	次女＊（老女）
66～	耆	耆老			耆女

令区分の〈 〉は養老令．京・畿内の正丁は庸は免除で，調は 1/2.
＊次女は，美濃国戸籍では「老」，西海道・下総国戸籍では「少」に入る．

と女性については、命名法において差違があり、とりわけ律令制下では女性を男性と区別する意識がみられる。

こうした男女の区別は、調庸《ちょうよう》・雑徭《ぞうよう》の課役や兵士役の徴収と関係していると思われる。田租《でんそ》を除いて、課役・兵士役は、男性が賦課の対象であって、女性には課役・兵士役が課せられないからである。**表1**にあるように、少丁《しょうてい》・正《せい》丁《てい》・老丁《ろうてい》が課口《かこう》と呼ばれ、それ以外は課役などは課せられない不課口である。ただし、課役の対象者が男性であっても、その納税品の生産者が男性とは限らない。とりわけ調の布生産では、女性による生産の実状が明らかにされており[東村、二〇二一]、納税者と生産者とが異なっている。このように、生産するのが女性であるにもかかわらず、調庸などの課役は男性を対象としている。そのため女性の個人名には「女・

(24) 大化改新詔は、全

売」をつけることにして、戸籍では男女の差違が厳密に扱われている。

ところで、律令制以前となると女性は無課役とはいえないかもしれない。大化二年(六四六)の改新詔㉔の第四項に、「旧《もと》の賦役を罷《や》めて、田の調を行へ」と記された「田調《でんちょう》」がみられるからである(『書紀』大化二年正月甲子《かっし》条)。副文(凡条)には、「田一町に絹一丈、四町にして匹《ひき》を成す。長さ四丈、広さ二尺半。絁《あしぎぬ》二丈、二町にして匹を成す。長さ広さ絹に同じ。布四丈、長さ広さ絹・絁に同じ。一町にして端《たん》を成す」と具体的に書かれている。この副文が当時存在したかどうかはわからないが、田調は女性も対象にした可能性がある。田調については、天智朝には田租が存在したと思われ㉕、改新詔にも存在した可能性も皆無ではない[吉村、二〇二三b]。仮に田租の徴収ができるとすれば、田調の収取も可能となる。

律令法では、口分田《くぶんでん》は男に二段、女には男の三分の二である一段一二〇歩が班給される。持統六年(六九二)二月甲午《こうご》条に「詔して、天下の百姓の、困《まど》之しくして、窮《せま》れる者に稲たまはらしむ。男には三束、女には二束」とあり、口分田の班給額と同比率の稲が賜与された。したがって、女性にも口分田が班給されていた可能性がある。そのため田調を徴収できる歴史的条件が存在しており、少なくとも女性の口分田から田調を収取する可能性はあったことになる。

律令法で課役(公租公課。田租を除く)の課税対象が男性に限られていることは、官

四項から構成される。①子代《こしろ》の民・屯倉《みやけ》と部曲《かき》の民・田荘《たどころ》を廃止して、食《じき》封《ふ》などを支給する。②京・畿内国司・郡司・関塞・斥候《うかみ》・防人・駅馬・伝馬をおき、鈴契をつくり、山河を定める。③戸籍・計帳・班田収授の法をつくる。④もとの賦役を廃止し田調を徴収する、である。

(25) 持統四年九月条には「京師の田租」の語句があるが、同月から戸令による造籍が始まっている。浄御原令《きよみはらりょう》には田租が規定された可能性は高いだろう。また、天智五年七月条には「租調」の語がみえるので、天智朝に存在した可能性がある。なお、改新詔にみえる田租のほか、白雉《はくち》三年正月条に「租」の語がみえる。

人が男性に限定されていることと軌を一にしている。律令制の仕組みは、男性中心に運営されていたことを示している。

家長（イヘギミ）と家室（イヘトジ）

さて、五〇戸から成り立つ郷や里（こざと）には、どのような年齢構成の男女が居住しているのだろうか。養老五年（七二一）の下総《しもうさ》国葛飾《かつしか》郡大島郷戸籍から考えてみることにしたい。[26] 郷戸が比較的残っている大島郷戸籍[27]は、国府のある葛飾郡（現、千葉県市川市ほか）に所属している。大島郷は甲和《こうわ》里・仲村《なかむら》里・島俣《しままた》里の三里からなるが、甲和里は現在の東京都江戸川区小岩《こいわ》、島俣里は葛飾区柴又《しばまた》と関係しており、当時の村落を基盤とした里であったろうか。仲村という名称もこうした村落の名称と関係するだろう。戸籍自体も里ごとに集計されたようで、里ごとに責任者の里正《りせい》の署名がある。

大島郷では、郷戸の人数は二二―二七人、房戸の人数は八―一〇人となっている。そのなかから、兵士は甲和里一七戸から一二人、島俣里一七戸から九人が徴発されている。ただし仲村里が不明なので、大島郷の総数はわからない。まちがいなく美《み》濃《の》国のように一戸一兵士とはなっておらず、兵士の徴発は少ない。[28] また、賤《せん》にあたる奴婢《ぬひ》の数も少ない。女性の人数が男性より三割も多いのが気にかかるが、[29] 女性の

(26) 史料として、『市川市史　歴史編Ⅲ』（市川市、二〇一九年）を利用した。なお、葛飾郡は下総国府が設置された郡であるが、現在の行政区では千葉県西部、東京都東部のほか埼玉県と茨城県の一部が含まれる。大島郷は、東京都葛飾区・江戸川区・墨田区などに位置する。

(27) 田中禎昭によれば、記録されている総人口一一九一人のうち、全体の五二パーセントが残存している。甲和里は五六パーセント、仲村里は一八

年齢別区分がわかる貴重な史料である。男性の年齢別区分は、仲村里が欠損しているので、詳細はわからない（**表2**）。

こうした戸は、律令制国家との関係では納税単位であり、戸主《こしゅ》が責任者である。大島郷の戸主は全員が男性であるが、八世紀前半では女性戸主はごく少数で、例外的存在である［南部、一九九二］。課役・兵士役の租税（公租公課）を負担することは、戸の政事《まつりごと》、つまり「戸政《こせい》」として捉えることができる［吉村、一九九六］。それでは、

表2　葛飾郡大島郷の構成

		大島郷(計)	甲和里	仲村里	島俣里
郷戸数		50 戸	17 戸	16 戸	17 戸
房戸数		130 戸	44 戸	44 戸	42 戸
戸口数		1191 人	454 人	367 人	370 人
男		513 人	190 人	158 人	165 人
女		678 人	264 人	209 人	205 人
男	課口数	324 人	110 人	112 人	102 人
	兵士		12 人		9 人
	少丁		12 人		17 人
	正丁	?	80 人	?	69 人
	老丁		4 人		2 人
	残疾		2 人		5 人
	不課口数	189 人	80 人	46 人	63 人
	資人	1 人		1 人	
	緑児	47 人	27 人	8 人	12 人
	小子	125 人	46 人	33 人	46 人
	耆老	10 人	5 人	2 人	3 人
	廃疾	3 人	1 人		2 人
	奴	3 人	1 人	2 人	
女	不課口数	678 人	264 人	209 人	205 人
	緑女	55 人	27 人		14 人
	小女	176 人	65 人	14 人	60 人
	次女	43 人	16 人	51 人	9 人
	丁女	355 人	142 人	18 人	107 人
	老女	26 人	7 人	106 人	6 人
	耆女	17 人	6 人	13 人	9 人
	婢	6 人	1 人	2 人	
				5 人	

パーセント、島俣里は八一パーセントとなる［田中、二〇一五］。

(28)　軍防令《ぐんぼうりょう》兵士簡点条によれば、兵士は「其《そ》れ点《さ》して軍（軍団）に入るべくは、同戸の内に、三丁毎に一丁を取れ」となっている。現存する戸籍の点兵率は、大宝二年（七〇二）の美濃国戸籍では正丁四・四人から一人、同西海道戸籍では五・四人から一人。養老五年（七二一）の下総国戸籍では九・〇人から一人である（日本思想大系『律令』補注）。下総国の点兵率は圧倒的に低い。

(29)　南部昇は、不自然さを示すと考え、郡司による人為的数値に基づくと推定している［南部、一九九二］。

戸政は実際はどのように行なわれていたのだろうか。

律令法の規定では、「凡そ戸主には、皆家長を以て為《せ》よ」とある。唐令《とうれい》を継受したものであるが、『令集解《りょうのしゅうげ》』における明法家《みょうぼうか》の説によれば、家長には尊長《そんちょう》(戸の親族の年長者)より嫡子をあてる傾向にある。実際のありさまについては、正倉院文書として残された戸籍・計帳などから多様な研究が行なわれている。なかでも田中禎昭は、戸主をめぐる親族関係について、興味深い仮説を提示している。四一歳以上の戸主は、「妻・妾」がペアとなって協力しながら、また四〇歳以下の戸主は「母、庶母、姑」の後見をえながら、戸政を担うという〔田中、二〇一五〕。この仮説は、身分は異なるものの、律令制以前の天皇の即位が三五歳以上という適齢期と類似しており〔吉村、二〇一二〕、共通するものがあるように思われる。

ところで、仏教説話である『日本霊異記《りょういき》』には、生活している家を舞台として、仏教の功徳《くどく》を説く話が少なくない(30)。家がどのように描かれているのか、家の景観を復元してみると、まず入口に門(上巻一八縁(31))があり、そのなかに屋(上一二)、倉(上一〇)などの建造物が存在する。住居や倉庫である。また、庭(上九)があり、なかには樹(中二)や桑(上一一)が植えられている。犬(上二)が飼育されている記述もある。このように「家」は住まいとなる建造物を表しているが、数棟の家屋・倉からなる「家一区」とほぼ同じと思われる。

(30)『日本霊異記』には、家と同様な意味をもつ「宅」は一箇所しかなく、「家」の分析によって家の景観が理解できる。

(31) ここでは語句の初見にあたる説話だけを示すことにする。また、その表記は「上巻一八縁」を、「上一八」のように略記する。

家の管理者は、「家長（家主とも）。イヘギミ」と呼ばれているが、これが戸主にあたると思われる。その配偶者は「家室（家母とも）。イヘトジ」である。「トジ」は、「トヌシ（戸主）の転」（『岩波古語辞典 補訂版』）とも「戸《ト》＝主《ヌシ》の約かという」（『時代別国語大辞典 上代編』）ともいわれる。だが、「戸主」の意識が強く残っていれば、「イヘトジ」は「家」と「戸」が重複してしまうことになり、(32) 従来の語源研究には、まだ問題が残されていると思われる。ここでは、イヘギミとイヘトジとが対語であることを確認しておきたい。

問題は、家長と家室との関係である。家室について、『霊異記』では「家の裏《うち》を守ら令《し》めむ」（家のなかを取り仕切る）とあるが、その意味は「家財を主《かと》ら令む」（家財を管理する）ことである（上三一）。それでは家長は、どのような立ち位置にあるのだろうか。納税責任者であることを踏まえて考えてみよう。『霊異記』では、父親が、子である家長の稲束を盗んで牛になり（上一〇）、また母が子である家長の物を盗んで牝牛となり（中一五）、負債を償った話がある。妻（家室）には独自の財産があったが、家の財産とされるものは、家長の許可なく処分することはできなかったのである。つまり家長が、家の財産処分権を保持していたと考えられる［河音、一九七一／鬼頭、一九八六］。

(32)「戸」の意味は、建造物の「戸」などにこだわる必要はないかとも思われるが、妙案がない。

結婚の約束

さて、新たな家族の誕生は男と女の結婚から始まる。結婚に関する法令として戸令が存在するが、中国の律令法を受け継いでおり、中国的な婚姻規範が含まれている。たとえば「凡そ先づ姧《けん》して、後に娶《ま》きて妻妾《さいしょう》と為《せ》らば、赦《しゃ》に会《あ》ふと雖《いうと》も、猶《なお》し離《はな》て」（先姧条）の規定がある。しかし、男性の妻問《つまど》い[33]から始まる日本の恋愛・結婚では、性愛（情交）は比較的自由とされており（律令では姧）、実態とはかけ離れている（日本思想大系『律令』補注）。同時に、律令には中国的な男性優位の規定も少なくない。離婚に際しては、「子無き、淫泆《いんしつ》、舅姑《きゅうこ》に事《つか》へず、口舌《こうぜつ》、盗窃、妬忌《とき》、悪疾《あくしつ》」（七出条）というように（本書五頁）、子どもが産まれないことや嫉妬など、女性側の一方的原因とした理由があげられている。

実際の結婚は、どうだったのだろうか。律令法においては、男子は一五歳、女子は一三歳で結婚が可能である（古代の年齢は満年齢ではなく、数え年）。しかし、御野《みの》（美濃）国加茂《かも》郡半布里《はにゅうり》の戸籍などによると、実際の結婚年齢は二〇歳代以降が多い。また、結婚する際に女性が男性より年上の場合が一割強存在する［吉村、二〇二三a］。こうした結婚状況をみれば、戸令の規定にもかかわらず、現実には旧来の慣習によるところが多い。

日本の慣習では、男と女がお互いに名前を名のって恋愛関係に入り、結婚する。

（33）日本古代では、男と女が歌垣などで出合い、愛情が深まれば、互いの名前を知り合って恋愛関係に入る。そして、男が女の家に通うという「妻問い」が始まる。男は、日暮れ後に女のもとに通い、共寝をして夜明けの暁に帰宅することになる。

その他に、どのような約束事や儀礼が存在したのだろうか。『書紀』には、婚約や結婚に関する儀礼などがわずかながら記載されているので取りあげる。

『書紀』履中《りちゅう》即位前紀に、

太子（後の履中天皇）、諒闇《りょうあん》（服喪期間）より出でまして、未だ尊位《たかみくら》に即《つ》きたまはざる間に、羽《は》田矢代《たのやしろの》宿祢が女黒媛《むすめくろひめ》を以て妃とせむと欲《おもほ》す。納采《のうさい》の既に訖《おわ》りて、住吉仲《すみのえのなかつ》皇子を遣して、吉日《よきひ》を告げしめたまふ。時に仲皇子、太子の名を冒《たが》へて、黒媛を奸《おか》しつ。

とある。ここにみえる「納采」の語で婚約が整ったことを示しているが、中国の故事による文飾の可能性が高い。それに続く「吉日」とは、結婚の初日のことであろうか。納采の語は、即位以前の仁徳天皇と前太子の妹・八田皇女との婚姻（仁徳即位前紀）、そして安閑《あんかん》天皇と皇后・春日山田皇女の場合に（安閑元年三月条）使用されている。天皇に関わる婚姻のため、整えた形式をとったのであろう。ただし、納采は律令法にはなく、『儀礼《ぎらい》』(34)における結婚の六礼の一つであり、むしろ中国の礼制との関係が強い。男性側からの行為であり、男性からみた婚姻用語である。

この記事以外には、中臣鎌足《かまたり》が中大兄《なかのおおえ》と蘇我倉山田麻呂との関係を良くするため、「（倉山田麻呂の）長女を納《めしい》れて（中大兄の）妃として、婚姻の昵《むつび》を成さむ」とする記述がある。明らかに女性が政略結婚の具に使われようとしていた。その際、「中臣鎌

(34)『儀礼』は中国における礼に関する経書の一つ。『礼記』・『周礼』をあわせた三書を「三礼」という。周代における儀礼をまとめたとされ、冠婚葬祭を始めとする儀礼が規定されている。

子（鎌足）連、即ち自ら往《ゆ》きて媒《なかだ》ち要《かた》め訖《おわ》りぬ。しかるに長女、期《ちぎ》りし夜、族《やから》に偸《ぬす》まれぬ」（皇極三年正月乙亥《いつがい》条）と続く。ここでは鎌足が媒人をつとめ、婚約を成立させている。ところが、結婚の初日と思われる「期りし夜」に、一族の身狭《むさ》（日向《ひむか》）によって長女が連れ去られてしまう。「吉日」や「期りし夜」は、結婚初日として特別の意味がもたされたのであろう。

これらはいずれも天皇と関係しているので、特別な関係として取り結ばれた可能性がある。ただし『万葉集』には、「昔者壮士《むかしおとこ》ありき。新に婚礼を成し、未だ幾時《いくばく》を経《へ》ざるに、たちまちに駅使《えきし》となりて遠境《えんきょう》に遣《つか》はされき」（三八〇三、左注）の記述があり、民衆レベルにおいても結婚の約束は存在していた。

女性史研究者の一部に、「気の向いた間だけ同棲する離合の容易な婚姻」「性（おもに妻の性）は当面の結婚相手以外の他の異性にも開放されていた」とする説もある［関口、一九九三］。しかし、そのような慣習は一般的にはありえない［吉村、二〇一三a］。とりわけ天智九年（六七〇）の全国的な戸籍（庚午年籍《こうごねんじゃく》）作成以降は、そうした男女の婚姻の形はない(35)。何らかの根拠や儀礼もなく、突然に戸籍や計帳に夫妻として登録されるようなことはありえないだろう。

なお、当時の結婚に際しては、両親の了承が必要であった。とりわけ女性の親の承認は重要であり、なかでも母親が果たす役割は大きかった。親の承認をもって、

（35）関口裕子は、このような「一対の男女結合の非持続性・被排他性」を対偶婚《たいぐうこん》と考えている［関口、一九九三］。この考え方には、長谷山彰「日本古代史における対偶婚概念に関する二、三の疑問」［長谷山、二〇〇五］や、岩田真由子の批判がある［岩田、二〇二〇］。

恋愛から結婚へと進んだとする説もある〔森、一九八九〕。

結婚に関わる贈答の慣習

結婚に関係する慣習は、『古事記』『書紀』や『万葉集』などから復元して考察することになる。ところが、先述のように学界の一部には結婚にまつわる社会規範の存在を認めない解釈も出ている。こうしたなか、小林茂文は『記・紀』の記述や万葉歌などを丹念に分析し、当事者である男女の合意から始まり、それぞれの両親の承認、そして結婚に至る婚姻儀礼を具体的に復元している〔小林、一九九四〕。私の研究も交え、男女の婚約から結婚に至る「儀礼」のあらましを述べてみたい。

其の若日下部王《わかくさかべのみこ》の許《もと》に幸行《いでま》して、其の犬を賜ひ入れて、詔《のりたま》はしむらく、「是の物は、今日道に得つる奇《あや》しき（珍しい）物。故、都摩杼比《つまどい》の物」と云ひて、賜ひ入れたまひき。（『古事記』雄略段）

雄略天皇が、妃としたい若日下部王に対し、珍しい犬を「つまどひの物」として差しだしている。これは「娉《つまどい》の財《たから》」（『常陸国風土記』筑波郡条）のことであり、求婚に際し男から女に贈るものである。そして、女性の側からも、男性に贈り物が渡される。

「（略）丹心《まことのこころ》を呈《あらわ》さむとして、私の宝《たから》名は押木珠縵《おしきのたまかずら》〈一に云はく、立縵といふ。

又云はく、磐木《いわきの》縵といふ〉を捧《ささ》げて、使《つかわ》されし臣《まえつきみ》根使主《ねのおみ》に附《つ》けて、敢《あ》へて奉献《たてまつ》る。願はくは、物軽く、賤《いや》しと雖《いうと》も、納めたまひて信契《しるし》としたまへ」とまうしたまふ。(『書紀』安康元年二月戊辰《ぼしん》条)

これは安康《あんこう》天皇が、弟の大泊瀬《おおはつせ》皇子(後の雄略)を大草香《おおくさか》皇子の妹・幡梭《はたび》皇女と結婚させるため、使者として根使主を遣わした際の話である。大草香皇子が「物軽く、賤し」とした押木珠縵を差しだし、結婚の「信契」としたものである。(36)「信契」とは、婚約の証であろう。「契(しるし)」の字は、『書紀』では「後葉《のちのよ》の契」(『書紀』仁徳元年正月己卯《きぼう》条)や「鈴契《すずしるし》」(大化改新詔の第二項本文)としてみえる(人名は除く)。いずれも明確な「しるし」を意味している。

婚約が成立すれば、主に女性側から「百机飲食《ももとりのつくえもの》」(『書紀』神代第九段一書第二)、「百取机代物《ももとりのつくえしろのもの》」(『古事記』上巻神代)が提供され、饗宴が行なわれる。「百机」「百取机」とは、多くの飲食物を載せる机であり、天皇関係者の場合は豪華な饗宴が行なわれたであろう。こうしたセレモニーは、婚約の成立にともなう饗宴と解してまちがいなかろう[小林、一九九四/吉村、二〇一八]。

さらに恋愛から結婚にかかる時期には、男女双方から衣(下着、肌着)を贈る慣習がみられる。『万葉集』から象徴的な歌詞を紹介してみよう。

(a) わが背子《せこ》が　形見《かたみ》の衣《ころも》　妻問ひに　我が身は離《さ》けじ　言問《こと》はずとも(六三七)

(36)『古事記』では、この語句は「礼物」とする。「礼物」とは、「礼式を行うために用いる品物」ないし「謝礼や敬意を表すための贈り物」を意味する(『角川新字源 改訂新版』)。「信契」との比較では前者の可能性があり、約束事としての意味をもつだろう。

(b)我妹子《わぎもこ》が　形見の服《ころも》　下に着て　直《ただ》に逢ふまでは　われ脱《ぬ》かめやも(七四七)

前者の(a)は娘子《おとめ》の歌であるが、歌詞にも「妻問ひに」とあるように、「形見の衣」は男性から女性へ贈られている。「衣」は下着を指すといわれており、(b)にも「服下に着て(肌着として)」と歌われている。「形見」とは記念になる品であるから、何らかの約束を示唆している。(b)は大伴家持が坂上大嬢《さかのうえのだいじょう》に贈った歌であり、「形見の服」は女性から贈られた服ということになる。「我が身は離けじ」「われ脱かめやも」という語句があるように、ともに相手と逢わない状況が続くなか、歌詞のうえでは肌着を離さずに身に着けていることになる。

　こうした贈答品は、破談・離婚の際には返却することになる。

　　商《あ》き返し　領為《ゆるせ》との御法《みのり》有らばこそ　吾が下衣　返し賜はめ(三八〇九)

という歌がある。左注の伝に「時に幸《こう》せられし娘子《おとめ》有りき。〈姓名未だ詳らかならず〉寵《さいわい》薄らぎて後に、寄物《きぶつ》〈俗に可多美《かたみ》と云ふ〉を還《かえ》し賜はりき」というように、男性の寵愛が薄れて、女性が贈った愛の記念物たる形見(寄物)の下衣が返されてきたのである。このやりとりの場合は男性の身分が高かった。

　逆に愛が継続すれば、

　　白たへの　我が下衣　失はず　持てれわが背子《せこ》　直《ただ》に逢ふまでに(三七五一)

となる。「(女性の私が贈った)下衣を失わずに持っていてください、直に逢うまでは」

ということになる。

このように婚姻儀礼については、結納金のようなやりとりはなく、形見のやりとりが行なわれた。作法は、男女で対等と見なすことができるだろう。男と女の結婚には、社会的規範が付随していることを思えば、こうしたやりとりは自然のことと思われる。

それでは、「婚約する」ことを表すやまと言葉は存在するのであろうか。婚約する際の言葉として、平安時代以降になると「ちぎる」という言葉が、男女間の愛の誓約を意味する語として有力になるという〔西村、一九八一〕。それ以前はどうであろうか(37)。大化二年三月条の「愚俗の改廃」と呼ばれる第四項は、

有恃勢之男、浪要他女、而未納際、女自適人（勢《いきおい》を恃《たの》む男有りて、浪《みだり》に他《ひと》の女《むすめ》に要《ことむす》びて、未だ納《むかえ》ざる際《あいだ》に、女自《みずか》らに人に適《とつ》げらば）

と記されている。このなかの「他の女に要びて」の「ことむすび」が、約束の言葉と思われる。「要」の古訓点には「コトムスヒ」「チキル」とあり、「ことむすび」ないし「ちぎる」と読む可能性が高いからである。なお、「ちぎる」という言葉は「期りし夜」にあるように、古くから使われていたと思われ、第四項の「要」の字も「ちぎる」と読む可能性がある。

(37) 西村亨によれば、結婚の約束は「なる」や「かぬ」の言葉が使われていたという〔西村、一九八一〕。

労働作業と性別による分担

　ところで、男女は日常的にはどのような働き方をしたのであろうか。律令制国家は、国司に「字養百姓・勧課農桑」（職員令《しきいんりょう》大国条）・「勧務農功」（戸令国守巡行条）(38)、国郡司に「勧課田農」（考課令《こうかりょう》国郡司条）を、そして郡司には「撫養所部」（職員令大郡条）・「田疇闢・産業脩」（戸令国守巡行条）(39)を職務として課し、さらに里長に「課殖農桑」（戸令為里条）の勧めを求めていた。水稲農耕を中心として、施策を立てていた。

　このように一般百姓の主要な労働は、水稲農耕である。農作業としては、春の苗代づくりと種まき、そして春田打ちによる田の耕起と肥料の敷き込み。夏の田植えは、代《しろ》かき・地ならしの後、苗取り・苗運びと続き、早乙女による苗の植え付けとなる(40)。田打ち作業は、男子の労働によるところが大きいが、田植は「早乙女」の言葉があるように女子の労働である。稲の収穫後、米を舂《つ》くのは「稲舂女《いなつきめ》」といわれるように、やはり女子の労働である［鬼頭、一九八六］。このように農作業においても、作業の種類によって男女の役割が異なっていた。

　ところで、彼・彼女らの生活道具として、土器（土師器《はじき》・須恵器《すえき》）は欠かせないものである。土器の製作では、縄文・弥生土器と土師器は女性、須恵器は男性によって作られたといわれる。しかし、土器作り全体のプロセスからみて、はたして前者は女性だけで作られていたのだろうか。土器の生産に関しては比較的文献史料が残

(38)「字養《じよう》百姓」とは、百姓をかわいがって育てること。「勧課《かんか》農桑」は、農耕と養蚕の職務に精を出すことを奨励すること。「勧務農功」も農業を奨励することである。

(39)「撫養《ぶよう》所部」とは、所管の百姓をかわいがり養うこと。「田疇闢《ひら》け、産業脩《ね》り」とは田地を開墾し、農産業を整え振興する意味。

(40)水田稲作農耕に関しては、季節毎に農耕作業を描いた舘野和己「村落の歳時記」の論文がある［舘野、一九九一］。

されているので、男女の性別役割については、ある程度明らかになっている。

土器製作には、いくつかの作業工程がある。正倉院文書の天平勝宝二年（七五〇）の「浄清所解《じょうせいしょげ》」において、土器作りに関する男女の役割が記されている。男性の讃岐石前《さぬきのいしまえ》には「相作掘土運打薪採藁備幷進京（相《あい》作るに土を掘りて運び打ち、薪《まき》を採りて藁《わら》を備ふ、幷《あわ》せて京に進《たてまつ》る）」、女性の借馬《かしま》秋庭女には「作手」とある。土器の器種は、「田坏、鋺形、方埦、片佐良、小手洗」と記されている（『大日本古文書』〈編年文書〉一一―三五〇頁）。男性の役割は、粘土の選定、焚き木や藁の採取、土こねと運搬などとされている。

また、「□□〔土師カ〕女六人米二石七斗」（平城宮木簡一七六）に続いて、長屋王家木簡から「土師女三人瓮作女二人」（平城京木簡三三二）など「土師女」記載の木簡が数点出土している。女性が土師器作りに従事していたことは、まちがいない。また、『皇太神《こうたいじん》宮儀式帳《ぐうぎしきちょう》』には、「土師器作物忌《ものいみ》、无位麻続部《おみべ》春子女《のはるこめ》」（神道大系『皇太神宮儀式帳ほか』一〇八頁）、「陶器作内人《うちんど》、無位磯部《いそべ》主麻呂」（同、一一五頁）の記述があることから、九世紀初頭でも土師器の製作は女性が担っていたようである。

さて、土器製作は、原料となる粘土を選ぶことから始まり、粘土にまぜる混和剤を選択する工程もある（必ず混和剤を入れるとは限らない）。次に土器の成形の作業に移るが、それには紐作り方式と型起こし方式とがある。そして、回転運動を利用する装置であるロクロ（轆轤）が伝来すると、ロクロを使用することになる。[41] 土器の形ができれば、表面に装飾用の飾りをつける作業が続く。さらに成形した土器に対し、窯《かま》の利用を含めた焼成の作業となる。焼きあがれば製品としての土器となる［佐原、二〇〇二］。

正倉院文書にみえる「作手」とある女性は、成形作業に従事していると想定される。こうした意味において、「女性が土師器を作る」といわれるのであろう。さらに、ロクロが使用される土器作りや大型の土器製作になると、製作は男性の仕事になる。これらの作業には腕力が必要になっているからだという［佐原、二〇〇五］。

したがって、土器作り全体の工程における労働作業のプロセスとなると、各工程における男女の性別分業・役割を明示することが必要である。

さて、ロクロが使用される須恵器の製作では、土器作りは男性の仕事になるとされてきた。こうした見方に対して、批判的な見解もある。渡辺一《はじめ》は、東国において糸切り技法の須恵器を製作するのは女性であるという、興味深い問題提起をしている［渡辺、二〇〇六］。なぜ、女性工人といえるのだろうか。

東国の須恵器工房では、瓦工房や鍛冶工房と異なって、カマド（竈）付きの方形竪《たて》穴《あな》建物が圧倒的に多い。カマドが付く理由として、女性工人を想定できるからだという。女性が生産する理由としては、東国の糸切り技法の前身が土師器の技法であ

（41）古代の史料で「轆轤」と表記されるのは木工・金工用であり、須恵器生産に使用される回転運動を利用する装置を「轆轤」とするのは問題がある［小林、一九六二］。そのため「ロクロ」の表記を用いるが、便宜的に漢字を並記する。

り、この技法が持ち込まれたからと考えている。カマドを有する竪穴建物と性差による管理者の差違については、考古学によるさらなる検討が必要かと思われる。

なお、時代は異なるが、明応《めいおう》九年（一五〇〇）の成立と推定されている『七十一番職人歌合』（新日本古典文学大系）には一四二種の職種が取りあげられている。(42) この職人歌合における男女別の職種は、男性一〇八種（七六パーセント）、女性三四種（二四パーセント）だという［網野、一九九二］。古代と中世とでは社会的分業のあり方の違いがあるが、この面における古代史研究が遅れていることはまちがいなかろう。(43)

3　戦いにおける性差と異性装

神話と伝承における異性装と戦い

『とりかへばや物語』では、女君が「鞠《けまり》・小弓」などで男子のように振る舞い、男装した。一方の男君は、少女の遊び「絵かき、雛遊び」をし、女装した。こうした異性装はそれほど珍しいものではなく、すでに『古事記』『書紀』の神話と伝承にみられる。（1）『古事記』神代におけるアマテラス（天照大神）の男装、そして（2）『書紀』神功皇后の新羅征討の説話における男装、さらに（3）ヤマトタケル（倭建、元の名は倭男具那《やまとのおぐな》）伝承の女装である。

(42) 新日本古典文学大系には、「職種一覧」が掲載されており、職種の歴史的推移が解説されている。

(43) 手工業生産に関しては、これまで浅香年木『日本古代手工業史の研究』（法政大学出版局、一九七一年）、遠藤元男『古代中世の職人と社会』（雄山閣出版、一九八五年）、古尾谷知浩『日本古代の手工業生産と建築生産』（塙書房、二〇二〇年）などの優れた総括的な研究がある。しかし、必ずしもジェンダー的な視角がとられているとは思われない。

おもしろいことに、いずれも当時の慣習にならって異性装をして振る舞ったとされ、しかもどれも戦いに関係している。ほかにも『書紀』神武即位前紀には、敵を欺くために、椎根津《しいねつ》彦が「弊《いや》しき衣服《きぬ》及び蓑笠《みのかさ》を著《き》せて、老父の貌《かたち》に為《つく》る」例や、また弟猾《おとうかし》をして「箕《み》を被《き》せて、老嫗《おみな》の貌に為」る場合もある（即位前紀戊午年九月条）。

（1）は、スサノヲ（素戔嗚）が根国《ねのくに》に赴く前に高天原でアマテラスに相見《あいまみ》えることに対し、アマテラスは、

「我が那勢《なせ》の命の上《のぼ》り来る由は、必ず善き心あらじ。我が国を奪はむと欲《おも》ふにこそ」とのらす、即ち御髪を解かして、御美豆羅《みみづら》に纏《ま》かして乃ち左右の御美豆羅にも、御縵《みかずら》にも、左右の御手《みて》にも、各八尺《やさか》の勾璁《まがたま》の五百津《いおつ》の美須麻流《みすまる》の珠を纏《ま》き持たして、曽毘良迩《そびらに》は千入《ちいり》の靫《ゆき》を負ひ、比良迩《ひらに》は、五百入《いおいり》の靫附け、また伊都《いつ》の竹鞆《たかとも》を所取佩《とりは》かして、弓腹《ゆはら》振り立てて、堅庭《かたにわ》は向股《むかもも》に蹈《ふ》み那豆美《なづみ》、沫雪《あわゆき》の如く蹶《く》ゑ散《ちら》して、伊都の男《お》建《たけ》び蹈み建びて、待ち問ひたまはく、「何の故にか上り来つる」と、とひたまふ。*

とあるように、男の装いになってスサノヲに問いただす場面である。アマテラスは髪型を美豆羅にし、靫や弓で武装してスサノヲに対峙する。

美豆羅は男性の髪型であり、「伊都の男建び」（威力ある勇ましい動作として）とあるように、男性のように振る舞うのである。『書紀』第六段においては、衣裳を袴に

＊**（大意）** 我が弟（スサノヲ）が昇るのは、国を奪おうとしているからと話し、髪をみずらにして勾玉の玉飾りをつけ、鎧の背と胸に矢を身につけ、鞆を取り付けて庭に踏み込み、蹴散らかして雄々しく迎えうつ。荒々しく踏みならし、どうして来たのかと問う。

するなど、アマテラスはさらに男装化している。一書第一では、「大夫《ますらお》の武《たけ》き備を設けたまふ」と記され、武器を携える「ますらを」の装いとして描かれている。このようにアマテラスの男装は、スサノヲと対峙するために武装したものであり、男性の髪型や服装が武器の装備・使用に関係していることを示している。

神功皇后の新羅征討伝承

また、神功皇后の新羅征討の物語では、皇后が男装する様子が具体的に描かれている。それらを列挙すると、次のようになる。

(a)皇后、便《すなわ》ち、髪《みぐし》を結分《あ》げたまひて、髻《みずら》にしたまふ。因りて、群臣に謂《かた》りて曰はく、「それ師《いくさ》を興《おこ》し衆を動すは、国の大事なり」。(神功摂政前紀仲哀九年四月条)

(b)吾婦女にして、また不肖《おさな》し。然れども暫く男の貌《すがた》を仮りて、強《あながち》に雄《おお》しき略《はかりこと》を起《おこ》さむ。(同)

(c)則ち皇后、男の束装《よそい》して新羅を征《う》ちたまふ。(神功摂政前紀仲哀九年一二月条一云)

神功皇后は、新羅征討に際して「髪を結分げたまひて、髻に」し、男の髪型に変えている。そして、「男の束装して」とあるように男の装束に変えた。その結果、

「男の貌を仮り」とあるように、男の姿・風貌になったのである。女性としての姿で戦うこともあるのだろうが、あえて男装にした。なぜだろうか。

その理由として考えられるのは、新羅征討という「国の大事」において、「強に雄しき略を起さむ」と記されている。「雄略」の語は、崇神《すじん》天皇やヤマトタケルの性格の修飾に使われている漢語で、一般的には「勇ましい大きなはかりごと」を意味する。「雌雄」の「雄」であるから、自ずと男性的な様相をもたされている。ここでは「征討」という、強いて雄大な策略を起こすという意味あいであろう。それが皇后の言葉として語られているのは、女性に可能な能力を超えて雄大に戦うために、男装かつ男性化したものと思われる。

ここには律令制的な将軍像がかぶさっている。ちなみに「雄略」と関係づけられた二人の人物は、崇神が「はつくにしらすスメラミコト(初代の天皇)」、ヤマトタケルは西(クマソタケル)と出雲(イヅモタケル)、さらに東(蝦夷)の征服活動を行なった王族将軍であった。そして神功皇后は、ホムダワケ(応神《おうじん》天皇)を胎内において新羅を征服した皇后である。ヤマト王権が日本列島(北海道を除く)を統合し、蕃国・夷狄支配を実現していく画期に働く伝承上の人物ということになる。単なる偶然の一致とは考えられない。

なお、女性が戦いに関係することについては、すでに『書紀』神武即位前紀において、女坂《めさか》に配置された「女軍《めのいくさ》」と男坂《おさか》に配置された「男軍《おのいくさ》」の記述がある。女軍は独自に編成され偵察に動員されているが、どのような姿で戦い向かったのかについては、何も書かれていない。

ヤマトタケルにおける女装と戦い

次は、『古事記』のヤマトタケル伝承である。

故《かれ》、熊曽建《くまそたける》の家に到りて見たまへば、其の家の辺に軍《いくさ》三重に囲み、室《むろ》作りて居《お》り。是に、御室楽《えらさ》せむと言動《とよ》み、食物設備《ま》けたり。故、其の傍に遊行《あそば》して、其の楽の日を待ちたまふ。しかして其の楽の日に臨《むか》ひ、童女《おとめ》の髪のごと、其の結はせる御髪を梳《けず》り垂り、其の姨《おば》の御衣・御裳を服《け》し、既に童女の姿に成り、女人の中に交り立ち、其の室の内に入り坐す。しかして熊曽建兄弟二人、其の嬢子を見感《みめ》で、己が中に坐せて盛に楽たり。故、其の酣《たけなわ》にある時に臨《むか》ひ、懐《ふつくろ》より剣を出し、熊曽の衣の衿《くび》を取りて、剣を其の胸より刺し通す時、其の弟建、見《み》畏《かしこ》み逃げ出でつ。乃ち其の室の椅本《はしのもと》に追ひ至り、其の背《そびら》の皮を取り、剣を尻より刺し通したまふ。（景行段）*

基本的モチーフは、ヤマトタケルが父の景行天皇の命令によって、クマソタケル（熊曽建）兄弟を滅ぼす物語である。(44) その殺害に選ばれた場所が、新築祝いの饗宴の

*（大意）クマソタケルの家に着けば、厳重に守りを固めており、新室の祝宴を準備していた。その祝日に、ヤマトタケルは少女の姿でまぎれ込んだ。クマソタケルの兄弟二人は、少女を呼び寄せて祝宴にいそしんだ。宴たけなわの際、ヤマトタケルは剣を出して、胸から刺し通した時に、弟タケルが逃げたしたので、室の梯子のもとで剣を尻から刺し通した。

(44) 物語では、ヤマトタケルの元の名はヤマトヲグナであり、クマソタケルを打ち殺す場で、クマソタケルから「タケル」の名前を献上された。本章では、それ以前からヤマトタケルの名前を用いることにする。

場ということになる。直接的には記されていないが（『書紀』には一一月）、おそらく新嘗《にいなめ》祭の場がふさわしい［吉井、一九七七］。新室を作り、その「楽の日」に食事が準備され、女性が献上される場である［吉村、二〇二二］。

この場面は、ヤマトタケルとクマソタケル兄弟の戦いの場である。新嘗祭という宴の場が利用され、ヤマトタケルが参列してクマソタケルを倒すことになる。女性が献上されるような新嘗祭の宴では、女性の方が参列しやすく、ヤマトタケルは女装して参加することになる。結髪していた髪を垂らし、姨のヤマトヒメ（倭比売）から頂戴した衣裳（御衣・御裳）を着け、童女の姿になって宴の女性の輪に加わった。新嘗祭に献上される女性の一人と思われて、疑われなかった可能性もある。

ヤマトタケルの行動は、本人の内面的な欲求からでたものではなく、あくまでクマソタケルを殺害する目的のためである。いわば策略・欺瞞の一環として、行なわれた女装であった。ヤマトタケルは、クマソタケルの討伐後さらにイヅモタケル（出雲建）を殺そうとする。その具体的な手段とは、

即ち出雲国に入り坐《ま》しき。其の出雲建を殺さむと欲して到りましす。即ち結友《ともかきとな》りたまひき。故、窃《ひそ》かに赤檮《いちい》以ちて、詐《いつわり》の刀《たち》に作り、御佩《みはかし》とし、共に肥《ひの》河《かわ》に沐《かわあ》みたまふ。しかして倭建命、河より先づ上《あが》りまして、出雲建が解き置ける横刀《たち》を取り佩《は》きて、「刀易《かえ》せむ」と詔《の》らす。故、後に出雲建河より上りて、

＊**（大意）** 出雲国に入りイヅモタケルを殺そうと思って、友好を結んだ。詐りの木刀を作って、共に肥河で水浴した。河から先に出たヤマトタケルは、イヅモタケルの大刀の方を身につけ、刀の交換を申し出た。後に河から出たイヅモタケルは、ヤマトタケルの木刀を帯刀した。その後、ヤマトタケルはイヅモタケルを果たし合いに誘い、偽の木刀で抜けなかったイヅモタケルを打ち殺した。

倭建命の詐の刀を佩けり。是に倭建命誂《あとら》へて、「いざ刀《たち》合せむ」と云ふ。しかして各其の刀を抜く時、出雲建詐の刀を抜き得ず。即ち倭建命、其の刀を抜きて出雲建を打ち殺したまひき。（景行段＊）

である。この記述に「詐の刀」とあるように、事前に木刀と真刀を交換するという詐術によって、イヅモタケルを打ち殺している。ここでも知略が働いているが、ヤマトタケルの場合は女装の問題もこうした策略と関係している。「詐の刀」と「女装」とでは性格が異なるが、詐りという点では共通しているだろう。(45)

このように『記・紀』に描かれる男装・女装は、いずれも戦いの場で用いられている。男性・女性ではそれぞれの髪型と服装が定まっており、目的に合わせた異性装をとっている。『とりかへばや物語』における異性装とは、質的に異なっていることはいうまでもない。

戦争における夫婦従軍と子どもの参戦

すでに述べた「女軍」の記述のように、戦争において女性が能動的に戦っていたとする伝承も存在する。律令軍制では、兵士や将軍らは男性であり、女性が関与した形跡はない。また、軍防令には「凡そ征行せむときは、皆婦女を将《い》て、自ら随《したが》ふること得じ」（征行者条）とあり、征討の行軍作戦には、婦女を従わせることは禁止さ

(45) ただし、蝦夷征討では、相模の賊に欺かれている（『古事記』では、国造《こくぞう》に「詐られ」るという展開）。詐り、詐られることで、文学的コントラストを演出している。

表3 『日本書紀』における将軍クラスの夫婦従軍

『書紀』紀年	征討の将軍等	妻・子等の人名	対戦地域・国
(1)景行40年条	ヤマトタケル	妾・弟橘媛	蝦夷
(2)雄略7年条	吉備上道弟君	婦・樟媛	新羅
(3)雄略9年3・5月条	大将軍・紀小弓宿祢	(采女)大海	新羅
(4)欽明23年7月条	副将・河辺臣瓊缶	婦・子	新羅
	将・調吉士伊企儺	妻・子	新羅
(5)推古11年7月条	当麻皇子	妻・舎人姫王	新羅
(6)舒明9年条	将軍・上毛野君形名	妻	蝦夷
(7)斉明7年1月条	(大海人皇子)	妃・大田姫皇女	百済救援

れていた。

ところが、律令制の施行以前は、蕃国の新羅や蝦夷に対する征討戦において、将軍クラスは夫婦従軍であり〔吉村、一九八六・一九九一／関口、二〇二二〕、しかも子どもまでが参加していた〔吉村、同〕。『書紀』からそうした事例を取り出せば、**表3**のような年表になる。

(1)ヤマトタケル伝承では、東国の蝦夷征討に向かう途中、現在の東京湾にて暴風に遭い、従っていたオトタチバナヒメ(弟橘媛)が身投げして海神をなだめるという話がある。東国への征討には、妾のオトタチバナヒメが付き添っていたのである。

それでは、どうして妻妾が従軍したのか、具体的な行動がわかる記述から考えてみたい。(3)は新羅への征討戦争である。ここでは、妻は「視養《とりみ》る者《ひと》」(世話をする人)として参加したことになっている。これが妻が従軍する理由である。参加の理由はすべて記されているとは限らないが、貴重な史料である。この記事しか残されていないが、夫である将軍の身の回りの世話が、主たる役割であったと思われる㊻。

(4)は朝鮮半島に派遣されて投降した、副将河辺臣《かわべのおみ》瓊缶《にえ》に関する記事である。加《か》耶《や》(任那《みまな》)を滅ぼした新羅への叱責として、大将軍・紀男麻呂宿祢《きのおまろのすくね》とともに副将として派遣されたが、兵法を知らない瓊缶は新羅に捕らわれる。その際の記事に、

(新羅は)河辺臣瓊缶等、及び其の随へる婦を生けながら虜《とりこ》にす。時に、父子・夫婦、相恤《あわれ》むこと能《あた》はず。

とある。つまり副将には、婦である坂本臣の娘・甘美媛《うましひめ》が従軍していた。ほかにも「父子・夫婦」とあるので、副将の子どもも参戦していたのであろう。

副将が自分の命を惜しむあまり、妻の甘美媛を新羅の闘将に売り渡したので、「(新羅の闘将)遂に(副将を)許して(妻を)妾《め》とす。闘将遂に露《あらわ》なる地にして、其の婦女を奸《おか》す。婦女後に還る」ことになった。夫に失望した妻は、離縁の道を選ぶ。妻が新羅側の性的被害を受けたことはまちがいなく、戦争と性が関わっていた早い事例である。

また、この戦いで捕虜となった調吉士《つきのきし》伊企儺《いきな》は、相手に妥協しない人物であった。そのため新羅に惨殺されるが、新羅から「日本の将」といわれている。「其の子舅《おじ》子《こ》、また其の父を抱《かか》へて死ぬ」とあるように、子どもの舅子は父の遺体を抱いて没

(46) 関口裕子は、夫婦従軍のあり方について、それ以前のヒコ・ヒメ制を継承した夫がもつ軍事指揮権の補佐を主たる任務と主張している[関口、二〇一一]。ただし、そのヒコ・ヒメ制は、『魏志』倭人伝にみえる倭国王の卑弥呼(独身の女性)と男弟の関係を、ヤマト王権の王化《おうけ》(おもむけ)に従わない菟狹津彦《うさつひこ》・菟狹《うさ》津媛《つひめ》らと同一レベルと捉えて立てられた説である[関口、二〇一八]。卑弥呼と壱与とは、倭国として統合していく過程で本来は男王であったのが争乱となり、国中を納得させるために二代に限って倭国王に共立された。したがって、男・女王が「流動的・相互移動的なのが当時の二重王権のあり方」[関口、同]との考

している。ここでは「其の妻大葉《おおば》子《こ》、また並に禽《とりこに》せらる」とあり、妻も捕虜にされて歌を残す。このように伊企儺も夫婦として従軍しており、子ども(年齢不詳)も参加していた。子どもの参加は、妻の役割とも関係しているように思われる。子どもの役割が、戦争における「副王」や「副指揮官」とは考えにくいからである。

これらの夫婦従軍を想定できる記述は、軍事上のトラブルが起こったために伝承されたのであろう。しかし、半島における戦いでは、将軍クラスは夫婦で従軍するというかたちを考えていい。妻は将軍の世話をするために参加したが、子どもが参加していることからいえば、家族として参戦した可能性がある。(7)は、「百済救援」のために、斉明《さいめい》天皇が筑紫に向かったものであるが、大田《おおた》姫《ひめ》皇女は大伯《おおく》海(備前国邑久《おおく》郡の海)で娘(大伯皇女)を出産した。大田姫は、臨月にもかかわらず参加していた。これは軍事的指揮などの性格ではなく、家族参加の問題ではなかろうか。

次に、国内における戦争の事例をみていきたい。(6)舒明九年(六三七)の蝦夷征討を取りあげる。

是歳、蝦夷叛《そむ》きて朝《もう》でず。即ち大仁《だいにん》上毛野君形名《かたな》を拝《め》して、将軍として討たしむ。還りて蝦夷の為に敗《う》たれて、走《に》げて塁《そこ》に入る。遂に賊の為に囲まる。(中略)爰《ここ》に方名(形名)君の妻歎きて曰はく、「慷《うれた》きかな、蝦夷の為に殺されむとすること」といふ。(中略)乃《すなわ》ち酒を酌《く》みて、強《し》ひて夫に飲ましむ。而して親《みずか》ら夫

えは、飛躍し過ぎの論であり無理であろう。詳しくは本章コラムを参照のこと。

*(大意) 蝦夷が反乱したので、上毛野形名を将軍として遣わした。しかし逆に蝦夷に敗北し、逃げ帰った砦を囲まれた。軍衆は逃げだし、将軍も日暮れに乗じて逃げようとした。妻は嘆いて、先祖の名を汚すようになれば、後世笑われることになると案じ、夫に無理やり酒を飲ませ、自ら帯剣して多くの女性に弓の弦を鳴らさせた。夫は立ち上がり、武器を取って進撃したところ、蝦夷が退却した(その後、離れた軍衆も集まり、軍勢も整い、蝦夷を撃破した)。

> の剣を佩《は》き、十の弓を張りて、女人数十に令《のりごと》して弦《つる》を鳴さしむ。既にして夫更に起《た》ちて、仗《つわもの》を取りて進む。蝦夷おもはく、軍衆猶《なお》し多なりとおもひて、稍《ようやく》に引きて退く*。

蝦夷征討の将軍である上毛野君形名の行動であるが、ここにも妻が登場する。夫婦従軍は、列島内の戦争でも行なわれていた。形名は戦いに破れて敗走するが、蝦夷に囲まれてしまう。その際にとった妻の行動であるが、河辺臣瓊缶夫婦とは対照的である。

夫が敗走するという危機のなか、まずは「慷《うれた》きかな（いまいましいことだ）、蝦夷の為に殺されむとすること」と嘆きながら、夫の形名を奮い立たせようと振る舞う。夫に酒を飲ませて、元気づけるのである。そして、「親ら夫の剣を佩き、十の弓を張りて、女人数十に令して弦を鳴さしむ」とし、形名を奮い立たせて、自軍を鼓舞していった。こうして夫は立ち上がったが、一方の蝦夷が退いたので、形名の軍勢が整った。そして、蝦夷を打ち破ったという。

ここでの妻は、打ちひしがれた形名に代わって、能動的に軍事的方策をとる。妻は、軍事にも詳しい姿として描かれている。最終的には形名が指揮権をふるうが、単なる夫への支援とは違うように記されている。ただし、髪型や服装のことは書かれておらず、男装はしていないようだ。これらは通常の夫婦従軍ではなく、特別な行動だったので伝わった可能性が高い。将軍クラスにおいては夫婦で従軍し、子どもも参加した。そして不利な戦いのもとでは、妻が能動的に軍事的指揮をとった事例があることもまちがいない。ただし、必ずしも一般化できない妻子の役割だろう。

4 信仰と性差——仏教と神社

仏教とジェンダー

日本で最初に出家したとして記録されている人は、善信尼《ぜんしんに》という女性であるとされる。弟子にあたる禅蔵尼《ぜんぞう》と恵善尼《えぜん》の二人も、同時に出家している。いずれも渡来系移住民の女性で、善信尼は司馬達等《しばだちと》、禅蔵尼は漢人夜菩《あやひとやぼ》、恵善尼は錦織壺《にしこりのつふ》の娘である(『日本書紀』敏達一三年是歳条)。ただし、渡来系移住民のなかには還俗していた高句麗僧恵便《えべん》がおり、蘇我馬子の師となった(同条)。善信尼ら三人はその後、百済に行って受戒する。このように僧より尼の出家が早かったのは、日本において、尼が識字と教学理解の能力を有していたからと指摘されている〔勝浦、二〇〇〇〕。

さて、仏教と女性との関係については、「はじめに」で述べたように「三従」「五障」などをめぐって、長らく議論が続けられてきた。これらは釈尊(ゴータマ・ブッダ)時代の「原始仏教」の教えではなく、後の時代の産物といわれる。植木雅俊は、釈尊の教えの解釈をめぐり、各集団（部派《ぶは》）に分裂後、教団が小乗仏教化したなかで成立した経典の漢訳仏典や、女性軽視の小乗仏教を大乗仏教が克服しようとした時代に成立した経典類の漢訳化という歴史もあり、漢訳仏典には差別の思想もあれば、差別を乗り越えようとする言葉もあると述べている［植木、二〇一八］。

古代日本の仏教におけるジェンダー問題は、このように直接的には漢訳仏典の教義に起因しているので、その問題から始めねばならない。漢訳仏典に含まれる矛盾した思想が、それを受容して信仰した人間に影響しているからである。したがって、日本の古代仏教のジェンダー問題は、原始仏教そのものの教義とは無関係であろう。ただ、釈尊の時代において、教団は最初から男子しか考慮に入れていなかったようである。男性の修行者にとって、女性はやっかいな存在だったという［渡辺、一九五六］。それはともかく、男性・女性の出家者は一緒に暮らすことができず、それぞれ分かれることになった。両者の関係として、女性の出家集団は、男性の出家集団に対し従属的な関係であったともいわれる［馬場、二〇一八］。

釈尊の没後、教団の新たな展開や部派仏教の発展に至るが、漢訳仏典においても、翻訳者によって女性関係の内容が異なっているという。漢訳仏典の場合、翻訳の過程で中国的な皇帝重視や儒教思想の影響を受けているとも指摘されている。こうした歴史的経緯を踏まえて、仏教本来の思想と漢訳仏典における差別問題を区別する必要があろう。

列島においては、受容した漢訳仏典そのものに含まれる性差の記載が何よりも重要である。そして、僧・尼や沙弥《しゃみ》・沙弥尼が、これらの仏典をどのように受け止めて実践したのか、その具体的な行動が問題である。最近までの仏教におけるジェンダーに関する研究史は、すでに荒井美月によってまとめられている〔荒井、二〇二二〕。この節では僧尼令《そうにりょう》にみられる性差と、僧尼と沙弥・沙弥尼の関係する問題を中心に取りあげたい。

僧尼令における性差

日本の律令法では、官位令《かんいりょう》と各種の職員令(大宝令では官員令)のあとに、神祇令《じんぎりょう》・僧尼令が続く。唐令では、神祇令にあたる祠令《しれい》しかなく、僧尼令は「道僧格《どうそうきゃく》」が相当する。「令」ではなく、「格」なのである。つまり日本の僧尼令は、道僧格(道教の道士・道士女と仏教の僧尼の統制)から僧尼部分を取り出して令に編成し、僧尼と沙弥・沙弥尼を統制する規則を含んでいる。僧尼令が僧尼統制の令であることが、公的祭祀の大綱を定めた神祇令とは決定的に相違する。しかも、神祇官のような中央の官僚制機構はないが、僧尼令には自律的組織として統制機能をもつ僧綱《そうごう》と三綱《さんごう》が存在する。僧綱は京内の僧尼を統制するが、各寺院の管理は三綱が行なう。(47)

(47) 僧綱は、推古三二年(六二四)に設置されており、僧正《そうじょう》・僧都《そうず》からなる。僧から任命され、自律的に統制する仕組みである。この時、法頭《ほうず》も置かれたが、俗人から選ばれ、僧尼数・奴婢・田地などの管理を行なったと推定される。孝徳朝の大化元年(六四五)には十師制に改定されたが、法頭も任命されている。その後、天武二年(六七三)には僧正・僧都が復活している。これを基礎に、令の僧綱制が整備された。

最初に、制度的な枠組みについて述べておこう。いうまでもなく僧が男性で尼が女性であり、男女の呼称が明確に区別されている。これは俗人のまま仏教に帰依する「在家《ざいけ》」の場合から、それぞれの呼び方がある。在家で五戒（不殺生《ふせっしょう》・不偸盗《ふちゅうとう》・不《ふ》邪淫《じゃいん》・不《ふ》妄語《もうご》・不《ふ》飲酒《おんじゅ》の戒）㊽を守る者を、優婆塞《うばそく》（男）・優婆夷《うばい》（女）という。剃髪《ていはつ》して、十戒《じっかい》（五戒に不《ふ》塗飾香鬘《ずじきこうまん》・不《ふ》歌舞観聴《かぶかんちょう》・不《ふ》坐高広牀《ざこうこうしょう》・不《ふ》非時食《ひじじき》・不《ふ》蓄金銀宝《ちくこんごんほう》をプラスする戒）㊾を受けると沙弥・沙弥尼となる。したがって、在家の男子は優婆塞・沙弥、女子は優婆夷・沙弥尼ということになる。出家して得度すれば、僧尼である。

　僧尼令において僧と尼が区別される条文として、僧尼に供侍する童子の採用規定（取童子条）、僧尼の宿坊に異性の同宿を禁ずる規定（停婦女条）、特定用務を除き僧・尼寺の互いの入寺を禁止する規定（不得輙入尼寺条）の三カ条がある。これらの条文では、僧と尼の区別があるが、それぞれ対等の規定となっている。ただし、僧尼を監督する僧綱には、僧しか任命されていない。そのため、男女が対称性をもつような平等ではない。「僧を中心とした意味での僧尼の平等性が条文化された」という評価もある［勝浦、二〇〇〇］。ただし、法的には少なくとも僧と尼との対等性が求められている。

国分僧寺・尼寺と僧尼の数

(48)「不殺生」は生命体を殺すことを禁じる戒、「不偸盗」は他人のものを盗むことを禁じる戒、「不邪淫」は夫は妻以外の女、妻は夫以外の男と性交渉することを禁じる戒、「不妄語」はうそをつくことを禁じる戒、「不飲酒」は飲酒を禁じる戒、である。

(49)「不塗飾香鬘」は化粧や装飾類を身につけることを禁じる戒、「不歌舞観聴」は音楽・舞踊・演劇などを見聞することを禁じる戒、「不坐高広牀」は高く広い寝台の使用を禁じる戒、「不非時食」は正午から朝まで食事することを禁じる戒、「不蓄金銀宝」は金銀・宝石類の所持を禁じる戒、である。

ところで、当時、どのくらいの人々が仏教への信仰心を抱いたのであろうか。たとえば、『続日本紀』天平二年(七三〇)九月庚辰《こうしん》条には、「京に近き左側の山の原に、多くの人を聚《あつ》め集《つど》へ、妖言《ようごん》して衆を惑《まどわ》す。多きときは万人、少きときもなほし数千。此の如き徒、深く憲法に違へり。若し更に因循《いんじゅん》せば、害を為《な》すこと滋《しげ》く甚《はなはだ》しけむ。今より以後、更に然《しか》らしむること勿《なか》れ」とみえる。この記事は、行基《ぎょうき》集団(50)による集会と推定されている。当時の平城京の人口が十万人から十数万人といわれているので、国家が認めた数千(51)から一万人という集会の規模は、きわめて大きい。当然のこと男女が参加しているが、性差には関心が向いていないのか、記載がない。

ところで、和泉《いずみ》国大野《おおの》寺の土塔《どとう》からは、女性名を含む文字瓦が出土しており、千人規模の知識(52)が参加したといわれている[近藤、二〇一四]。平城京周辺の集会には、男女の知識以外の人々も参集したであろう。旱害《かんがい》と水害、国・郡司の圧政(七二一年)、百万町歩開墾計画、私出挙《しすいこ》の利率を三割に変更(53)、旱害(七二二年)、三世一身の法(七二三年)、元正から聖武天皇への譲位(七二四年)、災異のため攘災《じょうさい》招福を願う(七二五年)、京内の河川の氾濫(七二八年)、長屋王の変(54)(七二九年)と続く、天災・人災や政治的激動に翻弄された民衆は、宗教に救いを求めたであろう。知識や信仰者の人数を示すことはできないので、頂点となる僧尼の人数に注目して、当時の仏教界の性差の問題を探ってみたい。

(50) 行基(六六八—七四九年)は、渡来系移住民の高志《こし》才智の子で和泉国の人。元は薬師寺僧。六八二年に出家し、「苦行精勤し、誘化して息《や》まず。人慈悲を仰ぎ、世に菩薩と称す」(行基舎利瓶記)と伝える。橋・池・堀川などの土木事業も民衆を組織して行なう。七四五年には「大僧正」に任命された。

(51) 「数千」の語は、「数千」とも「かず(数)千」の意味ともとれる。後者の例は、『日本霊異記』下巻第二四縁に「修行の僧の従者数千所有り」とある箇所の注として、「数千とは千余数の数千なり」とあり、千余のことと注記する。本文の意味としては、「数千人」か。

天平一三年（七四一）三月、国分寺《こくぶんじ》建立の詔が発せられた。飢饉と天然痘（痘瘡《とうそう》）の流行を鎮めるためである。国分寺には僧寺と尼寺があり、当時の寺院のあり方と相応しているが、建立の詔では僧寺と尼寺とでは目的を異にしている。それは名称にも表れており、国分僧寺が「金光明《こんこうみょう》四天王護国之寺」、国分尼寺が「法華滅罪《ほっけめつざい》之寺」と呼ばれた。つまり僧寺は「四天王による護国」、尼寺は「法華経による滅罪」を意図していた。おそらく国分寺建設の意味も、そこにあるとみなければなるまい［吉田、二〇一一］。僧寺と尼寺の役割は、あらためて見直されていいかと思われる。

国分寺では、呼称に示されているように、僧寺では金光明最勝王経《さいしょうおうきょう》、尼寺では法華経《ほけきょう》（妙法蓮華経(55)）が重視された。国分寺建立以前の天平六年（七三四）一一月には、出家の資格として法華経と最勝王経(56)の暗誦を課している。なお、経典との関係では、最勝王経は「国家平安」（神亀二年七月戊戌条）、「国家隆平」（天平一〇年四月乙卯条）を旨として祈願されている。鎮護国家に効験があると理解されていたのだろう。また、僧寺には当初は大般若経《だいはんにゃきょう》(57)がおかれることになっていた。これは「災異の除去」と密接な関係がある（神亀二年閏正月壬寅条）。法華経の方は、かつて「女人成仏」との関わりで説明されていたが、時代的に合わないことが判明し、現在ではまだ議論の途中で結論は出ていない。

こんにち全国に国分僧寺と尼寺の遺跡が残されており、「国分寺」を名のる寺院

（52）仏教の信仰者が、寺院建設や仏像造立、あるいは写経などの事業に関して、物品の献上や労働力を提供して支援・協力すること。また、その人。

（53）稲などを貸し付けて、利息（利稲という）をとる制度。国家が行なう公出挙《くすいこ》と私出挙があり、律令法では公出挙が五割、私出挙が一〇割の利率であった（雑令以稲粟条）。七一一年に私出挙の利率を五割、七二〇年には公出挙の利率を三割（正税出挙を除く）とし、この年に公私出挙とも三割に統一した。

（54）時の左大臣である長屋王に、「私《ひそ》かに左道を学びて国家を傾けむとす」という嫌疑をかけ、

も少なくない。ここでは建造物ではなく、国分寺に所属している僧尼の数に注目してみたい。建立の詔には、僧寺に二〇人の僧、尼寺に一〇人の尼が要請されている。五畿七道制下の令制国は、五九国である。ざっと計算してみても、僧寺は一一八〇人、尼寺は五九〇人、合計すれば一七七〇人の僧尼が必要人数である。(58) 国分寺の建立時期に、これだけの僧尼を集住させる現実性はあったのだろうか。

『書紀』では、七世紀の前半は「是の時に当りて、寺四十六所、僧八百十六人、尼五百六十九人、あはせて一千三百八十五人有り」(推古三二年九月丙子《へいし》条)、七世紀後半は「僧尼二千四百余を請《ま》せて、大きに設斎《おがみ》す」(天武四年四月戊寅《ぼいん》条)と記されている。また、八世紀になると、『続日本紀』養老六年(七二二)一一月丙戌《へいじゅつ》条に「京あはせて畿内の諸寺におきて、便《すなわ》ち僧尼二千六百卅八人を屈請《くっしょう》して、斎供《さいく》を設《もう》けむ」、天平九年(七三七)九月己亥条に「両京・四畿・二監《げん》の僧正已下《いか》、沙弥尼已上、惣《すべ》て二千三百七十六人」とみえる。なお、大僧正として東大寺大仏の建立に尽くした行基は、「僧院三十四、尼院十五院」を建設したという(『行基菩薩伝』)。

『続日本紀』における僧尼および僧寺・尼寺の記事を年表にすれば、**表4**のようになる。数値的にみれば、京・畿内の僧尼数は多いが(養老六年参照)、地方の諸国でこれだけの僧尼を国分寺に結集するのは難題かと思われる。吉川真司は、飛鳥・白鳳寺院が少ない国では僧寺の二〇僧を現地採用することは難しく、尼寺の尼の確

自死に追い込んだ事件。『続日本紀』が編纂された頃には、この事件が誣《ぶ》告《こく》であることが明らかになっており、冤罪事件であった。

(55) 大乗仏教の代表的な仏典。鳩摩羅什《くまらじゅう》訳の漢訳仏典が用いられた。すべての人間が平等に救済されると説く経典である。

(56) 養老二年(七一八)に道慈《どうじ》によって将来された、唐・義浄《ぎじょう》訳の金光明最勝王経のこと。鎮護国家の思想を強調する教説を含んでいる。

(57) 除災招福や鎮護国家などに有益とされた大乗仏典の経典で、正式には大般若波羅蜜多経。唐の玄奘三蔵が、個々に存在していた般若部《はんにゃぶ》の諸経

表4　『続日本紀』における僧・尼と僧寺・尼寺に関する主要記事

年時	西暦	記事
養老 6	722	京・畿内諸寺に，僧・尼 2638 人を請い斎供を設ける
神亀 3	726	元正太上天皇のため僧 28 人・尼 2 人を得度．さらに僧 15 人・尼 7 人を得度
神亀 4	727	災異を除くため僧 600・尼 300 を中宮に請い，金剛般若経を転読
天平 9	737	京・畿内の僧正から沙弥尼以上は，総数 2376 人
天平 13	741	国分寺建立の詔．僧寺に封 50 戸・水田 10 町，尼寺に水田 10 町施入．僧尼数は僧寺 20 人，尼寺 10 人
天平 16	744	国分寺造営費用として，僧・尼寺に出挙運用の 2 万束を賜与
天平 19	747	国分寺造営促進のため，僧寺に 90 町，尼寺に 40 町を追加
天平 20	748	佐保山陵鎮祭のため，僧尼各 1000 人を得度
天平勝宝 4	752	聖武太上天皇の病のため，僧 950 人・尼 50 人を得度
天平勝宝 6	754	藤原宮子の病のため，僧 100・尼 7 人を得度
天平宝字 2	758	天下太平のため金剛般若経 30 巻を写し，国分僧寺に 20 巻，尼寺に 10 巻安置．帰化新羅僧 32 人・尼 2 人，男 19 人・女 21 人を武蔵国に移し新羅郡を設置
宝亀 4	773	称徳周忌の御斎会に供奉した尼・女孺 269 人と雑色人 1049 人に賜物
延暦 2	783	国分寺僧の死去交替の新度を禁ず．尼は旧制による

保はさらに難しいとみている[吉川、二〇二三]。

それでは、各国での僧尼数の実情はどうであろうか。平安期の貞観《じょうがん》三年(八六一)になるが、大和国では「僧二千四百六十六口　尼七百廿六口」であった(『東大寺要録』巻第三)。全体数は多いかと思われるが、尼は僧の三分の一弱である。大和国には南都六宗(59)があるが、尼数は多くないといえる。

このような僧と尼の数になっているが、宗教活動となると違った側面もでている。和泉監《いずみのげん》(60)のいわゆる知識

典を集成して編纂した。

(58) この時期の令制国は、畿内四(和泉を除く)、東海道一三(安房《あわ》を除く)、東山道八、北陸道五(加賀を除く)、山陰道七、山陽道八、南海道五、西海道九で、計五九国となる。

(59) 大和国における仏教の宗派で、三論・成実《じょうじつ》・倶舎《くしゃ》・法相・華厳《けごん》・律の六宗。後の宗派と異なり、教学の研究団体である。一寺院でも複数の宗が学ばれていた。

写経は、和泉監期における、天平二年（七三〇）の和泉監大島郡日下部郷の知識による写経である。知識を動員して瑜伽師地論《ゆがしじろん》(61)の写経を企画した人（大檀越《だいだんおつ》）は、優婆塞の練信《れんしん》と地域の有力者である大島郡大領の日下部首《おびと》名麻呂であった。この写経に賛同した惣知識は七〇九人にのぼったが、その内訳は「男二七六、女四三三」である（『上代写経識語注釈』）。

結縁《けちえん》した知識は、下総国葛飾郡大島郷の人数（一一九一人）を参考にして考えれば、日下部郷の半数以上となるだろう。女性の数はかなり多い。仏教信仰という面では、地域によっては女性の信者が多い地域も存在したのである。この知識写経は、女性の知識の組織化に成功した事例である。したがって、僧尼数から、仏教信仰者の男女の内訳が表されるわけではない。これはあくまで地域による特色であろう。

神社の運営における男女

一方、神社についてはどうであろうか。神には男神と女神の区別があり、神に仕える人は、女性の「巫《ふ》」（かむなぎ）と男性の「覡《げき》」（をのこかむなぎ）の区別がある（巫覡）。しかし、仏教寺院の僧寺と尼寺のように、男と女の宗団が組織されていたわけではない。「男社・女社」の区別は存在しないのである。神社には、天神《てんじん》（天《あま》つ神）・地祇《ちぎ》（国《くに》つ神）に対応する天社・地社（国社）の区別はあるが、性別には対応して

（60）和泉監は、河内国大鳥・和泉・日根郡を割いて霊亀二年（七一六）から天平一二年（七四〇）に設置されていた地域行政組織。

（61）唐・玄奘訳の漢訳仏典で、大乗仏教の経典。瑜伽行《ゆがぎょう》の実践を説く。

いない。むしろ神社の運営に関しては、男女ともに参画しているのが特徴である。

神社に関しては、既述したように、神祇令に公的祭祀の大綱が定められている。また、中央官制に神祇官があり、朝廷の祭祀を掌っていた。ほかの官人制と同じように官人であり、原則的に男性の職員である。ところが、長官(伯《はく》という)の職掌に「御巫《みかんなぎ》」の管理があり、宮廷の祭祀には女性が関与していた。ただし、この御巫は職員令(大宝令では官員令)には規定されず、「雑任《ぞうにん》」(下級職員)という扱いであった。祭祀に関係する女性は、官人として扱われていなかった。

ところが、宮廷や伊勢大神宮などの祭祀では、男性が祢宜《ねぎ》、女性は物忌《ものいみ》としてならんで神事を行なうのが一般的な形態であった。しかも、両者の地位には本来、優劣・上下の関係はなかったという〔岡田、一九九二〕。つまり性別による役割分担として祭祀が執り行なわれていた。ただし、律令制によって男性の官人社会になると、神祇官などでは男性と女性の区別が行なわれるようになったのである。

伊勢大神宮を取りあげ、具体的に考えてみよう。『延喜式』伊勢大神宮式には、天照大神一座と相殿《あいどの》神二座の祭祀の運営に関係する職員として「祢宜一人、大内人《おおうちんど》四人、物忌九人、父九人、小内人《こうちんど》九人」がいる(大神宮条)。このうちの「物忌」の役割については、『皇太神宮儀式帳』(62)に記されている。「大物忌、地祭物忌、酒作物忌、清酒作物忌、滝祭物忌、御塩焼物忌、土師器作物忌」を女が、「宮守物忌、山

(62) 本来は、延暦二三年(八〇四)八月二八日に献上された文書であるが、後に『皇太神宮儀式帳』と呼ばれるようになった。ただし、古い写本は残っておらず、鎌倉末期に書写されたという『神道大系 神宮編 一』所収のものを参照した。

向物忌」を男が担当する。このように、大神宮では女（童女《どうにょ》）と男（童男《どうなん》）がともに、職制の分担者として位置づけられている。

ところが、土師器と異なる陶器作りの性別分担については、「陶器作内人」として男が担当している。土師器と陶器作りの性別分担においては、土師器が女性で須恵器が男という土器作りの性別分担と同じである(63)ということは、神社の運営には列島における男女の労働分担が、自然的に取り込まれていたことになる。仏教は外来的な宗教で、僧寺・尼寺の区別があった。神社においては、列島における信仰への関わり方や土器作りなど、神社を営む役割に応じて、男女が分担する運営になっていたと推測される。

ただし、関係者は「物忌九人、父九人」となっており、童男・童女に付き添う親族として母は関わっておらず、「父」である。女性の参加があるものの、律令制下では父系が重視されていた。

以上のように考えていけば、列島本来の神祇信仰に関しては、男女が対等に参加していた可能性が高い。しかし、伝来した仏教の漢訳仏典には女性差別がみられたのである。

(63) 岡田精司は、神事と直接に関係するのが女性であることを強調し、製作者の性別分担を重視しないようである[岡田、一九九二]。しかし、この事態は女性が土師器を製作し、神事に使われる土器が古来から土師器であったという歴史的プロセスの結果であろう。両面から捉える必要がある。

おわりに

本章のテーマは「男と女、人の一生」である。ただし、性別に関して小児期・成年期・老年期全体を扱うことは、紙幅の関係で難しい。そこで、「男らしさ」「女らしさ」という性差を象徴する特徴に注目した。対象としては、大化前代の社会や伝承にも配慮しながら、推古朝以降の中国の礼制と律令法を継受して形成された古代社会における性差を取りあげた。中国における家父長制的性格を有した礼制と律令法は、全体として男性優位の仕組みになっている。また、漢訳仏典も「三従」などの性差別を含んでいる。そのため列島社会では固有の慣習をもちながらも、法制・仏教を始め中国の影響を受けた。

いうまでもなく誕生する際の性別は、産まれてくる本人には選択できない。誕生時の男女の性差については、神話から考えた。アマテラスとスサノヲの誓約《うけい》によって産まれる男・女神の話には、すでに性差の優劣意識がみうけられた。中国の影響とみることも可能であろう。ところが、結婚については古代では本人の意向がそれなりに尊重されたと思われる。戸令で決められた中国的な作法によるのではなく、かといって「自由奔放」なかたちでもない。まずは『記・紀』の伝承なども含め、当時の慣習を復元することが肝要だと考え、その実態を捉えることに注力した。

そして、古代でも男の専業と思われやすい軍事に関して、律令制以前では夫婦従軍や子どもの参戦があることに注目した。律令軍制とは異なる妻(婦)と子どもが参加した戦争である。最後に、仏教における性差の問題について取りあげ、神社組織との差違を考えた(64)。

(64) 本章で引用した史料は、『日本書紀』は日本古典文学大系本、『続日本紀』は新日本古典文学大系本、『古事記』は日本思想大系本(いずれも岩波書店)を使用したが、一部表記を変えた箇所がある。

引用・参考文献

青木和夫、一九九七年「藤原鎌足と大化改新」『藤原鎌足とその時代』吉川弘文館
青木生子、二〇〇八年「萬葉にみる女・男」『萬葉』201
網野善彦、一九九二年『職人歌合』岩波書店
荒井美月、二〇二二年「仏教における女性研究の変遷」『現代社会研究科論集』16
今井　堯、一九八二年「古墳時代前期における女性の地位」『歴史評論』383
岩田真由子、二〇二〇年『日本古代の親子関係』八木書店出版部
植木雅俊、二〇一八年『差別の超克――原始仏教と法華経の人間観』講談社学術文庫
岡田精司、一九九二年「宮廷巫女の実態」『古代祭祀の史的研究』塙書房
勝浦令子、二〇〇〇年『日本古代の僧尼と社会』吉川弘文館
河音能平、一九七一年「日本令における戸主と家長」『中世封建制成立史論』東京大学出版会
鬼頭清明、一九八六年「稲春女考」『日本霊異記――土着と外来』三弥井選書
神野志隆光、一九九九年『古事記と日本書紀』講談社現代新書
小林茂文、一九九四年『周縁の古代史』有精堂出版

小林行雄、一九六二年「轆轤」『古代の技術』塙書房
近藤康司、二〇一四年『行基と知識集団の考古学』清文堂出版
佐原　真、二〇〇二年「土器」『日本考古学事典』三省堂
佐原　真、二〇〇五年『道具の考古学』岩波書店
上代文献を読む会編、二〇一六年『上代写経識語注釈』勉誠出版
白石太一郎、二〇〇〇年『古墳と古墳群の研究』塙書房
白川　静、一九八七年『字訓』平凡社
清家　章、二〇二〇年『卑弥呼と女性首長　新装版』吉川弘文館
関口裕子、一九九三年『日本古代婚姻史の研究　上・下』塙書房
関口裕子、二〇一八年「卑弥呼から女帝へ」『日本古代女性史の研究』塙書房
関口裕子、二〇二一年「日本古代の戦争と女性」『日本古代社会の研究』塙書房
舘野和己、一九九一年「村落の歳時記」『日本村落史講座6　生活Ⅰ』雄山閣出版
田中禎昭、二〇一五年『日本古代の年齢集団と地域社会』吉川弘文館
津田左右吉、一九六三年『津田左右吉全集』第一巻「日本古典の研究　上」岩波書店
角田文衞、二〇〇六年『日本の女性名』国書刊行会
永田　瑞、一九八九年「仏典における女性観の変遷」『シリーズ　女性と仏教2』平凡社
南部　昇、一九九二年『日本古代戸籍の研究』吉川弘文館
西野悠紀子、二〇一四年「古代国家の形成とジェンダー」『新体系日本史9　ジェンダー史』山川出版社
西宮一民校注、一九七九年『新潮日本古典集成　古事記』新潮社
西村　亨、一九八一年『新考　王朝恋詞の研究』桜楓社
長谷山彰、二〇〇五年「日本古代史における対偶婚概念に関する二、三の疑問」『律令制国家と古代社会』塙書房
馬場紀寿、二〇一八年『初期仏教』岩波新書
東村純子、二〇二一年「古代日本の布生産と女性」『史林』104―1

服藤早苗、二〇〇五年「古代女性の髪型と成人式」前掲『律令制国家と古代社会』
溝口睦子、一九九七年「『風土記』の女性首長伝承」『家・社会・女性』吉川弘文館
森　朝男、一九八九年「恋愛と結婚」『ことばの古代生活誌』河出書房新社
山口堯二、一九九〇年「日本語の中の男女」『性のポリフォニー』世界思想社
吉井　巌、一九七七年『ヤマトタケル』学生社
義江明子、一九九六年『日本古代の祭祀と女性』吉川弘文館
吉川真司、二〇〇三年「東大寺と国分寺」『地域の古代日本　畿内と近国』角川選書
吉田一彦、二〇一一年「国分寺国分尼寺の思想」『国分寺の創建　思想・制度編』吉川弘文館
吉村武彦、一九八六年「古代の戦争と女性」『教育手帳』57
吉村武彦、一九九一年『日本の歴史3　古代王権の展開』集英社
吉村武彦、一九九六年『日本古代の社会と国家』岩波書店
吉村武彦、二〇〇五年「古代の人名表記と読み(覚書)」『古代史の新展開』新人物往来社
吉村武彦、二〇一二年『女帝の古代日本』岩波新書
吉村武彦、二〇一八年『大化改新を考える』岩波新書
吉村武彦、二〇二一年「ヤマト王権における男性・女性関係史論」『日本古代の政事と社会』塙書房
吉村武彦、二〇二三年a「古代人の生活空間」『日本古代国家形成史の研究』岩波書店
吉村武彦、二〇二三年b「大宝田令の復元と『日本書紀』」前掲『日本古代国家形成史の研究』
渡辺照宏、一九五六年『仏教』岩波新書
渡辺　一、二〇〇六年「須恵器生産と女性工人」『古代東国の窯業生産の研究』青木書店

コラム 「首長級女性」と女性天皇

古代における重要な性差の問題として、首長の性別がある。ヤマト王権の歴史では、確実に即位した女性天皇(女帝)は推古《すいこ》天皇からである。それ以前の倭国には、卑弥呼《ひみこ》と壱与《いよ》の二人の女王がいた。中国正史の『魏志』倭人伝(正しくは『三国志　魏書』烏丸《うがん》鮮卑《せんぴ》東夷伝倭人条)に、

　その国、もとまた男子を以て王となし、住《とど》まること七、八十年、倭国乱れ、相攻伐すること歴年、すなわち一女子を共立して王となす。

とある。つまり倭国では、もともと男子が王位に即いていたが、男王だと争乱が起こるため、一女子を共立して王とした。卑弥呼である。「夫婿《ふせい》なし」と書かれているので、卑弥呼は独身であった。この時期の倭国王には、独身の女性が必要だった。

卑弥呼没後も、「さらに男王を立てしも、国中服さず、こもごも相誅殺《ちゅうさつ》し、当時、千余人を殺す」ということで、卑弥呼の宗女《そうじょ》・壱与が即位した。壱与も、独身であった可能性が高い。このように倭国として統合される一段階に男王が忌避され、二代にわたって女王が即位した。邪馬台国はヤマト王権とはつながらないが、二人の女王がいたのである。

さて、推古(額田部《ぬかたべ》皇女)以前の天皇は、『古事記』『日本書紀』によれば男王ということになる。しかし、地方の伝承では女性首長がいた。『書紀』景行《けいこう》一二年の記事に、

　(1)周芳《すわ》の娑麼《さば》に到りたまふ。(中略)爰《ここ》に女人有り。神夏磯《かむなつそ》媛《ひめ》と曰ふ。其の徒衆《やから》甚多《にえさ》なり。一国の魁帥《ひとごのかみ》なり。(九月戊辰条)

　(2)(碩田《おおきた》国)速見邑《はやみのむら》に到りたまふ。女人有り。速津《はやつ》媛《ひめ》と曰ふ。一処の長たり。(一〇月条)

とみえる。女性首長を示す著名な史料であるが、(1)には「一国の魁帥」、(2)には「一処の長」と

ある。「国」と「処」では規模が違うだろうが、「魁帥」「長」と呼称された女性首長である。（2）の記述に対応する『豊後《ぶんご》国風土記』速見郡条には、「時に、此の村に女人あり、名を速津媛といひて、其の処の長たりき」とある。地域伝承としても存在していたのだろう。なお、『書紀』には菟狭《うさ》国造の祖《おや》とされる菟狭津彦・菟狭津媛（神武《じんむ》即位前紀）の記述がある。国造の祖であるから、菟狭津媛も首長層の一員であろう。

こうした女性首長の特徴について、土着勢力に対する征討活動における伝承であり、ヤマト王権下になると、女性首長は存在していなかったとされる［溝口、一九九七］。伝承と合致するかのように、考古学の分野からも、古墳時代前期の古墳に「女性首長」が埋葬されていたと主張されている。ただし、「女性首長」が独り身なのか有配偶者なのか、首長の境遇については言及されていない。なお、「近畿連合の最高首長（大王）権や、地域の政治的地域集団の連合体（部族連合）首長権については資料不足のために留保しなければならず、そこでの男性首長権の成立していた可能性については否定しきることは困難である」といわれる［今井、一九八二］。

それでは、考古学ではどのように「女性首長」を認定するのであろうか。古墳に、女性が埋葬されていることはまちがいない。その指標は何だろうか。清家章の研究によれば、鉄鏃《てつぞく》・銅鏃と甲冑《かっちゅう》とが男性専用の副葬品ということになる。ただし、鏃と甲冑の副葬がないからといって、女性の被葬者とは言えないともいう。甲冑の副葬が数的に限られているからである。近畿地方の前方後円墳の主要埋葬施設に鏃・甲冑が副葬される割合は六七パーセントなので、「女性首長」は約三割以下と推定されている［清家、二〇一〇］。鏃と甲冑を副葬する被葬者が、男性であることは事実であろう。ただし、前方後円墳の被葬者が、男女を問わず首長と確定できるかどうかは難しい。

『書紀』の記述によれば、倭迹迹日百襲姫《やまとととびももそひめ》（孝元《こうげん》天皇の皇女とされる）が埋葬されたのは、箸墓《はしのみはか》という（崇《す》神《じん》一〇年九月条）。箸墓が現在の箸墓《はしはか》古墳だとすれば、前方後円墳であるが被葬者は首長ではない。ただし古墳の被葬者は、墓碑・墓誌でも出土しない限り、決定できない。逆に、継体《けいたい》天皇の皇后・手白香《たしらか》皇女の墓は、西山塚《にしやまづか》古墳と想定されているが、これは前方後円墳である［白石、二〇〇〇］。

皇后陵については、『古事記』『書紀』に記載があるものは多くない。狭木之寺間《さきのてらま》陵（垂仁《すいにん》皇后）、狭城《さきの》盾列《たたなみ》陵（仲哀《ちゅうあい》皇后、神功《じんぐう》）、古市高屋丘《ふるいちのたかやのおか》陵（安閑《あんかん》皇后。安閑と合葬）、身狭《むさの》桃花鳥《つき》坂上《さかのうえ》陵（宣化《せんか》皇后。宣化と合葬）、竹田皇子陵（敏達《びだつ》皇后、推古天皇。合葬。後に磯長《しなが》大陵に移す）、小市岡上《おちのおかのうえ》陵（孝徳《こうとく》皇后。斉明《さいめい》と合葬）などである。単独葬と合葬がみられるが、天皇との合葬墓は前方後円墳の可能性が高いだろう。

推古陵は方墳（竹田皇子陵は植山古墳。磯長大陵は磯長山田陵で共に方墳）、小市岡上陵（牽牛子塚《けんごしづか》古墳）は八角墳とされ、天皇陵は方墳から八角墳になる。天皇陵が方墳となる以前は、皇后や皇女の陵墓も前方後円墳の可能性があるだろう。

このように女性首長の存在はまちがいないが、前方後円墳の女性墓が女性首長のものとは限らなくなる。おそらく首長と同様な階層ということになろう。「首長級女性」というような用語が必要になる。本書では若狭徹が使用しているが、ほかに「首長層女性」の用語もある［東村、二〇二二］。こうした表記の方が適切ではなかろうか。

ところで、女性首長といえば、やはり女性天皇の存在がいちばん大きい。『書紀』『続日本紀』における女性天皇を列挙すれば、**表1**のようになる。女性天皇の場合は、既婚者も即位時に配偶者は生存していない。

律令制施行以前に即位した(1)〜(4)の女帝は、前ないし元皇后である。即位した時点では配偶者だった天皇は死去しており、独り身であった。そして、再婚して子どもを産むようなことはしない。その後に即位する天皇は、即位以前に誕生した子どもである（斉明の子どもである天智・天武天皇）。

律令制以降になると、(5)元明《げんめい》は皇太子妃であり、

表1　女性天皇と配偶者

女帝	即位時の地位	配偶者と即位時の生没	子ども	即位後の婚姻	埋葬の形態
(1)推古	敏達皇后	有，死去	有	無	息子の竹田皇子と合葬
(2)皇極	舒明皇后	有，死去	有	無	
(3)斉明	(皇極重祚)				娘の孝徳皇后と合葬
(4)持統	天武皇后	有，死去	有	無	夫の天武天皇と合葬
(5)元明	草壁皇太子妃	有，死去	有	無	単独葬
(6)元正	(草壁と元明の娘)	無(独身)	無	無	単独葬
(7)孝謙	皇太子	無(独身)	無	無	
(8)称徳	(孝謙重祚)				単独葬

皇后と類似するようなかたちになっている。次の(6)～(8)の女帝は、独身の天皇である。時代と歴史的性格は異なるが、卑弥呼・壱与と同じ独身であり、結婚しないことが共通している。

一方、崇神以降の男性天皇は、清寧《せいねい》天皇を例外として、配偶者(后妃)を有している。つまり男性―女性という一対の組み合わせのなかで、男性が天皇位に即いている。

以上のように、女帝は既婚者であれ未婚者であれ、即位時に独り身であることが特徴である。これは、基本的に男性天皇にはあてはまらない。配偶者の有無からみても、男性天皇と女性天皇とでは大きな差違がある。しかし、天皇としては同一の政治的権力を有していたであろう。

考古学からみる女の仕事、男の仕事

菱田淳子

はじめに

男女の性別による役割分担や分業は、いつから始まったのであろうか。この問いに対して、文字のない時代を扱う考古学ではどこまで答えられるのだろうか。人または人間という言葉は男女両者を含んでいるはずなのに、人間の歴史や社会や生活を語る際、女性は除外されたり、存在していても語るに足らない存在・見えない存在として扱われる場合が多々ある。

そうした「見えない」女性について、その姿をさぐろうという試みは「女性史」という名で主に女性研究者によって研究が続けられ、多くの成果が積み重ねられてきたが、歴史全体を考える際には女性史研究の試みは見過ごされがちであった。二一世紀もその四分の一がまもなく過ぎようとしている現在でも、女性が「透明化された」ままの全体像が語り続けられる場面も多い。

考古学が扱う物的資料は、それ自体に作った人、使った人の性別を限定できる場合は少ない。考古学はものをして語らしめる学問であり、語らせるのは現在の研究者であり、研究者は無意識に自らの性差・成育歴・階級など現在の社会的な偏りに左右されてものに語らせている。こうした研究者自身のバイアスに気づき、既存の研究を問い直す試みの一つとしてジェンダー論がある。日本の考古学研究において、ジェンダー考古学が紹介されたのは一九八〇年代にさかのぼるが、研究の枠組み自体に残るバイアスは今日もなお強固である。

本論は、こうした現状に対するささやかな提案として、「人＝男性（女性も含む）」という無意識の前提に対して女性の働く姿に注目し、女性と男性がともに働き、重層的な社会や文化が展開されていた過去の姿を提示しようという試みである。そこでタイトルも「女の仕事、男の仕事」という順番にして、まずは「埋もれた女性」を掘り出そうとする立場を明らかにしている。ただし、筆者はこのテーマでこれまでに幾度か文章を書いてきた。(1) 本論では、新しい研究成果を紹介するだけでなく、出土品や発掘調査の知見から推定し研究を進める考古学の手法、最新の自然科学との連携について紹介しながら、もの・物質文化から過去の人々の生活や社会を復元推定する考古学の研究方法の妥当性とその限界についても触れてゆきたい。

1　旧石器時代・縄文時代・弥生時代の男女の分業

人のはじまり　旧石器から新石器へ

農耕がはじまる以前の日本において、食料の獲得は狩猟・漁労・採集によるもの

(1) 菱田（藤村）淳子「男女の分業の起源」『古代史の論点2　女と男、家と村』小学館、二〇〇〇年、菱田淳子「考古資料からさぐる働く女性の姿」『女性労働の日本史——古代から現代まで』勉誠出版、二〇一九年。

であった。旧石器時代の出土品の大多数は生業である狩猟に関わる石器であり、ヨーロッパなどでヴィーナス像と称されるような女性を模した像など、人の姿をあらわした出土品は極めてまれである。居住地については、海外にみられるような洞窟遺跡や壁画も日本にはみられず、また人骨資料の残存も断片的で、石器を製作した跡・火を炊いた跡は知られているが、具体的にそこに生きて暮らした人々の姿をうかがい知る手がかりは少ない。

したがって、現在復元画や博物館のジオラマで提示される旧石器時代の人々の姿は「民族学的資料」や民族学の研究を参考にした復元である。もちろんこうした推定復元はそれなりの根拠もふまえられてのものであるが、考古学的な事実によって裏打ちされた確固たるものでないことが、どこまでみる人々に認識されているかは非常に疑問である。

人が人として直立歩行を始め、大きな脳をもつ存在となった時点で、脳容量の変化に腰骨・産道の形質変化が対応しきれていなかった。その結果、こどもは未熟なまま生まれ、類人猿とは異なり生まれてすぐに母親につかまることができないため産後の母親の可動性は低下し、母親単独での子育ては不可能となる。これは雛が空を飛べるようになって巣立つまでつがいで育児を行う鳥類に似ているともいえる。

人が男女ペアでの子育てを選んだか、集団での子育てを選んだかは定かではないが、集団としての育児、母親への給餌に男性の協力が皆無であったとは考えにくい。もちろんこれは男性が食料獲得のために働き、女性は育児に専念するという近代的な分業モデルとは異なるものであり、こどもが育てば母親も食料獲得や燃料の確保などの労働を行いながら、こどもにその知識や技術を継承し、こどもも発達段階に応じて労働を手伝うというモデルを考えるのが妥当であろう。

日本の旧石器時代の男女の分業、家族や集団の規模については、出土品資料や遺跡の状況の詳細な検討をもってしてもまだまだ濃い霧の中であり、茫漠としているが、縄文時代になって土器が出現し、石器を用いて骨や角、木を加工し、住居や集落、墓地を築き、大量に採取した食料の残滓の集積である貝塚が出現するなど遺物や遺構の種類や規模が劇的に増大すると、考古学の調査から知りうる情報が格段に増加し、具体的な人の姿や生活がみえてくるようになる。

数千年に及ぶ縄文時代において、地域によって食料獲得労働の在り様はさまざまであるが、基本となるのは植物性の食物であり、土器によって加熱調理されることにより、食べることが可能になる。また、日本の縄文時代は狩猟採集社会であるが、もっぱら移動する生活ではなく定住型の社会であった。この定住こそが、安定した子育てに不可欠であり、集団規模の拡大・安定をもたらし、社会の複雑化を達成する要因ともなったと思われるが、定住に関して産み育てる性である女性からの視点による言及は少ないように思える。

狩猟採集社会の男女の分業と土偶

設楽博己は『縄文vs.弥生』〔設楽、二〇二二〕のあとがきで、東日本からの視点で縄文文化と弥生文化を比較して記したといい、関東地方や中部地方をフィールドにしていると西日本をフィールドにする考古学者とは違う文化像、歴史像がみえてくると述べる。地域に根ざし、フィールドがより狭い地域に限定されている筆者のような埋蔵文化財行政担当者にとってはこの言葉は切実で、調査・研究の対象とする地域によって歴史・文化がさまざまに異なってみえてくるのは間違いない。西日本の多くの地域では、東日本に比べ縄文時代の資料は桁違いに貧弱である。また狩猟採集を生業とする縄文時代は、地域によってその主たる食料獲得労働は異なっている。

考古学の研究に携わるのは大学等の研究者だけでなく、地方自治体で発掘調査に従事したり博物館等で働く「埋蔵文化財専門職員」もいる。考古資料の特徴の一つは圧倒的な物量と在地性である。そして、扱うことが可能な資料の空間的な範囲と物量によって、みえてくる世界が異なってくるのである。当時の中心地に偏在している前近代における文献資料に比して、こうした特徴をもつ考古資料はむしろ近・

現代の文献資料の性質に近いとする意見もある。

また、考古学の研究は図面や写真・デジタルデータといった「情報」だけを基に行うことも可能であるが、実際の資料を自分の目でみたり、触れることによってのみ得られる知見が確実に存在する。そして扱うことのできる資料の物量の限界が、研究の精度や範囲に大きく影響する。博物館に展示されたり、報告書に写真や図面が掲載されたりしている資料はごく一部の抜粋であり、その背後には報告されていない莫大な量の資料がある。また、近年の自然科学的な研究方法の進化によって、すでに報告された資料の新しい意義づけ・価値づけも続々と起こっている。

考古学には「パブリックアーケオロジー」という分野があり、これは遺跡や遺物は研究者が独占すべきものでなく、広く一般に還元されるべきだという考えである。現在行われている発掘調査の多くでは、開発事業に伴い遺跡・遺構自体は消失し、記録保存という形で発掘調査報告書と出土品・調査の記録のみが保存される。遺跡は地域の財産としてより多くの人に活用されるべきものであり、そのためには調査成果をわかりやすく伝える必要があるとして、博物館の展示などさまざまな形で、過去の人々の暮らしや家族の様子、男女の分業のモデルが提示されている。しかし、松本直子が述べているように、そうしたモデルの妥当性については、疑問の残る場合も多い[松本、二〇二〇]。

さて、国立歴史民俗博物館で自然科学分野の研究者とともに各地の資料の調査分析に取り組む設楽は、先に挙げた著書の中で縄文時代と弥生時代の農耕・漁労・狩猟を比較し、魅力的な生業論を展開しているが、そこでは従事する人の性差については触れられていない。設楽がジェンダーに触れているのは同書「Ⅲ 文化の根源・こころの問題」の第七章、「土偶が映す先史のジェンダー——男女別分業と共同参画の起源」で、縄文時代は土偶、弥生時代は銅鐸《どうたく》絵画を用いて縄文時代の男女——狩猟採集民の「性分担」と弥生時代の男女——農耕民の「性分担」と協業について簡潔にまとめている。

ここで設楽は、都出比呂志の『日本農耕社会の成立過程』〔都出、一九八九〕から引用した、アメリカの人類学者G・マードックによる世界各地の非文明社会二二四種族の民族誌の分析に基づいた男女の「性別分業」の傾向を示すグラフを提示している。このグラフこそ、考古学における分業研究の基となるものであり、考古学はジェンダー分析に関しては人類学・民族誌を根拠としているのである(**図1**)。

設楽は土偶を女性性の象徴ととらえ、それに対して男性の性の象徴とされる石棒(男性器を模している)は縄文時代前期に現れ、中期には大型化し、墓に副葬品として納められたり、墓の中や傍らに立てられることがしばしばあった。死の象徴または祖先祭祀という死者儀礼に関わるものと解しており、土偶と石棒は縄文時代の男女二元的世界観を推測する手がかりだとしている。

こうした女性像としての土偶の理解に対して、二〇二一年に人類学者・竹倉史人が『土偶を読む』[竹倉、二〇二一]という書籍を刊行し、「土偶は植物像だった」と

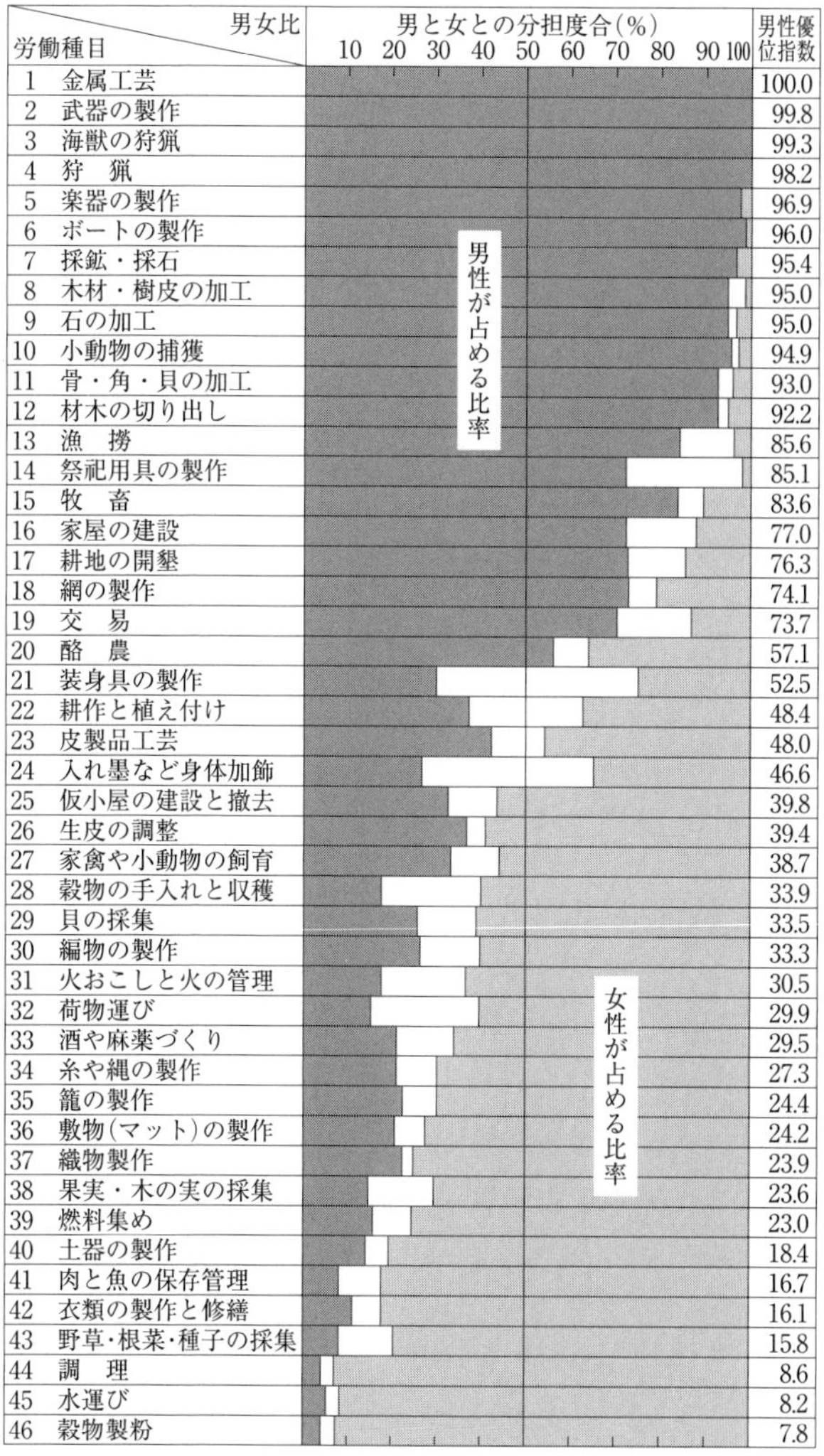

図1 前近代社会の性別分業[都出, 1989]

主張した。同書は「土偶の謎を解いた」とベストセラーになったが、考古学界では論証不足や論理の破綻が指摘され、新理論を確立した学術的な研究としては評価されていない。その考古学研究者とそれ以外からの非対称な評価の理由と、『土偶を読む』で主張される「土偶の正体」に至る論証を検証することを目的に、二〇二三年、多数の研究者が共同で執筆した『土偶を読むを読む』〔望月編、二〇二三〕という書籍が刊行された。検証は事実ベースで行われており、単なるファクトチェックだけでなく、角度を変えた視点からの検証や、竹倉説と比較できる説も紹介されている。

竹倉の行った専門知への批判や「古代には女性たちが作ってきた生業の道具である土偶を、現代の男性研究者・行政官が神秘化して願望を投影したり、官僚的なやり方で土偶を徹底的にモノ化したカタログを作って満足している」といった記述に

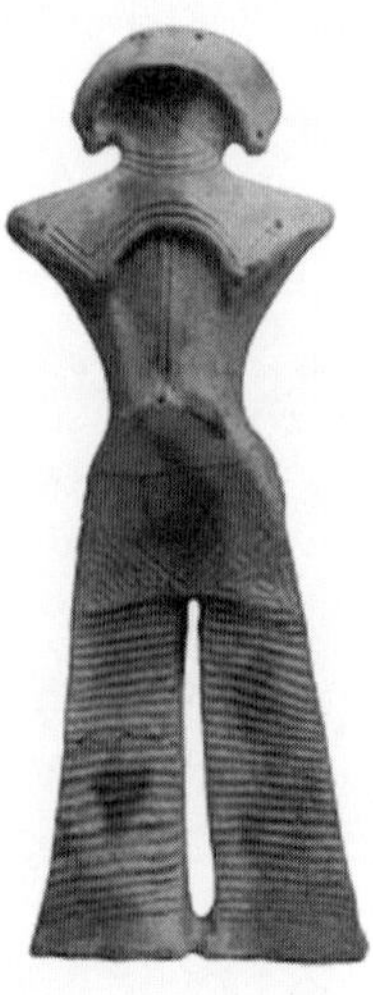

図2 「縄文の女神」土偶（国宝，山形県最上郡舟形町西ノ前遺跡出土，山形県立博物館蔵）

対して、『土偶を読むを読む』では多様な角度から検討している。

土偶は縄文時代の最も古い時期である草創期に出現し、晩期に至るまでの一万年以上もの長い間に、地域や時代によってさまざまなタイプが存在した(図2・図3)。土偶の多くは女性像であり、妊娠や出産に関わる像も存在するが、全てをひとくくりにして「土偶」とまとめて論じることは不可能である。これはいささか乱暴にたとえれば、弥生時代から現代に至るまでの二三〇〇年間の「ミニチュア」の焼き物をまとめてその性格を論じるよりも、もっと長い期間の資料を対象にした議論である。そして、通常の焼き物の器より小型の「非実用的な大きさである」ミニチュアについて、「おまつりの際の神様へのお供えもの」「こどものおもちゃ」といった解釈でその性格を論じるようなものである。

なお、『土偶を読むを読む』におさめられた白鳥兄弟「「土偶とは何か」の研究

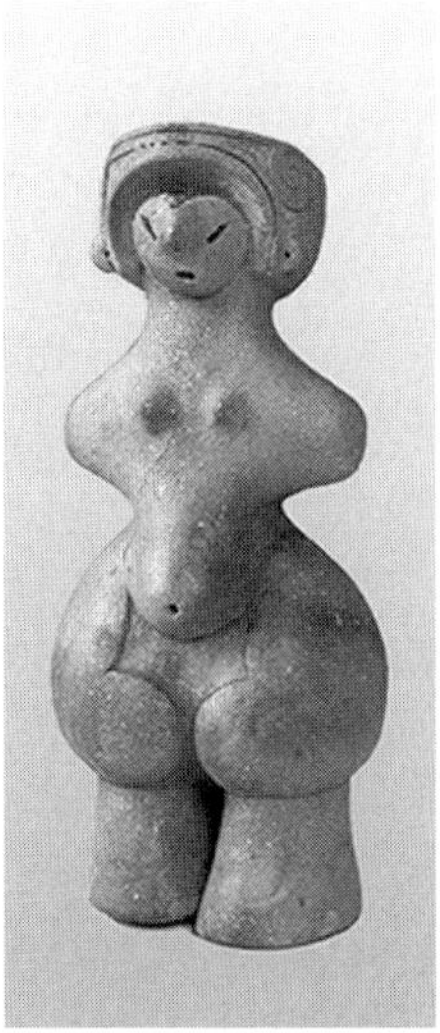

図3　豊満な土偶(国宝, 長野県茅野市棚畑遺跡出土, 茅野市尖石縄文考古館展示)

史」は、土偶は何のために作られたかという「目的」、何に使われたのかという「用途」に関して、近代考古学の始まった明治以降、二〇二〇年に至る研究史を概観したものである。明治期「コロボックルにせまる」、大正―昭和戦中期「大地と豊穣の女神」、昭和戦後期「殺される土偶　殺される女神」、平成期以降「二万点の土偶情報」と四つの時期に分けて論じており、まとめには各説の内容という項で主な説の内容を簡便に記述しており、土偶研究の歴史を考える上で極めて親切丁寧なガイドとなっている。

農耕社会の男女の分業と古人骨研究

弥生時代になって、稲作農耕の技術とともに金属器が大陸・半島よりもたらされる。この技術革新は縄文時代の社会・文化を大きく塗り替えるものとなった。縄文時代にも栗やイモ・陸稲などの植物利用や栽培の萌芽はあったが、弥生時代にもたらされた稲作は水利技術に裏付けられた水田農耕であり、単に植物の栽培の知識だけでなく、土木技術や集団・ムラによる経営を必要とするものであった。

土木作業に必要な農具や工具は木と石(後に金属)で作られるが、製作はそれぞれの集落内でまかなわれるだけでなく、複数の集落による分業も認められる。青銅や鉄といった金属の加工については、さらに分業が進み、限られた集落だけで専門的に行われる。こうした専門性の高い技術については、男性の専門工人が担ったと推測されている。

また、弥生時代の土器は煮炊きに使うものばかりでなく、種籾や食料を貯蔵するためや、棺として使用するための巨大なものが作成された。住居の素材である木材や屋根材（茅）、衣類である布の素材であるアサやカラムシ（イラクサ科の多年草・苧《ちょ》麻《ま》）を糸にする道具やそれを織る機織《はたおり》具もそれぞれのムラで製作された。

弥生時代には縄文時代の土偶のような立体的な人物表現は失われ、土器や銅鐸に描かれた平面的な絵画やごくまれにみられる木偶、あるいは甕棺《かめかん》や木棺に葬られた人骨やその身にまとう装身具などが人の姿を知る手がかりとなる（**図4**）。

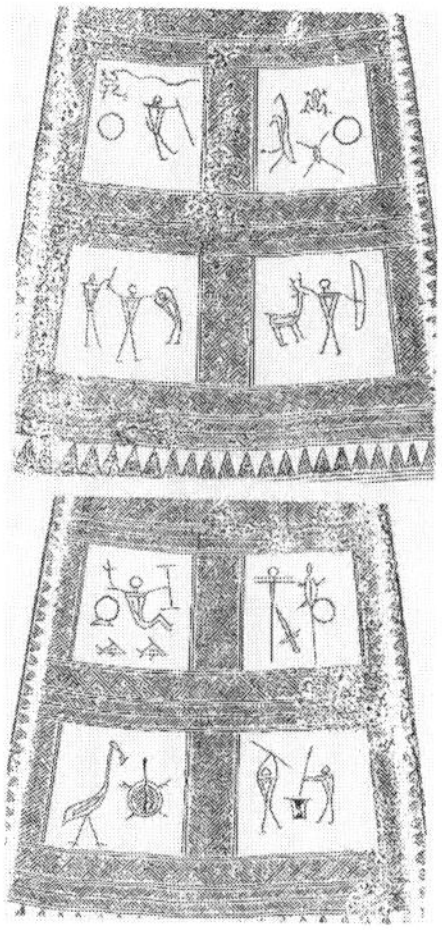

図4　銅鐸絵画　兵庫県神戸市桜ヶ丘神岡5号銅鐸［佐原，1968］

銅鐸に描かれた人物について、佐原真は○頭と△頭の人物のしぐさから、○頭は漁労や狩猟に関わる男性、杵《きね》で臼《うす》をつき脱穀を行う△頭は女性という民族学的見解によって男女を判別し、頭の形で男女を描き分けたと解したが、頭の描き分けは男女の別を表すのではないとする意見もある［佐原、一九六八］。

先述のマードックの民族誌データからは、農耕・牧畜や金属器の利用が本格化する際に新たに登場した仕事を男性が中心的に担うようになり、生命の維持や再生産に関わる伝統的労働を女性に押し付けたという可能性も指摘されている。松本直子は、大局的にはこうした動向は認められるとしても、海外の研究からも「狩猟」「農耕」と一括される仕事の中身は詳細にみれば多くの具体的な作業に分かれており、男女による協力・相互補完関係がみられる場合が多いとしている。また、松本は乳房や膨らんだ腹部・臀部を表現する土偶、あるいは石棒という性に関わる身体的特徴に注目した縄文時代の象徴的遺物に対して、弥生時代の銅鐸絵画は記号的な表現となっており、性・ジェンダーについての考え方は縄文から弥生にかけて大きく変わったことがうかがえると述べている［松本、二〇二一］。

米元史織は筋骨格ストレスマーカー（骨に残った筋や靱帯付着部の発達度）の分析から詳細な身体活動をよみとる方法によって、縄文時代の各集団の身体諸活動の地域差、身体活動の性差および性差の地域差を明らかにすることに取り組んだ。なお、対比資料として水稲耕作の確立していた弥生時代の北部九州・山口地域の集団、同時代に水稲耕作を中心とした経済を確立していない種子島《たねがしま》の広田《ひろた》遺跡との比較も行っている。また、生業の推定のため、縄文時代に使われていた道具の組成（種類と数のデータ化）、および食料の残りかすである動植物依存体の検討を行っている［米本、二〇一六]。

その結果、縄文時代にリアス式海岸で外洋性の大型魚を対象とした銛《もり》による漁業・岩場の貝類とトチの実の採集を中心としていたであろう東北太平洋岸では、男女の筋骨格ストレスマーカーの差が大きく、内湾での網漁、貝類の採取、植物性食料採集、打製石包丁を用いた禾本《かほん》科植物(イネ科の植物)の収穫などを行ってきたと思われる渥美半島では性差が小さいことから、地域とその生業によって「性別役割分担」のあり方は異なることを明らかにした。また弥生時代に比べて縄文時代の方が地域による女性の筋骨格ストレスマーカーの差が大きいのは、女性が主として行う採集活動の対象となる資源が地域によって多様であることによると考察している。

なお、米元は考察において、縄文時代の地域差は漁具の種類と土堀具である石鍬《いしぐわ》の出現頻度の違いにあらわれるとしている。東北太平洋岸では、漁具のうち銛・刺突具(ヤス)・釣り針が他の集団に比べて多い。しかし、米田穣による東北太平洋岸の同位体食性分析の結果では、採取した食料の内容に他地域の集団と大きな差はないとされている。米田は、これは渡辺誠が指摘した外洋性漁業の生産性の低さによるものであり、漁業活動の頻度の低さを示しているわけではないとしている[米田、二〇一〇]。これはつまり、外洋性漁業に勤しんでも釣果は芳しくないが、それでも男性は外洋に向かい、女性は近場での食料獲得によって生活を支えていたという、何とも皮肉な解釈である。

人骨の同位体および微量元素による食性分析は、地域による食料資源の違いや同一地域での男女の食料の差、女性の年齢による活動ないし食生活の変化なども明らかにしつつある。なお、食性分析の応用として、窒素同位体による離乳年齢の研究がある。本章のコラムで述べるように、窒素の同位体である窒素15は摂取した生物の体内で濃縮され、食物連鎖の高位の捕食者、すなわち食物連鎖の上位の生物ほど高い同位体比を示すが、乳幼児は乳を通じて母親を「捕食」することになるため、授乳期間中は窒素15の比が増加し、離乳によって母親と同じようなものを食べるようになると母親と同程度の値となっていく。

この方法は一九八九年以降、世界の古人骨集団に応用されており、蔦谷匠は縄文時代・中世鎌倉・江戸時代の古人骨資料を分析し、さらに歯資料の分析を組み合わせた授乳・離乳パターンの復元・考察を試みている。授乳中の母親は内分泌ホルモン動態の変化により排卵再開が抑制されるため、離乳の終わりが遅いほど出産間隔が長くなり、集団として出生率が低下する。ただし、現代人のように栄養状態がよいと授乳による排卵再開抑制の効果は低下する。伝統的な生活を営む人々の民族学的調査によって、典型的な離乳終了年齢は二―三歳程度とされているが、蔦谷は縄文時代晩期で三歳六カ月、中世鎌倉の庶民で三歳一〇カ月、江戸時代前期の江戸の町人で三歳一カ月という離乳年齢を復元している。こうした比較的遅めの離乳年齢から、蔦谷は考古学・人類学で縄文時代晩期について唱えられていた、土器や植物性食物の利用によって離乳年齢が短縮したために、狩猟採集民より農耕民のほうが出生率が高くなったという仮説について疑問を呈している。古人骨群からの授乳・離乳パターンの復元はまだ始まったばかりの研究分野であり、今後の研究の進展が期待される［蔦谷、二〇一八］。

2　古墳時代の男女の分業

古墳時代の人物表現

古墳時代の男女の分業について、人物を表現した資料から考える際の最大の手がかりは埴輪《はにわ》であるが、それ以外にみるべき資料として、古墳時代後期の装飾付須恵《すえ》器《き》とよばれる土器に飾られた人物の小像がある。装飾付須恵器とは、古墳時代後期の横穴式石室に供献される高杯《たかつき》形器台に広口壺を載せたセットに、小壺や小像を付け加えたものである。やがて器台と壺は一体化し、壺の肩部に人物や動物などの複数の像を並べて載せ、なんらかの情景を表現するようになる（**図5**）。朝鮮半島の古

図5　装飾付須恵器(左)，装飾付須恵器の人物像(右)　兵庫県小野市勝手野古墳群(兵庫県立考古博物館蔵)

新羅地域の陶質土器にも装飾付須恵器と似たような人物や動物の表現がある。

像は手びねりでこどもが作った粘土細工のような稚拙なものが多く、壺や器台といった本体部分との製作技術の差が気になるところではある。それはさておき、馬に乗って犬とともに鹿や猪を追う狩りの場面や、人物が組み合って相撲を取る場面、踊る人物など埴輪群にも共通する場面が表された例が多い。古墳という葬送の場に置かれるために作られたものであり、古墳のまわりに列状に並べられた埴輪群と共通する人物群表現として作成されたものでもある。現在の大阪府から兵庫県・岡山県など瀬戸内海沿岸地域にこうした狩りと相撲を示す例が多いとされている。

人物の衣服などは細かく表現されておらず、性別が不明なものが多いが、中には髪型によって男女の区別を明らかにしたものもある。男性は頭の両横に粘土塊を貼り付けてみずらを表現し、女性は頭の後ろに粘土塊を貼り付けて髷《まげ》を表現する。(2) 兵

(2) 間壁葭子「装飾須恵器の小像群(製作の意図と背景)」『倉敷考古館研究集報』20、一九八八年。

庫県小野市勝手野《かっての》古墳群から出土した装飾付須恵器では、狩りなどの場面の他に男女の像が向き合う場面がみられるが、この場面の示す意味を特定できる手がかりは乏しい。ただ、狩りや相撲の場面は性別不明とはいえ、男性と解すべき像であり、装飾付須恵器に表現された世界は「人＝男(女も含む)」といった製作者のジェンダー観を示すものともいえる。後に述べるように須恵器については男性を中心とした生産体制が推測されており、作り手の意識の一端をうかがうことができる。

古墳からうかがう男女の差

古墳に葬られた被葬者の性別は、人骨が残っておらず不明な場合が圧倒的に多いが、中には残った人骨から判別できる例がある。今井堯、川西宏幸・辻村純代、清家章などは性別がわかる被葬者の例を集め、その埋葬の形態やそれに伴う副葬品の研究を行った。[3] これらの研究から確実に言えることは、女性の被葬者に甲冑を伴う例はなく、宮崎県の地下式横穴墓などの例外を除き鉄鏃《てつぞく》を伴うことはまれであるという事実である。[4] しかし、それ以外の刀などの武器、農耕具、あるいは石製品などの装身具から被葬者の性別を判断することはできない。

そうした状況においても、古墳時代に女性首長とみなすべき存在があることは明らかであるが、現時点でわかっている限り、女性首長の存在する時代と地域には偏

(3) 今井堯「古墳時代前期における女性の地位」『歴史評論』383、一九八二年、川西宏幸・辻村純代「古墳時代の巫女」『博古研究』2、一九九一年、清家章『古墳時代の埋葬原理と親族構造』大阪大学出版会、二〇一〇年。

(4) 北郷泰道「武装した女性たち」『考古学研究』40―4、一九九四年。

りがある。

男性首長の優越する支配体制すなわちジェンダー・ハイアラーキー(性差的階級支配)の出現過程について、考古学からのアプローチに長年取り組んできた寺沢知子は、男性首長「ヒコ＝俗＝政治」の対としての女性首長の役割を「ヒメ＝聖＝祭祀」ととらえるのでなく、男性新首長の地位継承に関わる「ヒメ」的機能であるとして、その変容の背景を明らかにすることを課題としてきたと述べている[寺沢、二〇一二]。

寺沢は、共同体の最高位の女性が、古代社会の基盤であった共同幻想の紐帯を支配装置として機能させた「首長霊」継承儀礼において不可欠な役割を果たした時期が幾度かあり、四世紀前半がそうした時期であったとしている。この時期には女性首長が単独で埋葬された首長墳や、男性首長と格差をもって併葬された前方後円墳が多くみられると同時に、ヤマト政権の「弛緩・混乱期」でもあったという認識を深めていると述べている。

つまり、政権の規範が弛緩・混乱した際にはより優れた政治・軍事的能力の首長が選ばれるが、その正当性を示すため、キョウダイ関係にある最高位の女性の存在を必要としたととらえたのである。また、単独埋葬された女性首長については、巫女的役割に加えて政治的な役割も担っているとし、弥生時代の一時的混乱期に共立

(5) 権力を象徴する財物を指す文化人類学の用語。考古学では一九九〇年代以降に導入され、古墳時代の鏡などを指す。
(6) 歯の形態や歯並びには高い遺伝性が認められていることから、埋葬

された卑弥呼《ひみこ》や台与《とよ》も祭政両面の役割を担っており、彼女らの墓はおそらく単独埋葬であったと寺沢は述べている。

また、四世紀後葉に朝鮮半島への渡海や戦闘に及んだ政権に協力した地域首長は大きく成長し、政権盟主との恒常的な強い政治的関係を確立していった。地域首長は古墳の形や大きさの規格、威信財(5)や埴輪によって政権盟主とのつながりを目にみえる形で表すことで共同体内の承認を得るようになり、こうした変化の中の女性のあり方について寺沢は注目し、「弛緩・混乱期」に女性首長や最高位の女性の果たした役割はしだいに消失していったととらえている。

古墳には埋葬施設(棺)が一つだけの場合もあれば、二つ以上の場合もある。また、一つの棺に複数の人骨が納められていることもある。それらの棺に納められた人々の血縁関係はいったいどういうものだったのだろうか。特に男女の別がわかっている場合、兄弟姉妹であるのか、婚姻によって集団に加わったメンバーであるかが注目される。

古人骨の親族関係については、歯の計測による「歯冠《しかん》計測値(6)」を用いた血縁者推定法を用い、九州地方の資料を中心とする田中良之の研究[田中、一九九五]があるが、こうした方法に加え、古人骨のDNA分析(7)の方法の進化により、母系遺伝をするミトコンドリアDNAだけでなく、核DNA分析も可能になり、またその分析費

人骨の歯冠(歯の萌出した部分)の横長(近遠径)と奥行長(頬舌径)を計測し、統計処理を行うことで親族関係を推定する方法。計測歯種の組み合わせごとにQモード相関係数(−1.0〜+1.0)を導き出し、その値が+0.5以上なら親族である可能性が高くなる。

(7) DNAは遺伝子をもつ本体となる物質で、デオキシリボ核酸という物質の略語。ヒトの細胞では、核とミトコンドリアの両者の中にあり、ミトコンドリアDNAは母親のものだけがこどもに伝わり、核DNAは父系および母系が入りまじっている。古人骨ではミトコンドリアDNAのほうが残存量が多く、分析が容易である。

用の低価格化によって研究が本格化するようになってきた。

清家章によって紹介された和歌山県田辺市磯間《いそま》岩陰《いわかげ》遺跡では、古墳時代五世紀後半―六世紀後半に至る時期に埋葬された第一号石室から第六号石室より出土した一二体の人骨のDNA分析が進められている[清家、二〇二二]。

鹿角装剣《ろっかくそうけん》や鹿角製釣針等の漁具・農耕具・玉《たま》類・土器など多くの副葬品が出土した第一号石室に合葬された中年男性(一号人骨)と三歳前後の小児(二号人骨)については同時期の埋葬だと考えられており、ミトコンドリアと核の両方のDNA分析も終了している。第二次性徴以前の未成年人骨は形態学的観察から性別を特定することが困難であるが、この小児については核DNA分析によってY染色体が認められ、男性であることが明らかになった。こうした未成年人骨の性別が明らかになることは、ジェンダーの観点からの研究の可能性を広げるものである。また、この一号人骨と二号人骨は二親等程度の血縁者であることも明らかとなった。この二体にはそれぞれ畿内の王権が製作・流通に関わっていたとされる鹿角装剣が副葬されており、幼い男児がこのような剣を持っていることと、親子ではないが祖父と孫、もしくは叔父と甥を一緒に葬ったことは男性による世襲的地位継承を示すと清家らは解している。

その一方で武器・漁具・農耕具・玉類・土器といった第一号石室に次ぐ副葬品が

出土した第二号石室では、成人女性二体と未成年人骨一体が葬られており、この三体はミトコンドリアDNAを共有する母系的血縁関係が認められている。第二号石室の三体と第一号石室の二体はミトコンドリアDNAを共有しないので、母系的血縁関係はない。ただし、第二号石室人骨のDNA分析は継続中であるため、まだ血縁関係に関する結論は出ていない。第二号石室は第一号石室と同時期かやや遅れて造営されており、磯間岩陰遺跡では、男性による世襲的地位継承が行われる一方で、母系的紐帯の強い親族集団が存在しており、古墳時代は双系的でありつつも中期後葉以降父系化が進むとする田中良之や清家章の考えを肯定する事例とされている。

このようにDNA分析は古人骨による研究を大きく進めるものであるが、ごくわずかであっても資料の破壊を伴う分析である。DNAの遺存状況によっては良い成果が得られない場合もあるが、今後の進展が期待される。また、古人骨の形態学的観察についても非接触計測によるプロジェクトが進行中である。

3　古代の男女の分業

布生産からみる男女の分業

東村純子は、律令制成立期の調布《ちょうふ》(端《たん》を単位とする布)と庸布《ようふ》(常《じょう》・段《だん》を単位とする布)

という法律に示された二種類の布の差異に着目し、栃木県下野《しもつけ》市甲塚《かぶとづか》古墳の機織《はたおり》形埴輪等や古墳時代の機織具の部材から、古墳時代に二系統の機織技術が存在したことを示している［東村、二〇二二］。

吉川真司や森明彦らの古代の布に関する税制の研究(8)から、畿外の調布は長さ五丈二尺（約一五・四メートル）、幅二尺四寸（約七一センチメートル）が一端、和銅六年（七一三）の庸布は長さ二丈六尺（約七・七メートル）、幅二尺四寸で一段という、布幅は同じで長さの異なる規格が併存していたことが明らかになっている。

古代の麻布を織る機は、弥生時代から始まる原始機《げんしばた》の系譜をひく。東村の分類では輪状式無機台腰機《りんじょうしきむきだいこしばた》(9)と、古墳時代後期以降に新たに広まる直状式有機台腰機《ちょくじょうしきゆうきだいこしばた》(10)の二種類が併存していた。それ以外に絹を織るための高機《たかはた》があるが、これは限られた専門工人向けのものであったと考えられる（**図6**）。

輪状式無機台腰機では腰幅と経糸《たていと》の長さの制約により、足の長さの二倍の長さが基本であり、身体尺（身体の一部を使って長さや量をはかる単位）である尋《ひろ》（両手を左右いっぱいに広げた幅）を単位とする布が織られたと考えられ、尋布《ひろぬの》の長さは一七五―一七八センチメートル、幅四〇センチメートルとされている。ただし、この機でも織り手の技術によっては布長や布幅を大きくすることも可能であり、集落内の女性労働によって常布《じょうふ》という律令の規格をはずれた布が生産されたと東村は想定している。

（8）吉川真司「常布と調庸制」『史林』67―4、一九八四年、森明彦「調庸布織成に関する二・三の問題」『大阪経大論集』42―6、一九九二年。

（9）織り手の腰につけた布巻具と足先で支える経巻具《たてまき》の間に経糸《たていと》をらせん状に巻くため、経糸の長さが腰から足先の長さの二倍、およそ二〇〇センチメートルを超えない長さに限られる。

（10）あらかじめ経糸を長く巻いた経巻具を機台に載せるため、織れる長さは十数メートル以上となる。機の操作もしやすく、長い布を効率的に織ることができる。

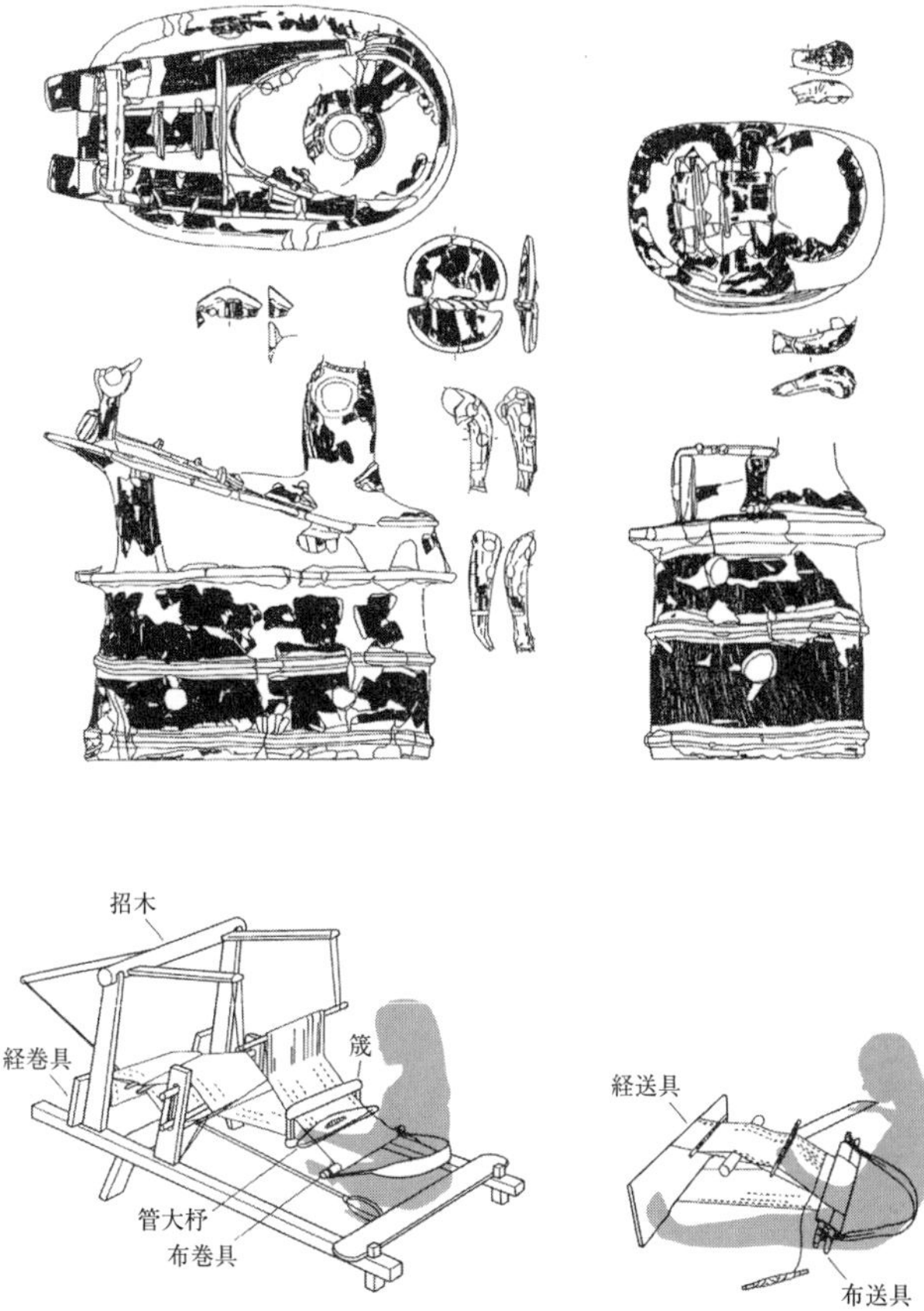

直状式有機台腰機　　輪状式無機台腰機

図6　栃木県下野市甲塚古墳出土の機織形埴輪と腰機の復元図[東村, 2021]

一方、律令に規定された端布《たんぷ》を織るには古墳時代後期の渡来系氏族や地域首長層が所有していた直状式有機台腰機が必要である。その機はどこに置かれ、誰が織っていたのだろうか。静岡県浜松市伊場《いば》遺跡を始めとする郡衙《ぐんが》(11)と考えられる遺跡で機織りに関する道具(木製品)が多く出土することが知られており、集約的な生産が行われてきたと推測されてきた。

布生産労働において、機織りに費やす時間は、アサやカラムシなど糸に加工できる植物を栽培し、繊維を取り出し、糸を作る作業に比べるとほんのわずかな時間に過ぎない。こうした生産労働全般にかかる時間と手間を追体験するのが実験考古学の手法である。出土した木製の機織り道具は、それだけでは組み合わせ方や使用法が不明である。出土品に残る使用の痕跡からその使い方を推定し、また出土品として残ることのない部材をつなぐ紐や帯といった繊維質の部品、布に織りあげられる経糸のかけ方などを民俗・民族例から推定・復元し、用法を考える。実際に布を織ることができる東村の見解には経験の裏付けがある。

もちろん部材となる木を当時の道具を使って切り出し、加工し、植物を栽培するといった完全な復元にはさまざまな困難が伴うとともに、現代の技術を利用し、また海外の例を参考として行われる復元には一定の留保が伴うが、実験考古学による過去の技術の追体験は考古学に新しい知見をもたらしてきたのである。

(11) 古代日本の律令制下で、地方支配の拠点として置かれた郡の役所。郡家《ぐうけ》、郡府《ぐんぷ》ともいう。郡の官人(郡司《ぐんじ》)が政務をとった。

さらに述べるならば、夜は明かりはなく、日々の農作業や水汲み、食事の準備や子育ての合間を縫って、植物繊維をつないで貯め、撚《よ》りをかけて糸にする非専業的労働の集積といった側面にも注目したい。

こうした布生産の多くの過程は弥生時代以降女性が担ってきたと考えられるのであるが、その労働の成果である布は調庸布として男性名で貢納され、女性の生産への寄与はみえにくくなっている。布の織手である「布手《ぬので》」についても、長野県千曲《ちくま》市屋代《やしろ》遺跡出土の七世紀末頃の木簡《もっかん》から男性が従事していたという解釈がされてきたが、男性名は戸主などの税を納めた人物の名で布手とは別人であり、布手の性別は男女いずれとも確定できていない。

図 7　線刻文字のある土製紡錘車の図(茨城県稲敷市神屋遺跡出土, 齋藤和浩他『清水古墳群 神屋遺跡 神屋南遺跡』茨城県教育財団文化財調査報告 405, 2016 年)

茨城県稲敷《いなしき》市神屋《かみや》遺跡では、九世紀中ごろの住居跡から「大刀自《おおとじ》」という文字が刻まれた土製の紡錘車《ぼうすいしゃ》[12]が出土している(**図 7**)。この紡錘車は茨城県内の同時期の紡錘車の中でも七三・三グラムと特に重く、表面にヘラ磨きをほどこす丁寧なつくりであることから特別なものとして製作されたと考えられている。また、大刀自は人名というより里《さと》刀自《とじ》のような集団を束ね

(12) 長くつないだ繊維に撚りをかけて糸にして巻き取る道具を紡錘《つむ》といい、糸を巻き取る際に軸の回転にいきおいを与えるはずみ車を紡錘車(または紡輪)とよぶ。弥生時代に広く普及し、以降布を織るための糸、釣糸、漁で使用する網用の糸などを作るために使われた。

る女性リーダーの意味をもつと思われる。

線刻のある紡錘車は石製品が多く、信仰に関わる文字や絵画が多くみられる。また、人名の場合、郷長や戸主を冠した実在の男性名が多く、なんらかの祭祀・儀礼を行う祈願者とみられている。神屋遺跡の紡錘車は土製で、土師器《はじき》と同じ技法で作られている。次の項で述べるように、土師器の製作は女性が担った可能性が高く、「大刀自」銘紡錘車は女性が作った可能性が高い。東村は「大刀自」は実在の女性ではなく、刀自神のような信仰の対象ではないかと解し、集落の女性たちによる製糸活動とその信仰の対象となる首長層の女性の存在を推測している。

土器からみる男女の分業

古墳時代中期には、弥生土器の系譜をひく素焼きで淡褐色の土器である土師器に加えて、窯《かま》で還元焼成で焼かれた灰色の硬質の土器である須恵器が登場する。須恵器は轆轤《ろくろ》を用いて成型される、朝鮮半島由来の技術で製作された焼き物である。最初大阪府南部の和泉《いずみ》地方などで生産が始まり、やがて各地に広まっていく。須恵器は煮炊きに適していないため、液体を貯蔵する大型の甕《かめ》や食べ物を盛る食器である杯《つき》や高杯《たかつき》、さらに古墳に副葬するための大型の器台や壺などが作られる。土師器は煮炊きのための鍋や甕が中心となり、食器としての杯や高杯も須恵器と併存しつつ作られるが、地域の須恵器生産の状況によって、食器の内訳は異なってくる。関東地方などでは土師器が大多数を占め、近畿・中国地方では須恵器が盛行する。須恵器は窯と轆轤の存在から専門知識をもつ工人集団が作成に関与し、土師器は以前から続く各集落で生産されたと想定されている。

古代になると、畿内中心部の食器は土師器と須恵器が共存し、特に都では多数の土師器が使用されている。この土師器の生産に関しては、「土師女《はじめ》」という存在が男女の分業の観点から注目される。女性の職業が列挙された「長屋《ながや》王《おう》家木簡(13)」に「土師女・奈閉《なべ》作《つくり》・○造女」と記されていることが知られている。

田中琢の「土器はどれだけこわれるか」という論文によれば、正倉院文書「浄《じょう》清所解《せいじょのげ》」(天平勝宝二年〈七五〇〉)は、讃岐石前《さぬきのいしまえ》という男性が土掘りや燃料の調達・製品の運搬を行い、借馬秋庭女《かるめのあきばめ》という女性が四四一六個の土器(土師器)を作るという分業を行ったということを示している[田中、一九六六]。この文書が当時の土器作りの作業の実際の分担を正確に示しているかどうかはともかく、土器を「作る」作業、すなわち粘土を成型して器にするという工程を女性が担っていたとしても文書上問題ないとみなされたことは事実である。

『皇太神宮儀式帳《こうたいじんぐうぎしきちょう》』(延暦二三年〈八〇四〉)は伊勢にある皇太神宮(伊勢神宮の内宮《ないくう》)に関する儀式書であるが、ここで使用する須恵器は男性が作り、土師器は女性が作ると

(13) 平城京左京三条二坊八坪東辺、長屋王の屋敷の東門のすぐ内側に掘られた南北溝状から出土した木簡群。

されている。これもまた実際の作り手はともあれ、いわば当時の土器のジェンダーに関する考えを示す記述として興味深い。

先に述べたように現代の考古学では土師器は煮炊きに使う鍋や甕と、杯や皿といった食器を含めての呼称であるが、当時の土師器《はじのうつわもの》という言葉は狭義には食器のみを指したものと考えられる。というのも先の木簡に「奈閉作」とあるように、奈閉作女とはなっていないため男女の別は不明であるが、食器と鍋・甕の作り手は別とされていたからである。

専門的な知識を必要とする須恵器に比べ、土師器は家内生産的で専門性が低いと考えられるかもしれないが、古代の食器としての土師器は特に宮都《きゅうと》(14)や官衙《かんが》(15)では大きさや「金属器志向」を示す端部の仕上げや暗文《あんもん》とよばれるヘラ磨きによる文様など統一した規格で作成されており、専業的な作者による集中的な生産体制が推測される。こうした規格に従って作成された土師器と須恵器からなる食器のセットは、多人数の官人によって宴席や日々の給食の場に使用されることに適したものであり、都から地方の役所へ広められた。こうした土器群を「律令的土器様式」とよび、各地でその実態の研究が進められている。

この時代の土器研究の一例として、玉田芳英は長屋王邸内の「・土師女三人瓫《かめ》造女《つくりめ》二人雇人二□」「・受曽女《うそめ》九月六日三事□□〔大嶋カ〕」という二点の伝票の木

(14) もともと「宮室、都城」を略した言葉。宮室は天皇の住まいを意味し、都城はそれを中心とした一定の空間のひろがりを示す。

(15) 官庁または役所。官衙遺跡は、主に古代の政庁である国衙《こくが》や郡衙跡を指す。

簡と一緒に出土した土師器を細かく検討することによって、特定の作者群が集中して製作した土器が一括して投棄されたことを明らかにし、それらが長屋王家に属する特定の土師女によって製作されたことを示唆している［奈良国立文化財研究所、一九九六］。

女性の土器作りは自家消費を主な目的とし、彼女たちは専業的ではないドメスティックな存在と考えられる傾向があるが、そうではない女性の土器の作り手も存在したと推測されることは、女性が男性の補助労働や家内労働のみに従事していたのではないことを示している。

こうした土師女の存在は、しかしながらごく限られた地域・社会集団あるいは階層だけとも考えられる。畿内を取り巻く地域、例えば播磨《はりま》以西の瀬戸内や山陰地方、また北陸地方ではいわゆる一般集落から出土する食器はもっぱら須恵器であり、土師器の食器は地方官衙や駅家《うまや》・寺院といった遺跡で少量みられるに過ぎない。畿内中心部の製品に酷似したものもみうけられ「都城型《とじょうがた》土師器」として研究もされているが、それとは別に在地で生産された、どちらかといえば粗製の土師器、あるいは都城では土師器に使用されることがない轆轤を用いた「轆轤土師器」もみられ、地方においては土師器の専業的な製作者が存在せず、在地の土師器製作者やあるいは須恵器製作者が地方官衙の命によって「律令的土器様式」を意図して製作したことがうかがえる。

後代には土師器の系譜をひく小皿である「かわらけ」が「清きもの」とされ、いわば使い捨ての杯として饗宴の場で多用されるようになるのも、素焼きの土器の価値づけ、意味を考える上で興味深い。

古代の遺跡を調査すると、墨で字が書かれた墨書土器《ぼくしょ》と遭遇することがある。墨で書かれた文字は数文字だけで、その内容は不明なことも多いが、こうした土器がみつかると調査者はなかなかうれしいものである。書かれた内容にはその器の名称、地名、役職名、氏の名、人名、縁起の良い言葉である吉祥句《きっしょうく》などがある。

兵庫県丹波市市辺《いちべ》遺跡では木簡とともに総数二四〇点余りの墨書土器が出土し、その中に読み方は不明であるが「益利女」「益女」あるいは「益利」と書かれた土器が五〇点あった。これらの文字が書かれた土器の種類には須恵器もあれば土師器もあり、底に書かれているものもあれば、側面に書かれているものもあった(図8)。文字の語る意味はまるで不明だが、県内の墨書土器としては異例の多さであった。他の女性名としては「伊伏女《いぶせめ》」が一点だけあった。

「〇〇女」と書かれたものは女性名と解されることが多いが、墨書土器に書かれた女性名には、「氏《うじ》」名を記さない場合が多く、特定の物品と結びついた名、例えば「酒女《さけめ》」・「稲刀女《いねとめ》」等があり、単なる個人名でなく、祭祀の中でなんらかの役割を果たした際の仮の名である可能性も指摘されている。そもそも土器に書かれた名前がその土器の所有者を示すかどうかは不明な場合も多い。三上喜孝は、土器に書

図8　墨書土器(兵庫県丹波市市辺遺跡出土，兵庫県立考古博物館蔵)

かれた人名は地域社会の儀礼に参加した人たちを意味するのではないかと考えている⑯。ここで問題となるのは、土器に書かれた文字を読める女性がどの程度いたか、誰が誰に読ませるために文字を書いたのかということである［新潟県埋蔵文化財センター、二〇二三］。

同様に女性名の書かれた考古資料としては文字瓦がある。各地から出土する文字瓦の中には女性名を記しているものがあり、その中には「刀自」「刀自古《とじこ》」といった有力女性を示す名も多い。三上喜孝は、福島県いわき市夏井《なつい》廃寺跡から出土した「□広刀自女」「□マ尼刀自」「広成女」と書かれた文字瓦と、その西北西一・五キロメートルに位置する福島県いわき市荒田《あった》目《め》条里《じょうり》遺跡から出土した「里刀自」を宛名とする郡符《ぐんぷ》木簡⑰とを考え合わせ、地域社会において、労働編成や財産運営、田地経営に主体的な役割を果たした「刀自」とよばれる有力女性が仏教儀礼や寺院造営にも知識⑱として多くの人を束ねる役割を果たしたことを想定している［三上、二〇二二］。

こうした有力女性の存在がうかがえるものの、古代の律令制下における女性の姿はなかなか着目されておらず、この時代の女性像がみえにくい。こうした状況は、文字を司り、中央や地方の税制を担う人々の大多数が男性であったことが大きく影響していると思われる。そこで視点を変えて海外との比較を行ってみよう。

(16) 三上喜孝「7 古代の文字文化とジェンダー」『発掘された名前展示図録』新潟県埋蔵文化財センター、二〇二三年。

(17) 地方豪族である郡司が、配下の民衆に対して物や人の召喚、労働力の徴発などを命じた文書木簡で、「郡符す（郡司が命ずる）」という書き出しで始まる。

(18) 仏教の信者が善業を積み重ねるために寺院や仏像の建立や維持、写経や福祉などの事業のために金品などを寄進すること。

古代中国のジェンダー構造の変容

内田純子による古代中国の都市である殷墟《いんきょ》(19)を中心としたジェンダー構造に関する研究を紹介しておきたい[内田、二〇一九・二〇二二]。内田によれば、中国を中心とする東アジアでは、儒教のバックグラウンドの中で「家父長制」の堅固な枠組みが構築され、その醸成過程に多くの人が関心をもっているという。内田は中国のジェンダー史研究に関わった経験から、文字をもち記録が残る時代には、すでに現代と同様の家父長制が確立しているが、文明化の前段階である新石器時代前期の状況には男女の格差がみられないので、ジェンダー格差成立の大きなパラダイムシフトは考古学による研究でしか知りえない先史時代に起こったと推察し、考古学はジェンダー史研究にとって大変重要な役割を果たすはずだと述べている。

内田はその専門分野である中国殷(商)代と、それに続く西周・東周代の考古資料・文字資料をふまえ考察している(この時代は年代としては日本では縄文時代に相当するが、社会の発展段階としては古墳時代から古代に比すべきものである)。内田の論考は日本のジェンダー史を考える上で多くの示唆に富むが、その中でも、文字に現れた女性についての見解と、男女の分業の変容について取りあげておきたい。

殷墟は殷(商)代後期の王都で、現在調査の及ぶ範囲では東西六キロメートル、南

(19) 中国河南省安陽市北西郊外の小屯村を中心とした殷(商)代の都市遺跡。前一四世紀から前一一世紀、殷王朝後期の首都があり、王墓なども調査されている。

北四キロメートルの大都市遺跡である。王は天帝と呼ばれる祖先神を崇拝する宗教者の役割も担う。甲骨《こうこつ》（亀の甲）による占卜《せんぼく》を行う「貞人《ていじん》」や史《し》、作冊《さくさつ》などの文官は全て男性であったと推測される。西周時代以降、完全に男性が文字を独占し、情報管理も担うことによって、政治や学問の世界から女性は隔離されてゆく。内田は文字の発明と情報管理の発達を、男性と女性の格差が急速に拡大した要因だとしている。また、歴史上いつの時代にも相当数の女性が文字の知識を得ながらも、表立ってその知識をもって社会生活に活躍することは抑制されてきただろうとしている。

さて、甲骨には「婦某」という女性名が刻まれていることがある。この「婦某」について、甲骨を整理する役割に携わった女性の名前とする説と、女性の貢納者の名前であるとする説がある。「婦」という文字のつくりは「羽はき」つまり羽をたばねて掃く道具である羽箒《はねぼうき》の象形で、高貴あるいは特別な女性を示す文字と推測されている。占卜の内容から、殷代には女性が地方領主となったり、領地の管理をするなど政治的役割を果たしていたことが推測されている。

殷代の女性の中でも最も多くの手がかりが残る「婦好《ふこう》」は武丁《ぶてい》（第二二代商王）の配偶者のひとりといわれ、出征・武勇・分娩の吉凶・歯痛などの占いの記録が残る。その墓には青銅武器・武具が一三四点副葬され、その中には「婦好」銘の青銅製の大型の斧である鉞《えつ》（青銅の大型の斧で当時の権力の象徴とされる）なども含まれている。

殷墟で調査された一五〇〇基の中小墓の概括によれば、女性墓には儀礼用の酒器（三本足の酒を温める器である爵《しゃく》と、ラッパ状に口が開く杯である觚《こ》のセット）を副葬することは少ない一方、武器や工具が副葬されることもあるとされる。儀礼用の酒器は政治的な意味合いがあり、文武に関わる社会的役割は男性のみに与えられていたが、女性と軍事の関わりはわずかに残存していたことが推測される。

内田は都市出現後の男女の分業について、都市においては社会活動（宗教活動・政治組織・交易・軍隊）と専業化した生産活動（青銅器・玉器・土器作り）を男性が担い、生命維持活動（出産・育児・清潔保持・調理・保温すなわち被服）を女性が担うという不均衡な分業が行われ、農村では食料調達（農牧業・漁労）や紡織を男女で担うというモデルを提示した。また、一般的に、農業の発達に伴い生産性を高めるため水利などに男性が大きな役割を果たすことによって女性の地位が低下したといわれているが、中国の農村では現代に至るまで男女が重労働を含む農業を協業しており、検討の余地があるとしている。そして、都市文明において、余剰を利用して社会が複雑化し、専業化が進むにつれ、専業化した社会活動を担う男性と生命維持活動を担う女性の分化によって、ジェンダー構造が大きく変化したとみている。

そうした内田の描く殷代の状況と比較して、古代の日本では都市あるいは都城の確立よりも、法と税による東アジア的で家父長制的な統治・収奪システムの確立によって、男女の社会的地位の格差の拡大というジェンダー構造の変化が進んだように思われる。しかし、文献資料によって把握された社会と、考古学的事象や木簡・墨書土器からうかがえる地方の様相のずれから、新たな知見が生まれてくるようにも思われる。

おわりに

筆者は大学で考古学を学んだのち、友人の勧めによって飛び込んだ女性史研究者の集まりを通じて細々と学びを続けてきたが、そこでは、歴史学の各時代の研究者のみならず、文学や美術史、社会学、地理学など他分野の研究者との交流の機会を得て、新たな方法論を知ることができた。また、ジェンダーという概念によって新たな方向性も見出した。

ジェンダーという言葉は学問の世界にとどまらず、二〇世紀末からは日本でもジェンダー平等という概念が一般社会に広がったが、予想以上の反感をよび、男女共同参画という語に落とし込まれ、男女平等という概念は定着しなかった。また、ジェンダーフリーに対するバックラッシュの動きもあった。

二〇一五年九月、ニューヨークの国連本部で開催された「国連持続可能な開発サミット」で全会一致で採択された「持続可能な開発のための2030アジェンダ」、そこに記載された持続可能な開発目標（SDGs）の一七のゴールの中に、「ジェンダー平等を実現しよう」という項目が設けられたことによって一定の受容がなされたようにみえるが、現在もジェンダーをめぐって根強い対立があり、さまざまな場面で厳しい状況が続いている。

「この国古来の伝統」という言葉によって語られる言説の中には、歴史学の観点から即座に否定されるようなものも多々みられる。ファクトチェックを受けるまでもないような説であっても、それに学問的な反論をすることは非常な労力を要し、研究者としてはそれを無視せざるを得ない場合もある。「夫婦同姓は日本の伝統、家族の絆」といった言説に対し、夫婦同姓は明治以降の欧米の影響を受けた制度であり、また、東アジアにみられる夫婦別姓は父系を重視する家父長制の産物であって、その抑圧からの解放を求め、韓国では父母両方の姓を名乗る女性も現れているなどの事実を提示しても、その訴求力はどの程度あるだろうか。しかし、ネット上に飛び交う真偽とりまぜた諸説の氾濫の前に、専門家はそれらを黙殺するのではなく、なんらかの対応が必要な事態が迫っていることを強く感じる。

考古学者の研究は、莫大な考古資料の中でアクセスできる範囲の限界や観察・分析方法の違いによってぶれが生じ、導き出す結論に齟齬が生じ、見解の相違があったとしても、意図的に捏造を生み出そうとするものではない。しかし事象の解釈において、研究者の立場・視点によってバイアスが生じ、資料からよみとる像が異なってくる。筆者は女性としてのバイアスから「人＝男性（女性も含む）」という視点の研究には違和感を感じ、これまでの研究を見直すことを続けてきたが、まさに日暮れて道遠しである。しかし、考古学研究におけるジェンダーバランスの現状は、筆者の若かった時代から大きく変化したことは間違いない。[20]

『土偶を読む』で竹倉史人が批判したように、土偶をめぐる解釈の中で、かつての家父長的な思考をもつ男性研究者の唱えた説に現状では批判すべきものが存在し、それが現在の研究者の思考を左右する可能性があることも事実である。しかし、それは考古学に限られたことではなく、資料の解釈にみられるバイアスが研究者コミュニティを現在も強固に支配しているともいえない。むしろバイアスはより広い日本の社会全般に薄くまんべんなく広がっているようにも思える。

昨今の学問、そして埋蔵文化財行政をめぐる状況には厳しい課題も多く、これからの時代には多くの困難が予測される。そうした時代にあって、持続可能な未来に向かうためには、研究者の性差による分断のみに注視するより、自分と異なる属性・立場に対して寛容であること、多様性への理解が求められるのではないだろうか。ただ、中立的であろうとして、自らの視点の偏りに無自覚であってはならない。

（20）令和四年度版の文化庁の埋蔵文化財関係統計資料によれば、令和四（二〇二二）年五月一日現在での埋蔵文化財専門職員の男女比は、女性職員が二一パーセントであり、平成二三（二〇一一）年五月時点の九パーセントから一二ポイント増加した。

繰り返しとなるが、考古資料自体には性差はなくニュートラルなものであるが、それを分析し解釈する研究者の視点・思考にはさまざまなバイアスが存在する。そのバイアスを意識すると、ものをして語らしめうることが限定され、無味乾燥な事実の列挙、歯切れの悪い推測に終始してしまう恐れもある。

ここで、一つ思い至るのは、ジェンダーをめぐる取り組みの中で出会った美術史の研究である。考古学者は資料をみる際に、作者は誰で、誰が発注者で、両者のどういう権力構造の中で作られたものか？と意識することが少ないのではないか。縄文時代の土偶の場合、作者と使用者の権力勾配はゼロかもしれないが、埴輪の作者と発注者は同一階層とは思えない。古代では作者と発注者の階層の格差はもっと大きかっただろう。この観点から男女を形象した考古資料を見直せば、新しい解釈が広がってゆく可能性が感じられる。

また、筆者はかつて「考古学と女性の視点」で男女の可視領域のずれを示す図(21)を作成したが、現在では男女でみえている世界の違いは、みえている範囲というよりむしろ対象に対する解像度の違いではないかと感じている。少なくとも、女性に関連深い分野への男性研究者の解像度の粗さは、豊かな歴史像を生み出すために耕すべき沃野がまだまだ広がっていることを感じさせる。

男女に限らず、個々人のみる世界はその人それぞれの経験や受けてきた教育によ

(21) 男女の視点の違い・解像度の違い（菱田(藤村)淳子「考古学と女性の視点」『文化の多様性と比較考古学』考古学研究会、二〇〇四年）

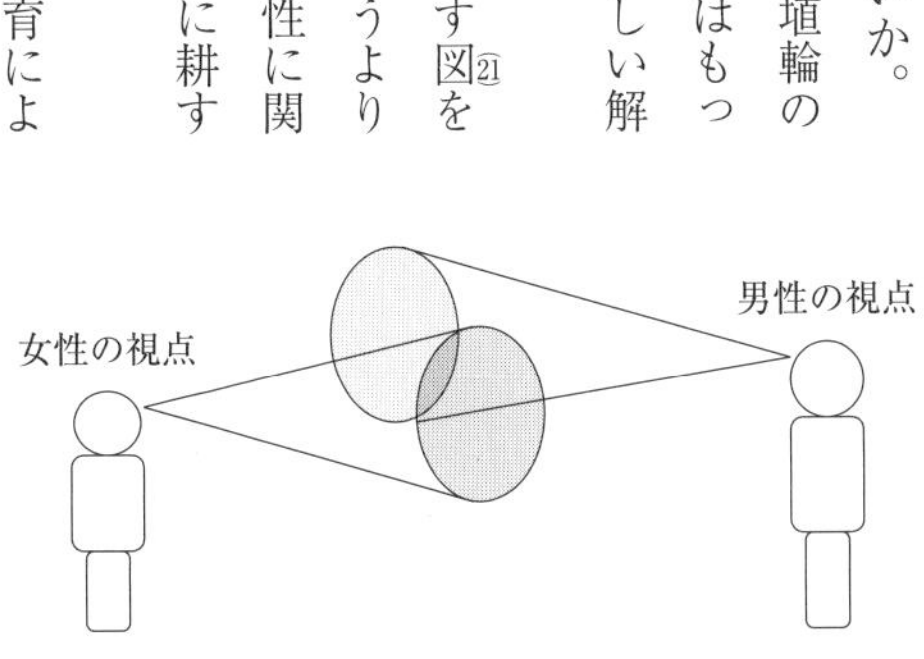

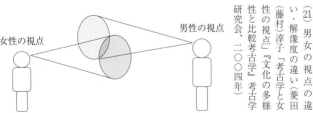

って差異が生じ、同じものをみても解像度が異なる。莫大な資料を前にして、どうあることが誠実なのか。正解はみつからないが、考古資料の語る過去の記憶をより多くの人々に届けるには、自らの立ち位置と視点、解像度の調整について、絶え間なく問い直す必要があるのは間違いないようだ。

引用・参考文献

五十嵐由里子、二〇一八年「妊娠出産痕」『季刊考古学』143
五十嵐由里子、二〇一九年「人骨から推定する縄文・弥生時代の出生率と寿命」『一般社団法人日本考古学協会 二〇一九年度岡山大会 研究発表資料集』
内田純子、二〇一九年「中国先秦時代のジェンダー構造――殷墟を中心に」『一般社団法人日本考古学協会 二〇一九年岡山大会 研究発表資料集』
内田純子、二〇二一年「中国における都市の成立とジェンダー構造の変容」『月刊考古学ジャーナル』762
佐原 真、一九六八年「銅鐸の美」『日本美術工芸』363
設楽博己、二〇二三年『縄文vs.弥生――先史時代を九つの視点で比較する』ちくま新書
清家 章、二〇二一年「古墳時代ジェンダー研究とDNA分析」『月刊考古学ジャーナル』762
竹倉史人、二〇二一年『土偶を読む――一三〇年間解かれなかった縄文神話の謎』晶文社
田中 琢、一九六六年「土器はどれだけこわれるか」『考古学研究』12―4
田中良之、一九九五年『古墳時代親族構造の研究――人骨が語る古代社会』柏書房
蔦谷 匠、二〇一八年「古人骨集団における授乳・離乳パターンの推定」『季刊考古学』143
都出比呂志、一九八九年『日本農耕社会の成立過程』岩波書店
寺沢知子、二〇〇〇年「権力と女性」『古代史の論点2 女と男、家と村』小学館

寺沢知子、二〇一七年「古墳の属性と政権動向――四世紀前半期を中心に」『纒向学研究』5
寺沢知子、二〇二一年「女性首長の役割とその変容を追う」『月刊考古学ジャーナル』762
望月昭秀編、二〇二三年『土偶を読むを読む』文学通信
奈良国立文化財研究所、一九九六年『平城京長屋王邸跡』
新潟県埋蔵文化財センター、二〇二三年『発掘された名前　展示図録』
東村純子、二〇一九年「古代織物生産の権力構造と女性」『女性労働の日本史――古代から現代まで』勉誠出版
東村純子、二〇二一年「古代日本の女性と、麻糸・布生産」『月刊考古学ジャーナル』762
東村純子、二〇二一年「古代日本の布生産と女性」『史林』104―1
間壁葭子、一九八七年「考古学から見た女性の仕事と文化」『日本の古代12　女性の力』中央公論社
松本直子、二〇二〇年「日本の博物館におけるジェンダー表現の課題と展望」『国立歴史民俗博物館研究報告』219
松本直子、二〇二一年「縄文・弥生時代の性差と考古学」『月刊考古学ジャーナル』762
三上喜孝、二〇二二年「古代の文字文化とジェンダーに関する覚書――東アジアと地域社会の視点から」『国立歴史民俗博物館研究報告』235
米田　穣、二〇一〇年「同位体食性分析からみた縄文文化の適応戦略」『縄文時代の考古学4　人と動物の関わりあい――食料資源と生業圏』
米田　穣・日下宗一郎・山田康弘、二〇一九年「骨の化学分析からみた食性の変化」『一般社団法人日本考古学協会二〇一九年度岡山大会　研究発表資料集』
米元史織、二〇一六年「筋付着部の発達度からみる縄文時代の生業様式の地域的多様性」『九州大学総合研究博物館研究報告』14

コラム　古人骨研究からのアプローチ

古人骨の研究は考古学にさまざまな知見をもたらすが、その方法は大きく二つに分けることができる。一つは古人骨資料の形態学的分析で、古人骨標本を観察・計測し、数値化することによって、解析を試みる。もう一つは古人骨資料の科学分析で、古人骨資料から採取したサンプルのDNAを分析したり、含まれる微量元素やその放射性同位体によって、年代の測定や、生きているときに食べたものの推定を行う。後者の方法では、古い人骨を破壊する必要がある。破壊を伴う研究方法は考古資料でも行われており、土器の胎土分析や木製品の樹種同定・年代測定、金属器の成分分析、石器の産地分析のため、資料の一部をサンプルとして切り取ったり、表面層をクリーニングして薄く剝ぎ取って分析したりする場合もある。こうした分析・鑑定は科学分析を専門とする機関で行われ、費用も伴うことから、現状ではごく限られた考古資料についてのみ実施されている。

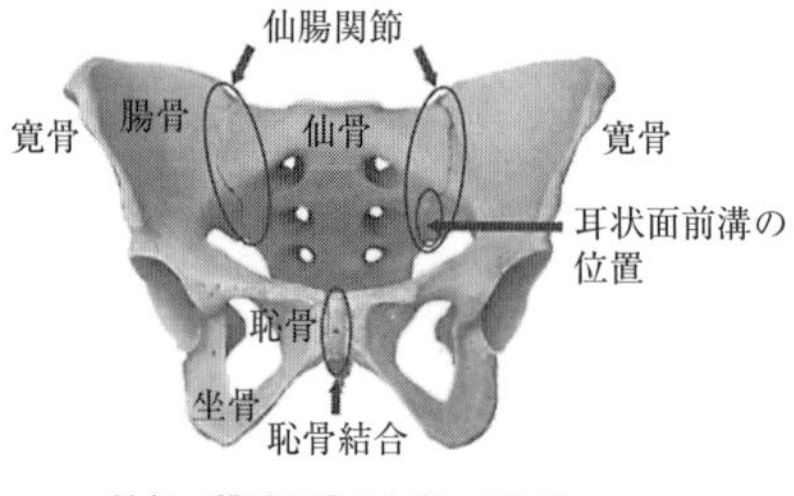

骨盤の構造図［五十嵐，2018］

ここではこの古人骨資料への二方向のアプローチの中から、考古学からみた女と男の仕事を考える上で興味深い知見をもたらす、二つの研究を紹介する。

五十嵐由里子は縄文・弥生時代の古人骨標本の妊娠痕の観察から、この時代の出生率と寿命について考察している［五十嵐、二〇一八・二〇一九］。五十嵐による妊娠出産痕の定義は、女性個体の骨盤上の仙腸《せんちょう》関節の前下部の腸骨上にみられる耳状面前溝《じじょうめんぜんこう》である。五十嵐は現代人を対象とした事前調査から、耳状面前溝を五つのタイプに分け、タイプ1(なし)、タイプ2(肉眼的にはみえないが触診でくぼみがみとめられる)、タイプ3(男女ともにみられる溝またはピット状のくぼみ)、タイプ4(女性特有の軽度のくぼみ)、タイプ5(女性特有の強度のくぼみ)に分けた。そのうち、タイプ4は少数の妊娠出産回数を示す妊娠出産痕とし、タイプ5は多数の妊娠出産回数を示すと仮定した。

仙腸関節耳状面前下部に溝状圧痕ができるメカニズムについては、妊娠中に、ホルモンの影響により肥大した靭帯が骨表面に押し付けられ、出産時に骨盤が広がり、仙腸関節部の軟骨が破壊されると考えられている。また、男女共通にみられるタイプ3は、その出現部位から、靭帯の強さや体重と関連している可能性が考えられている。なお、五十嵐と久世濃子は二〇一五年の第三一回日本霊長類学会大会において、この溝状のくぼみはヒト特有ではなく、ゴリラなど大型類人猿にもみられ、大きな体で体幹を垂直にした姿勢をとることが多い大型類人猿の形態や運動様式が、骨盤に負荷をかけることで圧痕が生じている可能性があることを発表している。

五十嵐は縄文集団として北海道各地および吉胡《よしご》貝塚(愛知県田原市)、津雲《つくも》貝塚(岡山県笠岡市)、弥生集団として九州の隈《くま》・西小田《にしおだ》遺跡(福岡県筑紫野市)、金隈《かねのくま》遺跡(福岡県福岡市)の古人骨資料によって、北海道縄文遺跡では出生率が高く、女性の寿命が短く、九州弥生遺跡では出生率が低く、女性の寿命は長く、両者の男性については寿命の差がみとめられないというパターンの違いを明らかにした。この違いが地域差であるのか、時代差であるのかは今後の分析対象の拡大を待つとしているが、縄文時代から弥生時代すなわち狩猟採集社会から農耕社会への移行期に起こる変化の一例として、生活・社会・ジェンダーを考える上で興味深い分野である。

骨の成分から食生活を復元する方法として、骨に残存するコラーゲンを抽出し、食物の種類によって異なる炭素(13C／12C)・窒素(15N／14N)の同位体の割合を測定する研究がある。炭素13はアワ・ヒエ・キビなどの雑穀や海産物に多く、その両者の違いは窒素15の割合を組み合わせると判別できる。窒素15は食物連鎖の上位者で濃縮されるので、複雑な食物網をもつ海洋の魚類や哺乳類は、陸上の動植物より多くの窒素15を含んでいる。縄文時代に多く食べられたと考えられるドングリなどの堅果《けんか》や、シカやイノシシなどの陸上資源を多く食べた場合、炭素13や窒素15の割合は比較的小さくなる。

米田穣らの研究から、縄文時代、北海道や沖縄では海産物を多く利用していたが、本州では陸の動植物と魚介類を組み合わせた食生活を送っていたという地域差が明らかになっている[米田、二〇一〇・二〇一九]。更新世、土器の使用が始まった縄文時代草創期については、人骨資料が知られていないため現状ではアプローチできないが、それ以降の安定した完新世の安定な温暖期にあたる縄文時代早期以降、縄文時代中期から後期、さらに弥生時代にかけての寒冷化といった気候変動と、集落の動向や人口減少、生業の転換などさまざまな事象との関連について、古人骨からみる地域ごとや時代ごとの分析は、議論の深化に大きく寄与している。

埴輪からみた古墳時代の男と女

若狭　徹

はじめに

古墳時代の人々の生きざまを知ることは、なかなか容易ではない。『古事記』『日本書紀』(以下、記紀)の記述を古墳時代に落とし込むには、それなりの手続きが必要であるし、人骨や布製品、木製器物などの有機質が残存しにくい考古資料からのアプローチも大きな困難を伴う。このように史資料は大きく限定されるが、一定の有効性が期待されるものとして「埴輪《はにわ》」がある。

埴輪には、大別して円筒《えんとう》埴輪と形象《けいしょう》埴輪がある。円筒埴輪は、筒形をした焼き物で、古墳を列状に取り囲んで辟邪《へきじゃ》(邪悪なものを退ける)する機能を果たす。埴輪の九割以上は、この円筒埴輪である。形象埴輪は一割にも満たないが多様な種類があり、家形《いえがた》埴輪、器財《きざい》埴輪、動物埴輪、人物埴輪などが知られる。円筒埴輪の登場は三世紀中頃、形象埴輪の出現は四世紀前半以降であり、ともに埴輪が終焉する六世紀末から七世紀初頭まで作られた。おなじみの人物埴輪はこれらの中では最も後出で、五世紀前半にならないと出現せず、作られた期間は一五〇年ほどと意外に短い。

人物埴輪には男女の像がみられ、髪形や装身具、衣装、装備品が具体的に表現される。また様々な所作《しょさ》が伴う。複数の人物の組み合わせによって、相互の関係性も表示されている。装備やサイズからは、階層性も垣間見える。

また、動物埴輪も人との関わりによって造形されているし、家や器財埴輪の背後にも人の存在が表されている。その関係性を読み解くことによって、古代の風俗はもとより、祭祀《さいし》・政治・軍事・経済・外交など、人々の社会的営みへの考察が可能となる。ここが重要な点である。本章では、そうした埴輪を基軸に据えながらも、文献史学や民族学の解釈も援用して、古墳時代人の生々しい人間像について考察していきたい。

1　埴輪以前の人物造形

縄文時代の人物造形

最初に、埴輪に先立つ人物造形に触れておこう。埴輪の特質を明確にするためである。

日本における最古の人物造形は、愛媛県久万《くま》高原《こうげん》町上黒岩《かみくろいわ》遺跡から出土した縄文時代草創期の一三点の石偶《せきぐう》である(1)(**図1**)。高さが四センチメートルほどの掌に収まる扁平な礫《れき》に、髪・乳房・腰蓑《こしみの》などを細線で線刻《せんこく》している。このうち乳房の表現がみられるのは二例に過ぎないが、世界の旧石器時代の女性造形においては乳房表現

(1) 上黒岩遺跡では、これらの石偶に隆起線文《りゅうきせんもん》土器が伴っており、炭素14年代測定法の較正年代では一万五〇〇〇年前に比定される。土器の出現をもって縄文時代とする立場の研究者からみると縄文時代草創期の造形となるので、本章でも縄文時代草創期とした。

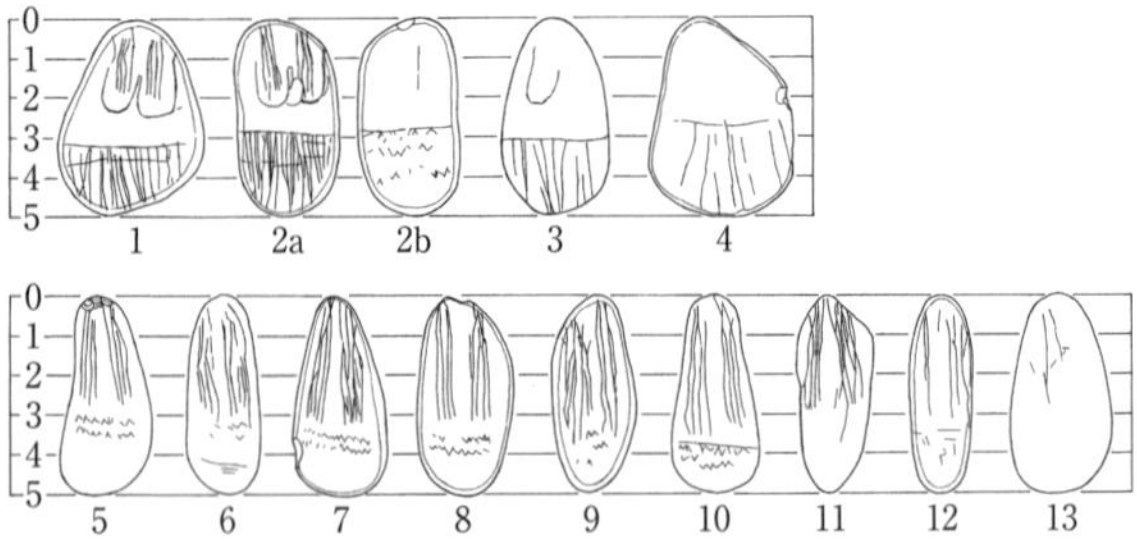

図1 上黒岩遺跡の線刻礫[春成, 2009]

をもたない女性像も多いことから、上黒岩例も基本的には女性像と理解されている[春成、二〇〇九]。ただし、日本ではこれ以外に同時期の類例が知られていない。

博物館で人気の「土《ど》偶《ぐう》」も、縄文時代草創期に登場する文物である。現在は、滋賀県東近江《ひがしおうみ》市相《あい》谷熊原《だにくまはら》遺跡などの事例が最古であり、炭素14年代測定法の較正年代で一万三〇〇〇年前頃に比定されている。ただし草創期の土偶は希少であり、本格的に展開するのは縄文時代早期（一万二〇〇〇年前）以降である。この頃の土偶の造形はひじょうにシンプルで、頭部や脚部は表現されず、菱形や鼓《つづみ》形の胴体に乳房を強調した画一的な造形（**図2**）が全国に広まる。土偶に地方色が現れるのは縄文時代前期以降であり、以後、晩期まで多様な型式が展開する[三上、二〇一三ほか]。

縄文土偶には乳房や女性器、妊娠場面が表される例が多く、原則として女性像である。縄文時代には、男女ペアの人物造形は行われず、女性像は土偶、男性像は男

図2 千葉県船橋市小室上台遺跡の縄文時代早期の土偶（船橋市飛ノ台史跡公園博物館蔵）

性器をシンボル化した石棒《せきぼう》に分化していた。土偶の意味についてはすべてを画一的に捉える必要はないが、女性像が主体であること、妊娠表現があることから多産や豊穣にかかる祈りの造形と捉えることが妥当である。同じ縄文時代の焼き物に動物形土製品があるが、圧倒的に猪《いのしし》が多い。猪が多産の象徴であることも、土偶の意義と通底するものと理解される[設楽、二〇二二]。

弥生時代の人物造形

弥生時代の人物造形としては、縄文時代から継続した土偶のほか、人面付きの壺(顔壺《かおつぼ》)、土偶形容器、顔面付きの土製品(分銅形土製品《ふんどうがたどせいひん》)、銅鐸《どうたく》絵画、絵画土器、木偶《もくぐう》、石偶などがある。東日本に事例が多い顔壺は、前代からの系譜を引く再葬《さいそう》制の骨蔵器であり、性別を明示する表現が無いことが注意される。性別を超越した祖霊《それい》に関わる造形品であろうか。

一方、この時期を特徴づけるものとして、男女ペア像の出現が指摘される。前代まで女性像に特化していたヒト形の造形に、男性像が加わるという点で画期を成すものである。設楽博己は、弥生時代前期から後期の全期間にまたがり、九州から東北にいたる範囲で男女ペア像(**図3**)が存在することを指摘し、水田農耕における男女協業の成立をその背景に考える[設楽、二〇二二]。

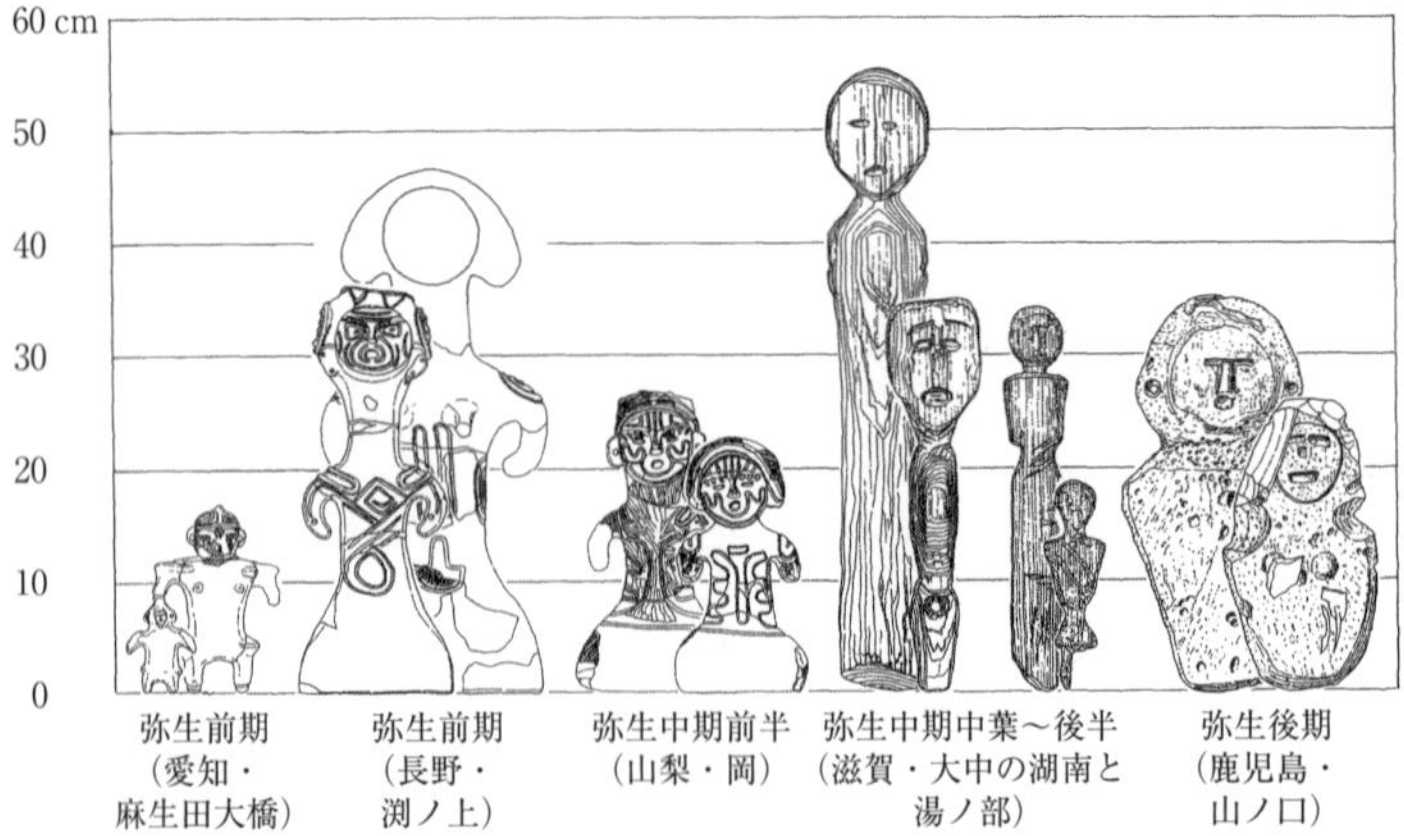

図 3　弥生時代の男女像［設楽，2021］

男女造形は、地域によって、土偶形容器、土偶、木偶、石偶など多様な材質と形を採用するが、基本的には男女で同じ形態を作る。このうち女性像は、大きな髷《まげ》や乳房あるいは女性器の表現を行うことで男性像と区別する。設楽は、弥生時代において時期が下るごとに男性像と女性像の寸法が逆転し、男性像が大型化することを見出している。ここに、農耕社会における男性の社会的立場の強化が指摘される。

なお弥生時代には、土偶・木偶などの単独造形のほかに、線描きによる人物表現がある。銅鐸や土器に刻まれた人物絵画である。銅鐸絵画の人物像には頭の形に二様があり、三角頭の人物が脱穀などの農耕所作、円形頭の人物が狩猟の所作をとることから、前者が女、後者が男と解釈されている[佐原、一九八二]。それを前提にすると、**図4**の絵画は二人の女性の諍《いさか》いを、間に入った男性が仲裁する表現と理解され、農耕社

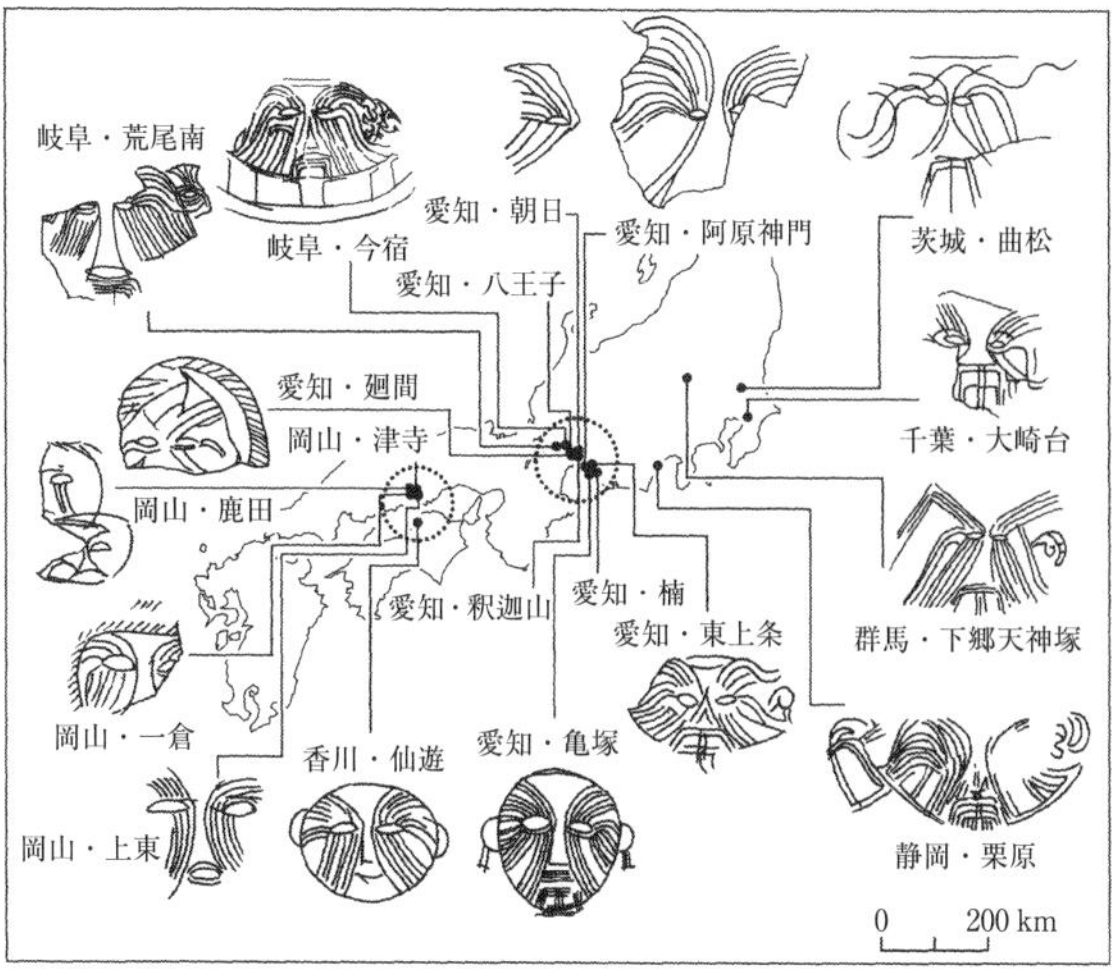

図5　人面線刻絵画の分布[設楽, 2021]

会における男性の社会調停機能が描かれたと推定される。

ただし、弥生時代の人物造形の出土数は少なく特殊な祭儀用とみられるが、その祭儀が男女ペア像を基本として展開したことは重要である。縄文時代以前の性差に基づく土偶と石棒という異なる祭祀の体系がここに統合され、質的転換を迎えているからである。

なお、これとは別に、東海地方・関東地方ならびに中国地方に分布する弥生時代後期

図4　銅鐸絵画の男女像(兵庫県神戸市桜ヶ丘神岡5号銅鐸。Photo: Kobe City Museum/DNPartcom(部分))

の「人面線刻絵画」が知られる。頭部だけの表現であり、目の周囲に入れ墨と考えられる顔面装飾を施すことで共通する（**図5**）。男女差を示す特徴はみられず、壺の胴部・石棺《せっかん》・墳墓出土の石造物に施されており、古墳時代前期には円筒埴輪の外部装飾として刻まれる。このことから、銅鐸絵画の農耕儀礼とは異なった、葬送にかかる辟邪思想の発達を推定できる［設楽、二〇二二］。

2　埴輪出現から人物埴輪の創出まで

墓主の居所

古墳時代を人物造形の存否において分割すると、五世紀前半を境に二分される。三世紀中頃から五世紀前半までは人物造形が希薄な時代である。弥生時代の系譜をひいた男女造形は姿を消し(2)、人物を表すこと自体が禁忌であったらしい。

古墳時代は巨大古墳の世紀である。首長が死ぬと墳頂部《ふんちょうぶ》に大きな墓壙《ぼこう》を掘って木《もっ》棺《かん》を収め、割石《わりいし》を積み上げて竪穴式石室《たてあなしきせきしつ》を構築する。蓋石《ふたいし》を閉じて墓壙を埋めた後は、その上部（墳頂部）を囲むように壺形埴輪や円筒埴輪が配置された。

この時期を代表する奈良県桜井市桜井《さくらい》茶臼山《ちゃうすやま》古墳(3)では、墳頂部を一五〇本もの木柱で方形に囲み、要所に壺形埴輪を配置していた。同じエリアに所在し、桜井茶臼

(2) 奈良県桜井市纒向《まきむく》遺跡の三世紀前半（弥生時代後期）の木製仮面が知られるが、他に類例が乏しい。

(3) 墳丘長二〇七メートルの前方後円墳で、初期倭《わ》王権の墳墓が集中するオオヤマト古墳群から南に離れた桜井市外山《とび》に位置する。三角縁神獣《さんかくぶちしんじゅう》鏡《きょう》ほか一〇〇面分を超える鏡片を出土した。

山古墳に継続して造られた同市メスリ山古墳[4]では、木柱に代えて多量の円筒埴輪による方形区画が設けられた(**図6**)。ここには高さ二・四メートルという古墳時代最大の円筒埴輪が置かれ、建物の柱のように据えられていた。加えて最も古い器財埴輪である高坏形《たかつきがた》埴輪が伴う。

弥生時代後期の島根県出雲《いずも》市西谷《にしだに》3号墓[5]においては、墓壙の上に柱立ちの構造物があり、多量の土器を用いた飲食の供献《きょうけん》があったことが知られるが、古墳においても墓室の上方に柱列や柱列を意識した円筒埴輪列が設けられ、高坏形埴輪に託した食物供献の思想の存在が見て取れる。

古墳時代前期の棺《ひつぎ》は、長さが五メートルを超えるような長大な割竹形《わりたけがた》木棺[6]である。被葬者と副葬品を入れて棺を閉じ、石室を蓋石で塞いだ後は、その上を粘土で厚く覆い、突き固めて厳重に封じている。この時期の副葬品のなかでも特に重視されたのが青銅鏡《せいどうきょう》であるが[下垣、二〇一一]、埋葬時に被葬者の胸や頭部に置かれるほか、木棺と石室側壁の間に差し込んだ事例がある。奈良県天《てん》理《り》市黒塚《くろつか》古墳では、棺の外部を囲んで三二面の鏡が立てられ、鏡面(姿見の面)を外に向けていた。ここでは外部に鏡面を向けて遺体を防御する意志が感じられるが、他

図6 メスリ山古墳墳頂部の円筒埴輪配列(奈良県立橿原考古学研究所附属博物館蔵)

(4) 墳丘長二二四メートルの前方後円墳であり、鉄弓《てっきゅう》・鉄矢・玉杖形《ぎょくじょうがた》石製品などの出土で知られる。

(5) 方丘の隅角が張り出した四隅突出《よすみとっしゅつ》墓。長さ四〇メートルで弥生時代最大級の墓。

(6) 巨木を二つ割りにして内部を刳《く》り抜いた棺。

の古墳では鏡面を遺体に向ける事例もある。石室全体が石と粘土によって丁寧に密封されていることからみて、墓主の霊が荒ぶるのを防ぐ目的もあったと考えられる。

このように、墓主の亡骸《なきがら》を直下に納めた墳頂部は、墓主の霊の居所として強く守られるとともに、霊が墳墓に留まるよう祈念されていたと考えられる。やがて四世紀中頃になると、墳頂部の装備に家形埴輪が加わる。前段階の構造物が、家形埴輪の造形となってビジュアル化されたのである。以後、墳頂部は、多彩な家形埴輪と器財埴輪で彩られるようになる。

見えない人のイメージ

人物造形不在の期間の後半期には、家と器財の埴輪が盛行する。人はみられないものの、これらの埴輪は「人」の存在を強く想起させるものとなっている。

墳頂部に配置されたのは家形埴輪、椅子形《いすがた》埴輪、高坏形埴輪、盾形《たてがた》埴輪、靫形《ゆきがた》埴輪(矢を入れる武具を表現)、蓋形《きぬがさがた》埴輪(主に差し掛ける日傘を表現)であり、少し遅れて甲冑形《かっちゅうがた》埴輪が加わる(**図7**)。武器・武具、威儀具《いぎ》の多様さが特徴的である。また、最初の動物埴輪として鶏形《にわとりがた》埴輪が加わってくる。

これら墳頂部の埴輪セットは、種類を増やし、型式変化しながら、埴輪が終焉する六世紀末頃まで継続していく。家形埴輪は、床の形式で分けると高床式《たかゆか》と平地式があり、屋根の形では切妻造《きりづまづくり》・寄棟造《よせむねづくり》・入母屋造《いりもやづくり》・片流《かたなが》れ造がみられる。建物の機能表現としては、居宅《きょたく》・祭殿《さいでん》・倉庫などが推定され、意図的に作り分けられていた。

　こうした複数の形式の建物が組み合わされることから、当時の首長居館《しゅちょうきょかん》がモデルであったことは間違いなかろう。ただし、主に東国で検出されている実際の首長居館には、高床式・平地式建物のほかに巨大な竪穴式の建物が伴っているが、家形埴輪に竪穴式の造形は極めて乏しい(7)。

図7　奈良県御所市室宮山古墳墳頂部の家と器財埴輪
（奈良県立橿原考古学研究所附属博物館蔵）

　この時期の墳頂部の埴輪全体の組み合わせをみると、墓主の霊が宿る居館、その主が座る椅子、食物を奉《たてまつ》る高坏、その場を守るとともにそこに主がいることを示す武器・武具・威儀具がセットとなる。このように、形象埴輪は「見えない墓主」の存在を喚起する仕掛けとして現れ、発展していった。

　ところで最初の動物埴輪である鶏は、「朝告げ鳥」として首長が司る時間をイメージさせたものとみるのが妥当であろ

(7)　宮崎県西都《さいと》市西都《さいと》原《ばる》170号墳（径四七メートルの円墳《えんぷん》）からは、中央に巨大な伏屋《ふせや》建物を置き、四周に小さな平地式建物を付随させた形状の家形埴輪が知られる。伏屋は竪穴建物を表しており、居館内にひときわ大きな竪穴建物が保有されたことを示したものである。ただし、こうした竪穴建物の埴輪表現はきわめて例外的である。

う。七世紀に成立した『隋書《ずいしょ》』の倭国伝《わこくでん》には、倭王武《わおうぶ》(雄略天皇《ゆうりゃく》)の遣使から一五〇年ぶりに中国(隋)に朝貢《ちょうこう》した倭の使いに関する記事がある(六〇〇年)。このとき、皇帝(文帝《ぶんてい》)が担当官に命じて倭の風俗を尋ねたところ、使いは「倭王は天を兄とし、太陽を弟としている。夜がまだ明けないうちに、政殿《せいでん》に出て政治をおこない、その間、あぐらをかいて坐っている。太陽が出るとそこで政務を執ることをやめ、あとは自分の弟、太陽にまかせようという」と答えたが、文帝はこれを「はなはだ道理のないことだ」と諭し、改めさせたという〔藤堂ほか、二〇一〇〕。この記事のように、当時の倭では、王の政治・祭祀の時間と日の出が連動していた可能性が考えられ、鶏は為政者が司る時間を象徴していたと推定したい。

もう一つの居館表現

〈造り出しの埴輪群と水鳥〉 四世紀後半になると、墳頂部の埴輪様式に加えて、墳丘《ふんきゅう》の裾《すそ》に新たな埴輪様式が興《おこ》る。この頃から、前方後円墳の周囲には広い周濠《しゅうごう》が整備され、古墳は外界と強く隔絶されていく。そこで、外界から濠《ほり》を隔てた山(墳丘)の裾野に張り出し(造り出し)を設け、ここにも埴輪を配置するようになる。民衆からみて、濠を越えた向こう側(至近地)に埴輪世界が現出されたわけである。

並べられた埴輪は各種の家、盾・靫・甲冑・蓋といった器財、鶏、水鳥、船などである。ここに置かれた家+器財の基本セットは、それまでの墳頂部の様式と共通しており、造り出しの埴輪群もやはり首長居館の表現であると推定できる。そして、墳頂部と墳丘裾の埴輪様式は併存するのである。いわば、山上の居館と山下の居館が同時に表現されたことになる。

ただし、新たに登場して造り出しだけに置かれるものとして水鳥形《みずどりがた》埴輪、船形《ふながた》埴輪、導水施設形《どうすいしせつがた》埴輪・湧水施設形《ゆうすいしせつがた》埴輪がある。

奈良県広陵町《こうりょうちょう》巣山《すやま》古墳[8]では、濠の中に墳丘側から陸橋で連結された「島」(出島)が設けられる(**図8**)。その島の前端両隅は丸く張り出し、斜面に石が貼られている。島の中央は窪《くぼ》んでなだらかとなり、小石が敷かれて州浜《すはま》となる。州浜はあたかも船着き場のようであり、そこに着岸する者を水鳥形埴輪が迎えるように配置される。州浜を上がると、島上に家形埴輪や器財埴輪が置かれ、屋敷が表現される構図となる。王の霊を迎える彼岸《ひがん》の居館に、水鳥が飛来している(あるいは飼われている)清浄な景観を表現したと推定することができる。

記紀においては、渡り鳥と人の魂にまつわる説話がみられる。垂仁《すいにん》天皇の子のホムチワケ(『日本書紀』ではホムツワケ)は長じても言葉を発しなかったが、飛来するクグイ(白鳥)の声を聞いて言葉を発することができたと記す。景行《けいこう》天皇の御子《みこ》であるヤマトタケルの東征《とうせい》説話では、戦を終えたタケルが、帰途に伊吹山《いぶきやま》の神の祟《たた》りを受

(8) 奈良盆地南東部の馬見《うまみ》丘陵に築かれた巨大前方後円墳のひとつ。墳丘長二二〇メートル。南北に長く分散した馬見古墳群の中群に属す。

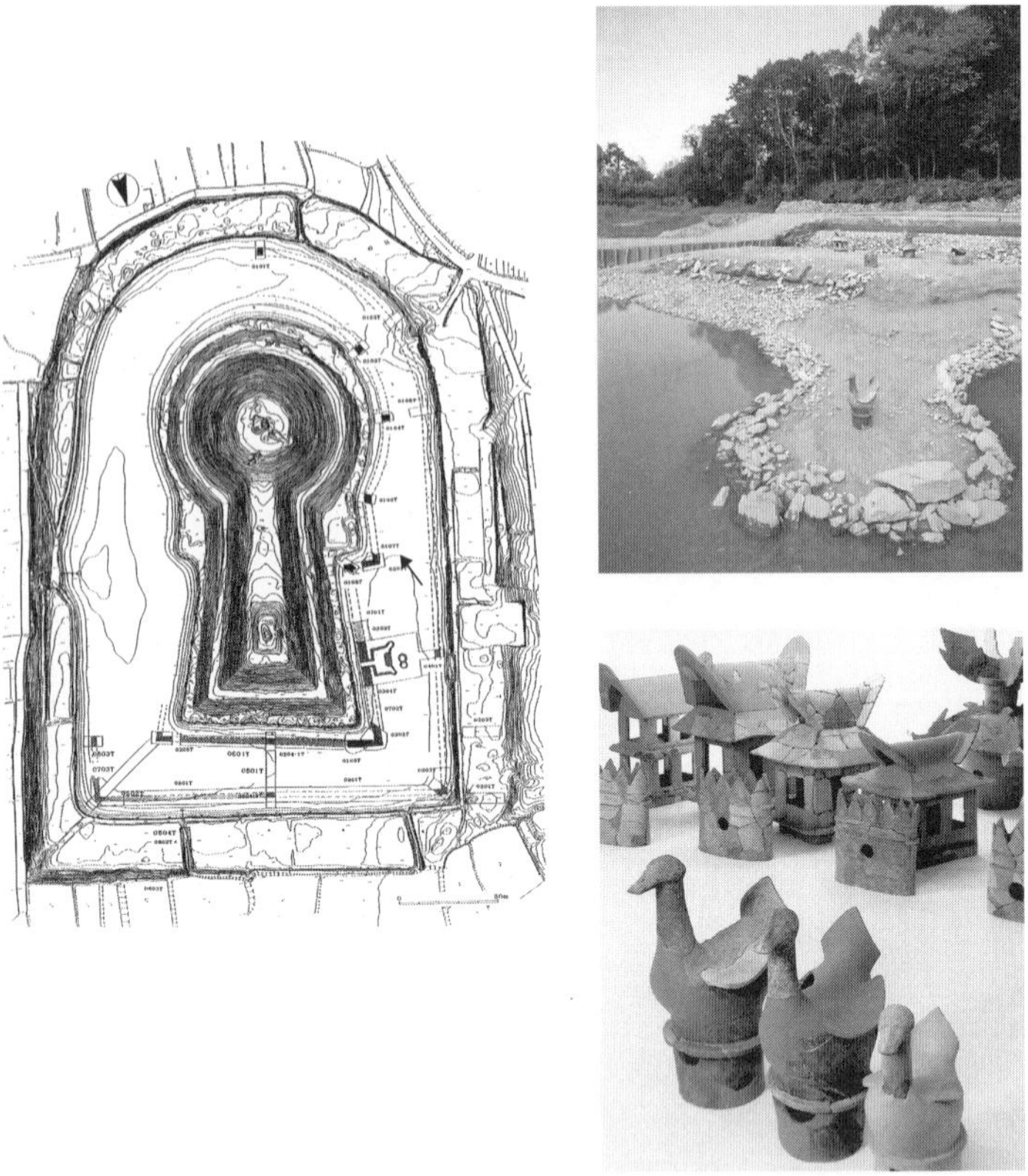

図 8　巣山古墳の出島遺構(右上)，巣山古墳の水鳥形埴輪と家形埴輪(右下，佐藤右文氏撮影)，巣山古墳平面図(左，平面図内の矢印は出島遺構を示す)．以上，広陵町教育委員会蔵

けて命絶えると、白い鳥となって飛び去り、その飛来地に陵《みささぎ》を営んだとの話が盛り込まれる。

また、タケルの子である仲哀《ちゅうあい》天皇が父を偲《しの》び、王宮で鳥の飼育を命ずると、越国《こしのくに》（北陸）から白鳥が献上されたこと（『日本書紀』仲哀紀）、雄略天皇の時に鳥養人《とりかいびと》・鳥《とりの》司《つかさ》・鳥養部《とりかいべ》が設定された記事（『日本書紀』雄略紀）がみられ、古代の王宮で希少な鳥が飼われていた可能性が浮かび上がる。

近年、兵庫県朝来《あさご》市池田《いけだ》古墳(9)の造り出しから、国内最多をほこる二三体もの水鳥形埴輪が出土したが、白鳥を象《かたど》ったとみられる大型鳥だけでなく、ガン・カモのような小型鳥も加わってバラエティに富む（**図9**）。雛鳥《ひなどり》を背中に乗せるカイツブリと思しき造形もあり、飼い鳥だけではない水鳥世界が展開する。古墳の造り出しに多彩な水鳥が遊ぶ様は、他界《たかい》の居館が構想されたことを示唆していよう。

〈船形埴輪〉 造り出しや墳丘裾に新たに置かれる重要な埴輪として船形埴輪がある。丸木舟《まるきぶね》を躯体《くたい》として用い、そこに舷側板《げんそくばん》や前後の波切板《なみきりいた》を付加した「準構造船」を表した埴輪である。四世紀末から五世紀前半に隆盛し、六世紀にはみられなくなる。

図9 池田古墳の水鳥形埴輪群
（兵庫県立考古博物館蔵）

（9） 墳丘長一三七メートルで、但馬国《たじまのくに》最大の前方後円墳。五世紀前半築造。

船形埴輪の分布はほぼ畿内とその周辺に限定されているが(10)、大型墳のみならず小型墳からも出土するのが特徴である。古代の大阪平野に存在した河内《かわち》湖に面していた大阪府大阪市長原《ながはら》古墳群のような群集墳にも船形埴輪の優品が知られており、小型墳の墓主が水運を司ったことを思わせる。

ほとんどの船形埴輪はシンプルな造形だが、三重県松阪《まつさか》市宝塚《たからづか》1号墳(11)の造り出しからは、装飾物を林立させた長さ一・四メートルもの大型船の埴輪が出土した(**図10**)。舷側板を補強するための隔壁《かくへき》が数枚表現され、王の威儀を表す鰭《ひれ》飾りがあしらわれる。立ち並ぶ装飾物は倭装大刀《わそうたち》・蓋《きぬがさ》・儀仗《ぎじょう》(鑓《やり》とする説もある[穂積、二〇一七])といった首長権を象徴する器物であり、本船のモデルは首長が運用する大型の外洋船であろう。この飛びぬけた造形力の船形埴輪は、伊勢湾を眼下に望む宝塚1号墳被葬者の生前の海運力をイメージさせるものである。と同時に、葬送船が古墳の島の居館に着岸する様子が仮託されていた可能性が考えられる[和田、二〇一四]。

先にも紹介した『隋書』倭国伝には、倭の葬送習俗として「貴人の場合は、三年間、家の外にかりもがり(殯)し、(中略)埋葬には、船の上に遺骸を乗せ、地上を綱で引く」[藤堂ほか、二〇一〇]と書かれる。また、『古事記』仲哀天皇段には、天皇の妻の神功《じんぐう》皇后が、わが子である応神《おうじん》天皇の即位を妨害する忍熊王《おしくまのみこ》と香坂王《かごさかのみこ》の謀反を疑い、喪船《もふね》を作って幼児の応神を乗せ、「御子は既に御隠れになった」と謀った記

(10) 船形埴輪はほとんどが畿内とその直近地の古墳に集中するが、五世紀前半に畿内の強い影響を受けた宮崎県西都市西都原古墳群からの出土が飛び地的に知られている。

(11) 伊勢湾を望む台地上にある伊勢国《いせのくに》最大の古墳である。墳丘長一一一メートルの前方後円墳でくびれ部に方形の造り出しを設け、多数の埴輪を配置する。

図10 宝塚1号墳の船形埴輪(松阪市文化財センター蔵)

事がある。このような、葬送に船を用いたという文献記事に照応するものとして、先述の巣山古墳では濠底から准構造船の大型部材[12]が出土しており、実際に船を用いた葬送行動があったことが復元できる。

〈水まつりの施設〉 ほかにこの時期に出現する埴輪として、導水施設形埴輪・湧水施設形埴輪が挙げられる。これらは、船形埴輪と同じく五世紀後半になると作られなくなる。基本形は、塀を表した囲みの中に切妻造の家形埴輪を配し、その内部に槽《ふね》や井戸を表現するものである。槽を内蔵したもののほうが多く、槽には受水口と排水口が表される(**図11**)。そして、前方後円墳の造り出しや島状施設の脇に設えられた「谷間」の部分に玉石《たまいし》を敷いて配置される。他界の居館の傍らの谷頭《たにがしら》に湧く水が、この埴輪に導かれたように演出されているのである。

こうした水に関わる特殊な施設は、現実の遺構としても発掘されている。三重県

図11 宝塚1号墳の導水施設形埴輪(中段は家形埴輪を外した図. 下段は内部の槽. 松阪市文化財センター蔵)

(12) 波切板と舷側板の一部が出土した。円文《えんもん》を線刻した舷側板の断片は長さ三・七メートルもあり、船の全長は一〇メートル近いと推定されている。

(13) 城之越遺跡は四世紀後半を中心とする遺跡

伊賀《いが》市城之越《じょのこし》遺跡では、水が湧く泉とそこからの流れを葺石《ふきいし》や立石《りっせき》によって整備し、祭祀を行っていた。いわば湧水点祭祀の遺構である。奈良県御所《ごせ》市南郷大東《なんごうおおひがし》遺跡では、谷間の沢水を堤《つつみ》でせきとめて浄化し、その水を樋《とい》で引き、簡素な建物内の刳《く》り貫《ぬ》き式の槽に落として祭祀を行っていた。⑬導水施設形・湧水施設形埴輪は、このような首長を象徴する水の祭祀施設を象ったものである。

この施設の性格については多様な説が提起されているが、①首長の水稲農耕と水利権を象徴した祭祀施設［坂、一九九六ほか］、②神に供える清浄な水を汲む施設［笹生、二〇一九］、③王の殯《もがり》（死を確認するための儀礼）にあたって死骸を洗った場所［穂積、二〇〇四］、の三説が代表例といえる。

筆者は、こうした湧水（井戸）と導水施設を内部に装備した群馬県高崎市三《み》ツ寺《でら》Ⅰ遺跡⑭（図12）の分析を通じて、①説の立場に立っている［若狭、二〇〇七］。三ツ寺Ⅰ遺跡を営んだ首長は、五世紀中頃に朝鮮半島から渡来人を招致して榛名山麓の水源地に計画的に進出し、そこに居館を設けて、水の祭祀施設を兼ねた経営拠点を構えた。居館の外周には渡来系治水技術を投入した貯水池を構築し、さらに大型灌漑《かんがい》用水路を建設して下流に向けた水利を整備したことが発掘から判明している。水路の先には広大な水田地帯（図13）が展開し、地域経営の財源が生み出された。

こうした開発の営みと、水の祭祀施設の整備、導水施設形埴輪の登場が連動して

で、伊賀国《いがのくに》最大の古墳群である美旗《みはた》古墳群に近接する。南郷大東遺跡は五世紀前半を中心とする遺跡であり、大王の外戚として権力を握ったヤマト地域最有力豪族であった葛城《かつらぎ》氏に関わる祭祀遺跡である。

(14) 榛名山《はるなさん》南麓の水源地に営まれた首長居館。九〇メートル四方の本体に、幅三〇メートル、深さ三メートルの濠を巡らした豪壮な遺跡である。内部に祭殿と井戸、導水祭祀施設、竪穴建物があり、多量の祭祀遺物が出土した。導水施設には、外部から水道橋によって聖水を導いていた。

図13 群馬県高崎市御布《おふ》呂《ろ》遺跡の小区画水田（高崎市教育委員会蔵）

いるのである。この時期の列島の有力首長が、外来の治水技術を手にして、精力的に水利経営と農業刷新を推進したことは間違いない(15)。このような新しい地域経営の象徴となったからこそ、西暦四〇〇年前後に限定して導水施設形埴輪が作られたのである。

ここまでをまとめると、墳丘裾の造り出しに配置された埴輪群は、外部世界から濠を隔てた対岸に、王の死後の居館を現出していた。喪船でそこに渡った王が、水鳥に迎えられ、生前のままに水のまつりを中核とした祭儀を行うイメージが人々の脳裏に喚起されたことだろう。

前時期から続いている墳頂部の埴輪群は、王の遺体の真上に位置した山上の居館であった。死後の王は、山上と山下の二つの居館を介して、外部の共同体と繋がる。そのような死後の世界観が整備されたのであろう。

図 12　三ツ寺Ⅰ遺跡模型写真(高崎市教育委員会蔵)

(15)『古事記』仁徳《にんとく》天皇段には、「秦人《はたひと》を労役にあてて、茨田堤《うまらたのつつみ》と茨田屯倉とを造り、また、丸邇《わに》池、依網《よさみ》池を造り、また、難波の堀江を掘って、川の水を海に通し、また小《お》橋《ばし》の江を掘り、また、住吉の津を定めた」[山口ほか、一九九七]などとあり、新羅《しらぎ》系渡来人の技術をもって貯水池の整備(堤)、新田開発(屯倉)、河川改修(堀江)、港湾整備(津)が行われたことを表す。

3　人物埴輪の登場と群像の意味

人物埴輪出現

ここまで、本章の主題となる人物埴輪が登場するまでの前史について述べてきた。やや冗長ではあったが、縄文から弥生時代へと続いた人物造形が、古墳時代の前半（三世紀中頃―五世紀前半）に一度途切れてしまうこと、その時期には人物像が禁忌であったこと、そして人のかたちは見えないながらも、家・器財・動物埴輪で構成された埴輪群像が墳頂部と造り出しに置かれ、首長の霊の存在と、首長の生前のマツリゴトを強く印象づけていたことが明らかにできたと思う。

人物埴輪の出現は五世紀前半―中葉である。現在最古の人物埴輪は大阪府堺市《さかい》大仙陵《だいせんりょう》古墳(16)から採取された女性頭部、双脚男性像脚部であり、馬と犬の埴輪が伴う（**図14**）。多重の濠の間にめぐる内堤《ないてい》から濠に転落したものと考えられる。

大仙陵古墳より一つ古い王陵である大阪府羽曳野《はびきの》市誉田《こんだ》御廟山《ごびょうやま》古墳(17)の陪塚《ばいちょう》（巨大古墳の周囲に造られた小型墳）である栗塚《くりづか》古墳（一辺四三メートルの方墳《ほうふん》）からは人物埴輪の顔や腕が出土しており、主墳である誉田御廟山古墳段階（五世紀前半）に人物埴輪の出現を遡らせる推測もあるが、まだ確定的ではない。いずれにしても、巨大前方

(16) 別名、仁徳陵古墳。堺市百舌鳥《もず》古墳群にある日本最大の前方後円墳で、墳丘長は五一三メートル以上と推定される。

図14　大仙陵古墳航空写真（左、堺市博物館蔵）、大仙陵古墳の巫女埴輪（右、宮内庁書陵部蔵）

後円墳が連続して造営された百舌鳥・古市古墳群の大王陵において、墳墓の諸スタイルを刷新する際に人物埴輪が生み出されたのは間違いなかろう。それまで王陵の地であった奈良県三輪《みわ》山《やま》麓のオオヤマト古墳群、奈良盆地北部の佐紀《さき》古墳群とは異なる新機軸として、それまでの禁忌を破って人物像が作出されたのである。

これは流行をリードする大王墓においてはじめて許されたものであった。大仙陵古墳では端正な作りの女性像、双脚で立ち上がる男性像、馬具をフル装備した飾り馬、犬の頭部[18]の像があり、一気に多数の群像が出揃ったことを示唆している。

人物埴輪群像の構造とその意味

セットで登場した人物埴輪群像は、各種人物、人と関連する動物ならびに器財（後には家が加わる）で構成される。配列場所は濠を隔てて墓域に入った位置であり、二重濠を伴う前方後円墳であれば内濠と外濠の間にある内堤、一重の濠を伴う帆立《ほたて》貝《がい》形古墳や円墳・方墳では墳丘裾の造り出しに配置されるのが原則である。

このような、濠の対岸という位置は、前節の造り出しの埴輪様式の位置と共通する。そして、人物像の登場に連動するように、造り出しに置かれていた無人の居館表現は消失していく。換言すれば、無人の家・器財・動物によって想起されていた首長のマツリゴトの情景が、具体的な人の所作に置き換えられたといってよい。人

（17）別称、応神陵古墳。羽曳野市・藤井寺《ふじいでら》市の古《ふる》市《いち》古墳群にある墳丘長四二〇メートルの前方後円墳。

（18）本来は犬だけではなく、猪形埴輪も存在したはずである。犬・猪は

物埴輪群像は、首長の生前のマツリゴトの可視化を目的として生まれたといえるのである。

群馬県高崎市保渡田《ほどた》八幡塚《はちまんづか》古墳[19]（五世紀後半）では、前方後円墳の内堤上に五四体の人物埴輪群像が配置されていたが、埴輪同士の関係性から七つの場面が集合したものであったと結論された［若狭、二〇〇〇］（**図15**）。ここでは論証の経過は述べないが[20]、①首長を中心とした水の祭祀、②首長を中心とした立ち姿の儀礼、③猪狩り、④鵜飼《うかい》、⑤鷹《たかが》狩り、⑥武装した首長と力士《りきし》による武威、⑦交易・軍事・馬生産などの首長の軍事・経済力の顕示、の七つの場面の集合体であり、生前の首長がもっていた祭祀・政治・軍事・経済などの全人的な力量を共同体成員に認知させることが、人物埴輪群像の存在理由であったといえる[21]。そうした力を備えた首長の霊が、古墳の山上から共同体を守護するという思想が古墳の存在意義であったと考えたい。

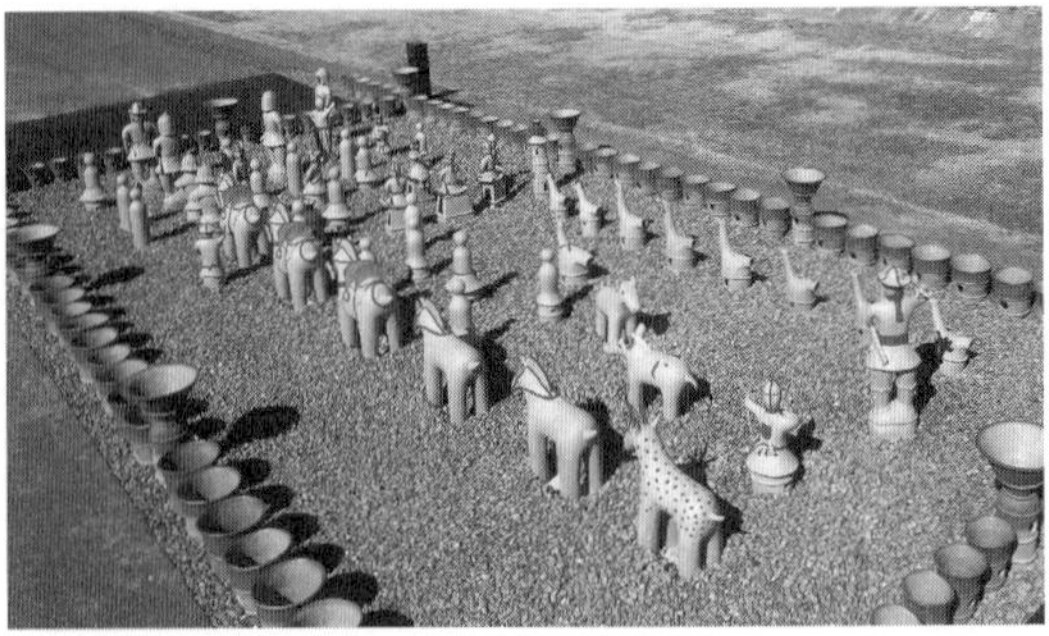

図 15-1　保渡田八幡塚古墳の人物埴輪群像(復元, 高崎市教育委員会蔵)

セットとなって巻《まきが》狩りを表現する埴輪として造形されるからである。

(19) 榛名山東南麓にある墳丘長九六メートルの前方後円墳。三基の前方後円墳が集中する高崎市保渡田古墳群で二番目に築造された。

(20) 七つの場面の論証過程については、若狭（二〇二一）を参照されたい。

(21) 人物埴輪群像の意味については、①葬列説［後藤、一九四二ほか］、②殯説［和歌森、一九五八ほか］、③首長権継承儀礼説［水野、一九七一］、④顕彰説［杉山、一九九六ほか］、⑤神まつり説［白石、一九八九ほか］、⑥供養説［高橋、一九九九

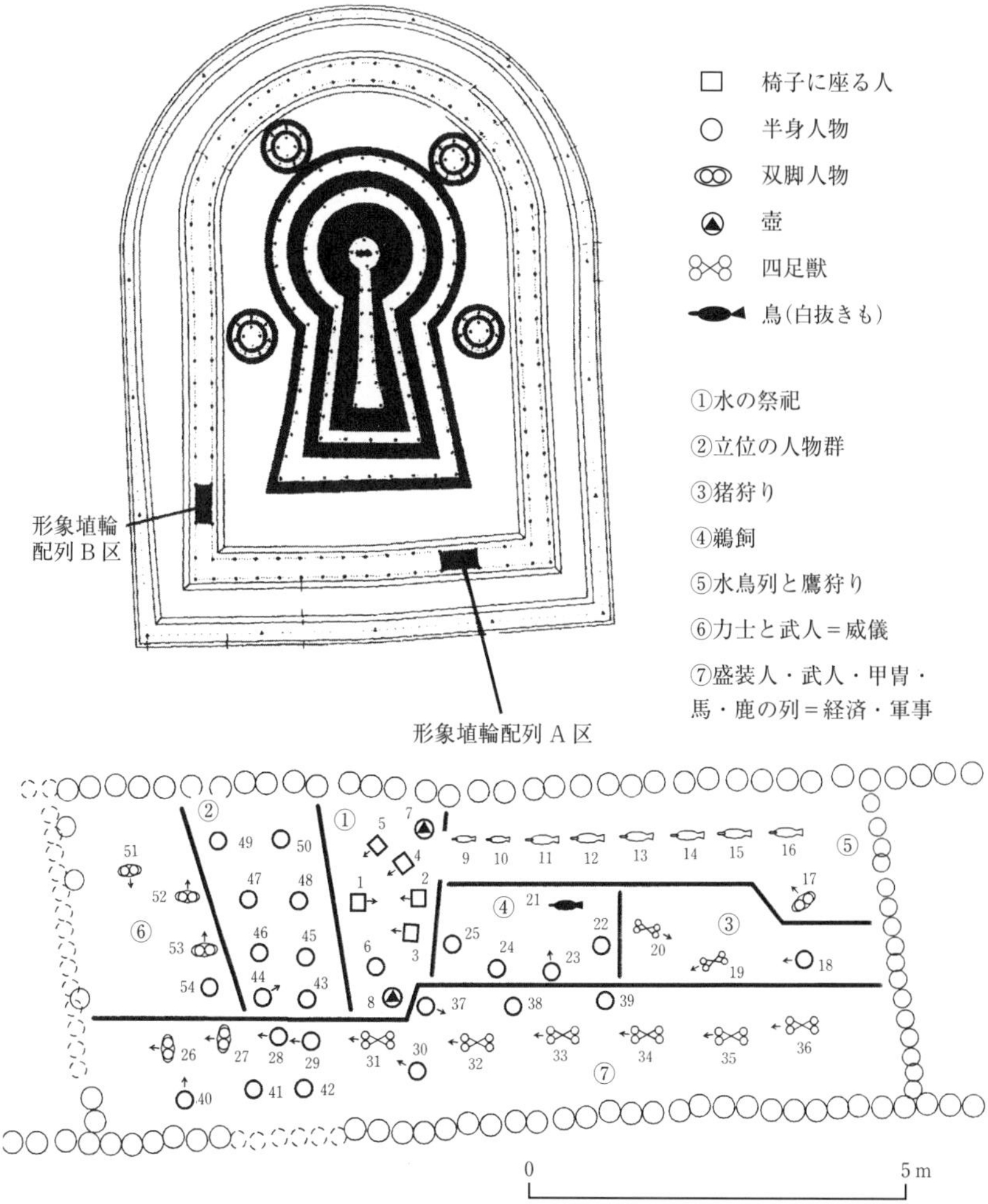

1 巫女, 2 王, 3・4 重臣, 5 琴弾, 7・8 壺, 9・10 鶏, 11-16 水鳥, 17 盛装男, 18 狩人, 19・20 犬・猪か, 21 鵜, 26 盛装男, 27 武人, 28・29 甲冑, 30 馬引き, 31-33 飾り馬, 34・35 裸馬, 36 鹿, 44 大刀もつ王, 45 女か, 49 壺もつ女, 51・53 武人か, 52 力士か

図 15-2 保渡田八幡塚古墳 A 区の形象埴輪配列図

図16-1　今城塚古墳の埴輪群像(筆者撮影)

大阪府高槻《たかつき》市今城塚《いましろづか》古墳(22)は、六世紀前半に実在した継体《けいたい》天皇の真陵《しんりょう》と考えられているが、内堤上に二〇〇体以上の人物埴輪群像が立てられていた。この数は日本で最多である。群像は四つのゾーンに分かれており、この古墳において各ゾーンに家形埴輪が加えられることになった。人物たちが表す祭儀の意味が、建物の性格によって説明されていたのであろう(**図16**)。

調査者の森田克行は、この群像は継体天皇の殯宮《ひんきゅう》(死を確認するために様々な儀礼を行う建物)を表した新たな埴輪様式だと解釈する[森田、二〇〇六]。しかしながら、人物群像が複数の場面に分かれるのは五世紀後半の保渡田八幡塚古墳のような配置様式を踏襲している。旧来の埴輪様式をベースにしたものといえる。

継体天皇は、六世紀前半に王位継承者が枯渇したため北陸から迎えられた「応神天皇五世孫」という、従来の王統とは疎遠な関係にあった人物である。その治世は、

六〕、⑦被葬者への奉仕説[塚田、二〇〇七]、⑧他界の王宮説[辰巳、一九九六]などがある。筆者は④の立場であるが、右の諸説のように単なる一場面に解釈するのではなく、ここで保渡田八幡塚古墳埴輪群像に複数の場面をみたように、生前の被葬者による治世の多くの側面を表示し顕彰していると考察する。その中には⑤の神まつりや軍事・経済活動をはじめとした首長の諸行動が内包されていると考えている。

(22) それ以前の王陵の地であった百舌鳥・古市古墳群が終焉し、新たに淀川北岸に築造された墳丘長一八一メートルの前方後円墳。六世紀前半としては日本最大級の前方後円墳である。

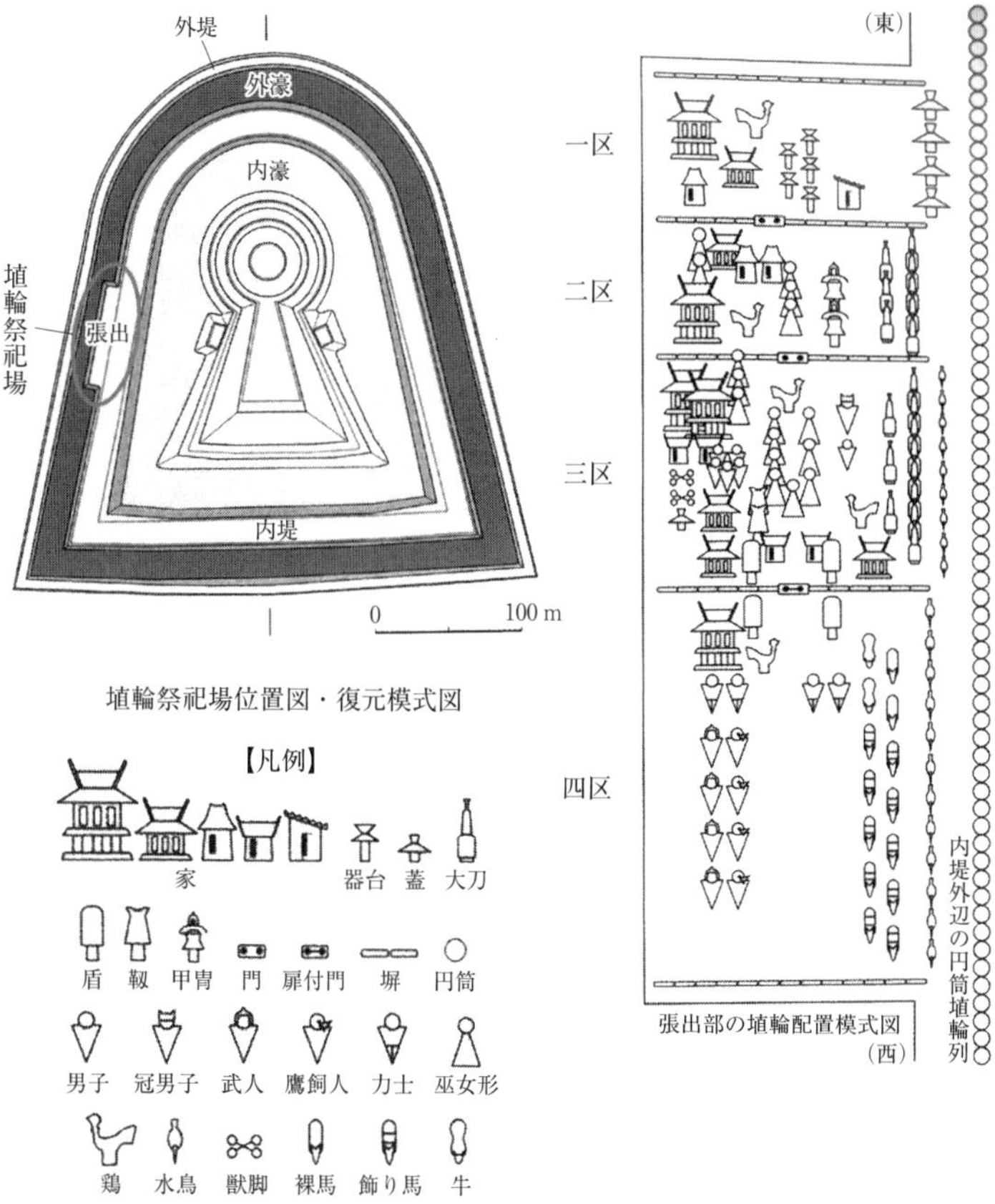

図 16-2　今城塚古墳埴輪配列図[森田，2011 を改変]

地方豪族の反乱が起こるなどひじょうに不安定であった。このため、継体の死後にそのマツリゴトの正統性を示し、権威を増進することがこの埴輪群に求められた使命であったはずだ。大王として即位し、王宮で政治・祭祀・外交を行い、北部九州の筑紫君磐井《つくしのきみいわい》の反乱(23)を制圧した武威などが、ここに顕彰されていると考えられよう。

ところで、人物埴輪群像は小型古墳にも並べられているが、そこではこれまで述べたような多数の場面を集合させるのではなく、場面数や個体数を絞り込んで配列されている。つまり、下位の首長の権限に関わる場面に限定され、埴輪に造形されているのである。例えば前方後円墳の埴輪群像に存在した鷹狩りや鵜飼などの場面はみられず、馬の個体数も減らされ、造形表現も小さく簡素であるなど、墓主の威勢に応じて製作され、配列されたといえよう。

(23) 継体天皇二一年(五二七年)に勃発した筑紫国の豪族磐井の反乱。古墳時代最大の内乱として記紀や『筑後国風土記』逸文などに記載されている。

4　女性の姿

埴輪にみる有力女性

これまで述べてきたように、人物埴輪群像は首長の生前の活動を顕彰するツールであった。登場するのは各場面で中心となる首長像が多く、これに祭儀に関わる人・動物・物が組み合わされている。本節では男性首長像はひとまず後に回し、それ以外の人々の姿を取り上げてみよう。

最初に女性像について紹介したい。女性像の認定要件は、頭頂部に板状のパーツを付け、乳房の表現を伴うものである。板状の造形は「古墳島田《しまだ》」と称される髷の表現である。本来は長い髪を頭頂部で縛り、前後に振り分けてから内側に巻き込み、鉢巻きや竪櫛《たてぐし》・笄《こうがい》によって崩れないようにまとめたものと推定されている（実験考古学による）。


ところで、一つの古墳に並べられた人物埴輪群において、その階層序列は、大きさ（寸法）と装備の豊かさで表現されている。首長像は大振りで、冠を被り、倭装大刀を持ち、二本足を造形するなどで卓越性を示すが、他の人物は小型で、脚を省略し、簡素な大刀を持つといった具合である。この原理からみると、群像中では男性像が優位にある場合が多いが、なかには明らかに女性像を大きく作った例がある。

群馬県高崎市下里見《しもさとみ》諏訪《すわ》山《やま》古墳は六世紀前半の小型円墳であるが、造り出しに並べられていた人物埴輪のうち、最大の個体は女性埴輪であった（**図17**）。肩にタスキを掛け、右手で杯を掲げた女性像は、頭巾《ずきん》を被った馬曳き男子や、冠を被って大刀を佩《は》く男子の像よりも一回り大きい。水を献じ、神をまつる姿は、小地域を治めた女性首長の姿を彷彿とさせる。

栃木県下野《しもつけ》市甲塚《かぶとづか》古墳は、六世紀後半の大型の造り出し付円墳（八〇メートル）で

図17　下里見諏訪山古墳の埴輪群像（高崎市教育委員会蔵）

あり、墳丘基壇《きだん》上に並べられた人物一九体、馬四体の埴輪列が見つかった（図18）。半身像（足を造形しない像）の人物埴輪は、男性と女性がほぼ半々である。通常の埴輪群像では、男性像が女性像より多いが、この古墳のように男女の数が拮抗するのは特異である。

図18　甲塚古墳の埴輪群像（手前中央２体が機を織る人物，下野市教育委員会提供）

群像の中心に置かれたのは二体の大型人物であるが、復元作業の結果、「地機《じばた》」で布を織る女性と、「原始機《げんしばた》」で布を織る人物であることが分かった。前者は、女性が座って機を操作する様が明確に造形されている（図19）。地機は渡来人によってもたらされた当時最新式の機であり、今も博物館の機織り体験などでみられる「高機《たかばた》」の原型である。一方、原始機は弥生時代以来使われてきた簡素な機で、フレームを持たず、腰と足の突っ張りによって糸を操る仕掛けのものである。こちらは人物部分が欠けていたが、おそらく女性像であろう。

図19　甲塚古墳の機織形埴輪（復元品、下野市教育委員会提供）

つまりこの埴輪群像は、機織りを職掌《しょくしょう》とする女性を主役とし、彼女に従う陪臣《ばいしん》たちを表していたのである。日高慎は、本古墳の墓主を女性とみるが、従うべき見解である[日高、二〇一五]。なお、この古墳の馬形埴輪四体のうち最も大型の馬には、鞍《くら》の側面にステップが表現されており、女性の横座り用の馬であることが明示されている。このことも本古墳の被葬者が女性であったことの根拠となる。

甲塚古墳の周囲は、下野国《しもつけのくに》において大型の古墳が最も集まっている墓域である。その多くは前方後円墳だが、この古墳は大きな円墳として墳形に差が表れている。前方後円墳は、倭王権と政治的に連合することで築造を承認された首長の墓だと考えられているが、こうした円墳被葬者は首長配下で、例えば先端産業を推進するような立場で活動した可能性が指摘できる。

律令期には、税として調布《ちょうふ》・庸布《ようふ》が貢納されたが、上総国《かずさのくに》産の麻布である「望陀布《もうだのぬの》」のように、大嘗祭《だいじょうさい》ほかの宮中行事で用いたり、遣唐使に持たせた上級の布が知られていた。先行する古墳時代から東国特産として高級布が織られ、珍重されていたことは想像に難くない。この埴輪は古墳時代の東国に、布生産組織を束ねる有力な女性が存在したことを推測させるに十分である。

古代女性の経済活動については、平安時代初期に成立した『日本霊異記《りょういき》』の仏教説話が参考になる。讃岐国《さぬきのくに》美貴《みき》郡大領《ぐんだいりょう》(郡の長官)の妻である田中真人広虫女《たなかのまひとひろむしめ》は、夫とは別に家産を有し、酒販業や貸付業を営み利鞘《りざや》を稼いでいたが、強欲で仏を軽んじたため、死後に牛に生まれ変わる。また、紀伊国《きいのくに》の桜大娘《さくらのおおいらつめ》は酒造家であり、寺から出資を受けて酒を造り、それを貸し付けた利益を寺に還元するような経済活動に従っていた［義江、二〇一九］。

　彼女らが実在の人物かは定かでないが、ここに書かれたような女性の自立的経済活動は、古代においては普通に存在していたのであろう。九世紀中頃とみられる福島県いわき市荒田目《あっため》条里《じょうり》遺跡出土の郡符《ぐんぷ》木簡(24)には、郡司《ぐんじ》が里刀自《りとじ》に対して、田夫《でんぷ》を徴集して職田《しきでん》(25)の田植えを行うように指示した文書が記載されている。「刀自」は女性の尊称であり、里の人々を差配する行政執行権をもった女性が存在したことを教えている［平川、二〇一四］。

　なお、人骨の性別鑑定と副葬品の品目の偏りから女性被葬者のありかたを検討してきた清家章は、古墳時代前期には古墳の初葬者は男女の割合が拮抗していたが、中期以降は男性が六五パーセントと卓越したことを論じている。ここから父系化傾向はあったものの、小型墳には引き続いて女性被葬者もみられることから、双系的な社会が継続したと考察している［清家、二〇一八］。埴輪からもそのことは裏付けられそうである。

(24) 郡からの命令を書きつけた木の札。

(25) 郡司の職務に対して支給された田。所有は在任期間に限られた。

図20 群馬県太田市塚廻り3号墳の椅子に座る巫女(太田市教育委員会蔵)

巫女としての女性

前項では古墳被葬者となる有力な女性像を埴輪から描写したが、人物埴輪群像における多くの女性像は、首長とみられる男性像とセットになり、水の祭儀を司る成員の一人となる。また、女性像は複数個体で構成され、中心的女性とそれを補助する女性から成るのが通例である。水の祭儀については後に改めて述べるが、中心的女性はその祭儀を司る役割を帯びることから「巫女《みこ》」と考えるのが妥当である(26)。

ではまずは、巫女から詳述していこう。造形としては、椅子に座った座像と下半身を省略した半身立像が一般的であるが、稀に正座像(代表例として群馬県高崎市綿貫《わたぬき》観音山《かんのんやま》古墳例)や、両足を表した双脚立像(同じく今城塚古墳例)が存在する。座像は上位の古墳に限定され、同じく座位の男性像と対面して祭祀の場面を構成する例が多い。

最も豪華な装束の例を記載してみよう(**図20**)。上述した板状に表現された髷を結い、髪を縛る紐を頂部でリボン状にまとめ、額に

(26) 埴輪の女性像の多くが杯や壺を持つため、これを「采女《うねめ》」(天皇などへの食膳奉仕者)と解する説がある[塚田、二〇〇七など]。しかし、筆者は埴輪群が「水の祭祀」という地域で最上位の祭儀の様を表すことから、上位の女性埴輪はその祭儀を進行し、神の託宣を仰ぐ「巫女」と考えている。

図21　京都府京丹波町塩谷5号墳の巫女（畿内の巫女，公益財団法人京都府埋蔵文化財調査研究センター蔵）

竪櫛を挿す（あるいは鉢巻きでまとめる）。勾玉《まがたま》を交えた多連の首飾り、手玉《てだま》、太環《ふとかん》の耳飾りを付け、足玉《あしだま》を表現する。上衣は左衽《さじん》に着て、胸元に縛り紐を表す（衣装には円文・三角文《さんかくもん》・鋸歯文《きょしもん》があしらわれる場合がある）。下衣には縦線でプリーツを表現した裳《も》を付け、ツーピースに仕立てる例もみられる。肩にはタスキ（襷・手襁）を掛け、背中で交差させる。稀に鈴鏡《れいきょう》を携行する事例がある。

畿内の巫女は、筒袖の上衣の上に、大きな布をまとって右肩上で縛り、左下を袋のように膨らませた僧侶の袈裟《けさ》に似た作りの衣をまとう。さらにその上を細い腰紐でゆるくまとめている（**図21**）。この袈裟状の衣を『延喜式《えんぎしき》』大神宮《だいじんぐう》装束などにみえる「意須比」（オスイ）に比定する後藤守一の理解が広く受け入れられている(27)［後藤、一九四二ほか］。ただし、関東地方の女性像に袈裟状衣は少なく（五世紀後半から六世紀前半の古い時期に数例みられる）、上衣を着た上に、細いタスキを肩に交差して掛け、加えて環状で幅広のタスキを斜め掛けし、さらに腰に太帯《ふとおび》を締める例が主流である。

(27)「延喜式」にみえるオスイは、布の長さが二丈五尺（約七・五メートル）と長く、埴輪の表現とは異なるとの指摘があり［増田、一九九五］、『日本書紀』天武《てんむ》一一年（六八二）の記事にみえる膳夫《かしわで》と采女の装束である「肩巾」（ヒレ）ではないかとする意見が出されている［塚田、二〇〇七］。

ここに東西の習俗の差異が際立つ。

その所作は、杯や小壺・𤭯《はそう》(水を注ぐ急須)を捧げるものが圧倒的に多く、祭祀で首長(を介して神)に水を捧げる像と考えられる。他には、きわめて稀であるが大刀や弓を持つ巫女の例がある。先述した奈良県南郷大東遺跡などの導水祭祀遺構では、木製の弓・刀形《かたながた》・琴・機織り具などの器物が出土しており〔坂・青柳、二〇一二〕、祭祀に際して多様な所作儀礼が推定される。巫女埴輪が携行する武器の機能を示唆するものである。

女性器の呪力

双脚の女性像は稀であるが、先に触れた今城塚古墳では袈裟状衣をまとった双脚の女子立像群が両手を上げたり、杯を捧げる所作をとって並んでいる。これ以外では、股間に女性器を表現するため、あえて双脚で造形を行った例がある。

図22 百足塚古墳の裳裾をまくる女子(新富町教育委員会蔵，大阪府立近つ飛鳥博物館撮影)

宮崎県新富町《しんとみちょう》百足塚《むかでづか》古墳(28)では、タスキ掛けの女性が左手で裳の裾をまくって女陰を

(28) 宮崎県新富町・西都市の新田原《にゅうたばる》古墳群のなかの一つで、墳丘長八〇メートルの六世紀前半の前方後円墳。

見せ、右手を前に伸ばして(おそらく手招いて)いる像が知られる(図22)。しかも、この古墳の人物のなかではサイズが大きく、主要な人物であることを示唆する。

他に女性器を見せる埴輪は、大阪府豊中《とよなか》市野畑《のばたけ》出土例、栃木県真岡《もおか》市鶏塚《にわとりづか》古墳、埼玉県神川町《かみかわまち》諏訪《すわ》ノ木《き》古墳(これのみが半身像で基部の円筒に女性器を表現)の例などが知られている。

股間を見せる所作は、『日本書紀』の一書の天孫降臨神話における次の記事を彷彿とさせる。

アマテラスの孫神であるニニギの一行が天から地上に降臨した際、天之八衢《あまのやちまた》において異形の国津神《くにつかみ》のサルタヒコが立ち塞がった。異様に鼻が高く、目が鬼灯《ほおずき》のように赤く輝く恐ろしい姿に天津神《あまつかみ》たちはその名を問うことができない。そこで眼力が優れた女神であるアメノウズメが進み出て、胸をはだけ下腹部を見せて、サルタヒコの眼力を弱め、立ち塞がった目的を告白させた。

これは、女陰が邪視を弱める呪力をもつことを述べた説話である。埴輪にみる所作は、この説話に照応するものであり、埴輪の女性像が呪力をもった巫女であることを教えるものである。

女たちの序列

埴輪群像の女性は、すべてが巫女ではないと考えられる。複数の女性像が出土する場合、上位の巫女とその補助者としての序列が明示される。群馬県太田《おおた》市塚廻《つかまわ》り4号墳(29)には、大刀を持ち、装飾性に富む環状のタスキを掛けた巫女が一体あり、これに、杯を右上に差し出す所作をとる三体の女性像が伴う。三体はいずれもやや小さいサイズで、服装も簡素であり、階層差として作り分けられている。なおこの女性群は、椅子に座った首長像、ひざまずく男性像と組み合わされている。

埼玉県深谷《ふかや》市白山《しろやま》2号墳(径一七メートルの円墳)では、四体の女性像が出土しているが、装束や所作に次のような差異がみられる(**図23**)。最上位の女性①(右から二人目)は正座し、勾玉の首飾りを付け、太帯を締めて両手を前に出して掌《てのひら》を合わせた所作をとる。続いて、交差したタスキを掛け、勾玉を付け、細帯を締め、両手で𤭯を差し出す女②(右端)、これと同様の装備であるが右手で椀を差し出し、左手を胸に当てる女③(左から二人目)、最後に頭上に壺を載せて押さえ、左手を胸にあてる女④(左端)のセットである。④は首飾

図23　白山2号墳の女子埴輪たち(深谷市教育委員会蔵)

(29) 塚廻り古墳群のなかの一基で、墳丘長二三メートルの帆立貝形古墳。古墳群からは多彩な人物埴輪が出土している。

図24　甲塚古墳の合子を頭に載せた女子（下野市教育委員会提供）

りをするが勾玉を付けず、腰帯を締めていない。このように①→②③→④の順に装備を落とし、所作も違えて造形している。調査では発見されなかったが、ここには本来首長像が存在し、その人物に水を献上しているとみられる。このように、祭祀を進行する巫女とそれに随伴する女性像は明確に序列化され、製作されていたのである。

水汲みと頭上運搬習俗

埴輪にみる女性の所作として興味深いものに、頭上運搬の表現がある。先述のとおり、水の祭儀を司る巫女に随伴して、壺を頭に載せる女性像が出土する。先述の機織りの女性像を出土した甲塚古墳では、従者として頭部に合子《ごうす》（蓋つきの容器）を載せた女性が従う（**図24**）。この女性は柄《え》付きの瓢形《ひさごがた》容器を肩に掛けて保持し、儀礼で水を汲む役目を示唆している。

頭部に壺や籠《かご》を載せて内容物を運ぶのは、今日でも民族例・民俗例としてよく知られた習俗である。群馬県高崎市保渡田Ⅶ遺跡1号墳（墳丘長三〇メートルの帆立貝形古墳)では、「下《さ》げ美豆良《みずら》」を結った男性が壺を頭上に載せており、頭上運搬は男も行った習俗であったことが分かる。ただし埴輪の例は圧倒的に女性像である。

古墳時代中期以降の集落は、微高地や台地上に営まれることが多いが、東日本においては集落の中に井戸はほとんど存在しない。(30) 榛名山の火山噴出物(厚さ二メートルに及ぶ軽石《かるいし》)によって廃絶し、当時の村落構造が克明に残された群馬県渋川《しぶかわ》市黒井《くろい》峯《みね》遺跡では、集落内の道を辿って台地の斜面を下ると、いまもこんこんと水が湧く湧水点に至る(**図25-1**)。堰板《せきいた》を立てて水を溜め、板敷きの洗い場に水が流れ込む構造になっており、脇に須恵器《すえき》の大甕《おおがめ》二体が据えられ、水汲み用の須恵器の瓶が置かれていた[石井ほか、一九九四]。当時の村人はここで水を汲み、壺などに入れ、頭上運搬によって村まで運んだのである。

黒井峯遺跡からは地面を床にした平地式建物が多数検出されたが、C78建物では出入口の脇の軒下に須恵器大甕一個(胴部径五〇センチメートル)と土師器《はじき》の壺・甕《かめ》四個が置かれていた(**図25-2**)。大甕が貯水器、他が水の運搬器ではないかと思う。村人は日に何度も泉を往復し、軒下《のきした》に固定したこの大型貯水器に汲み置いたのであろう。五世紀以降普及した須恵器の大甕は、高温焼成で焼き締められたために蒸発率が下がり、重労働であった水汲みの軽減に寄与した。大甕は世代を超えて伝世される場合もあり、村で大切にされたのである。

(30) 古墳時代の集落でも低湿地のような湧水レベルが浅い立地では井戸が掘られているが、台地上では掘られることがほとんどない。この時期の井戸は、豪族居館や水源地に設けられた祭祀用井戸などにほぼ限定されている。

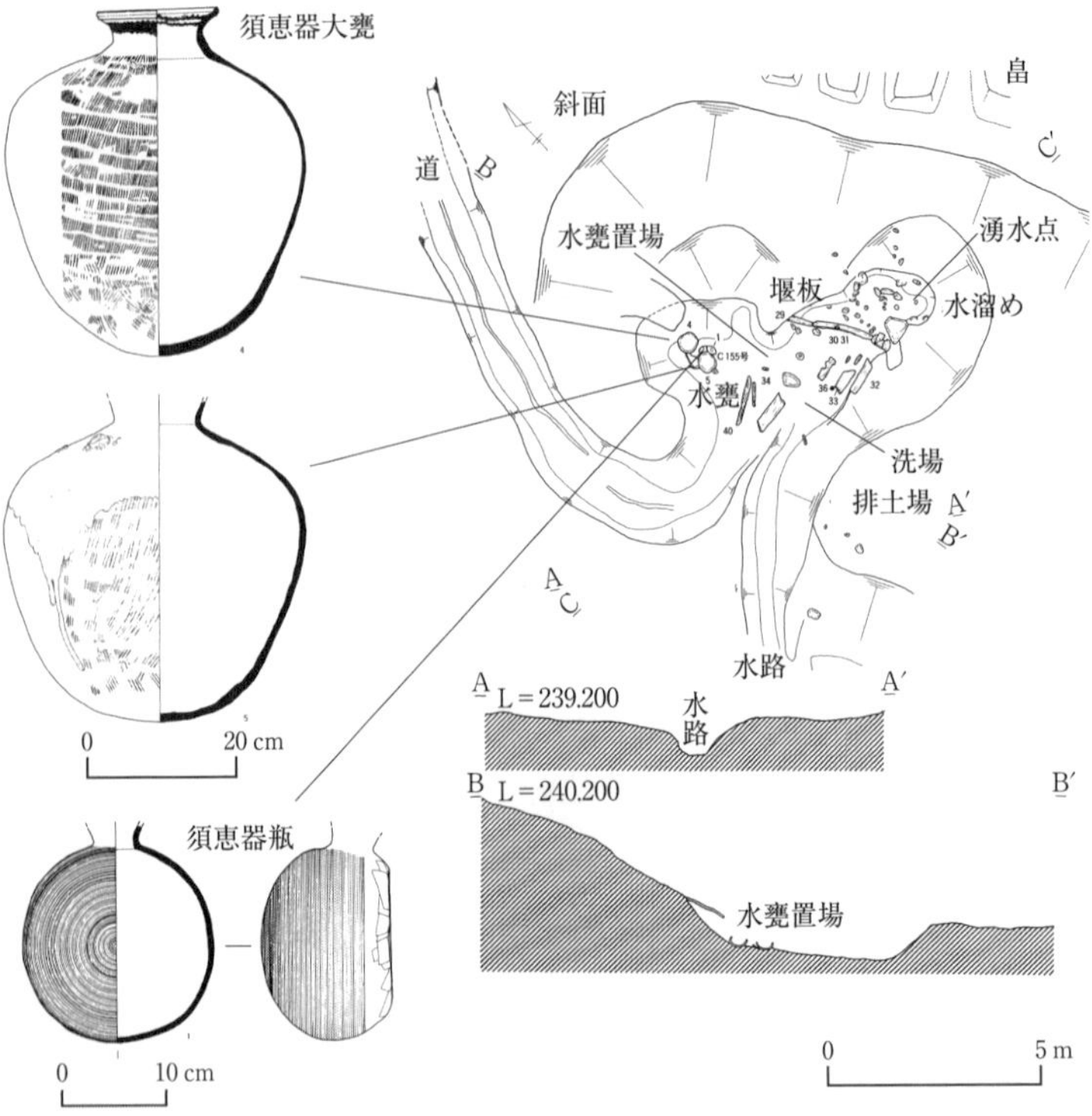

図 25-1　黒井峯遺跡の水場遺構［子持村教育委員会，1991 より筆者作成］

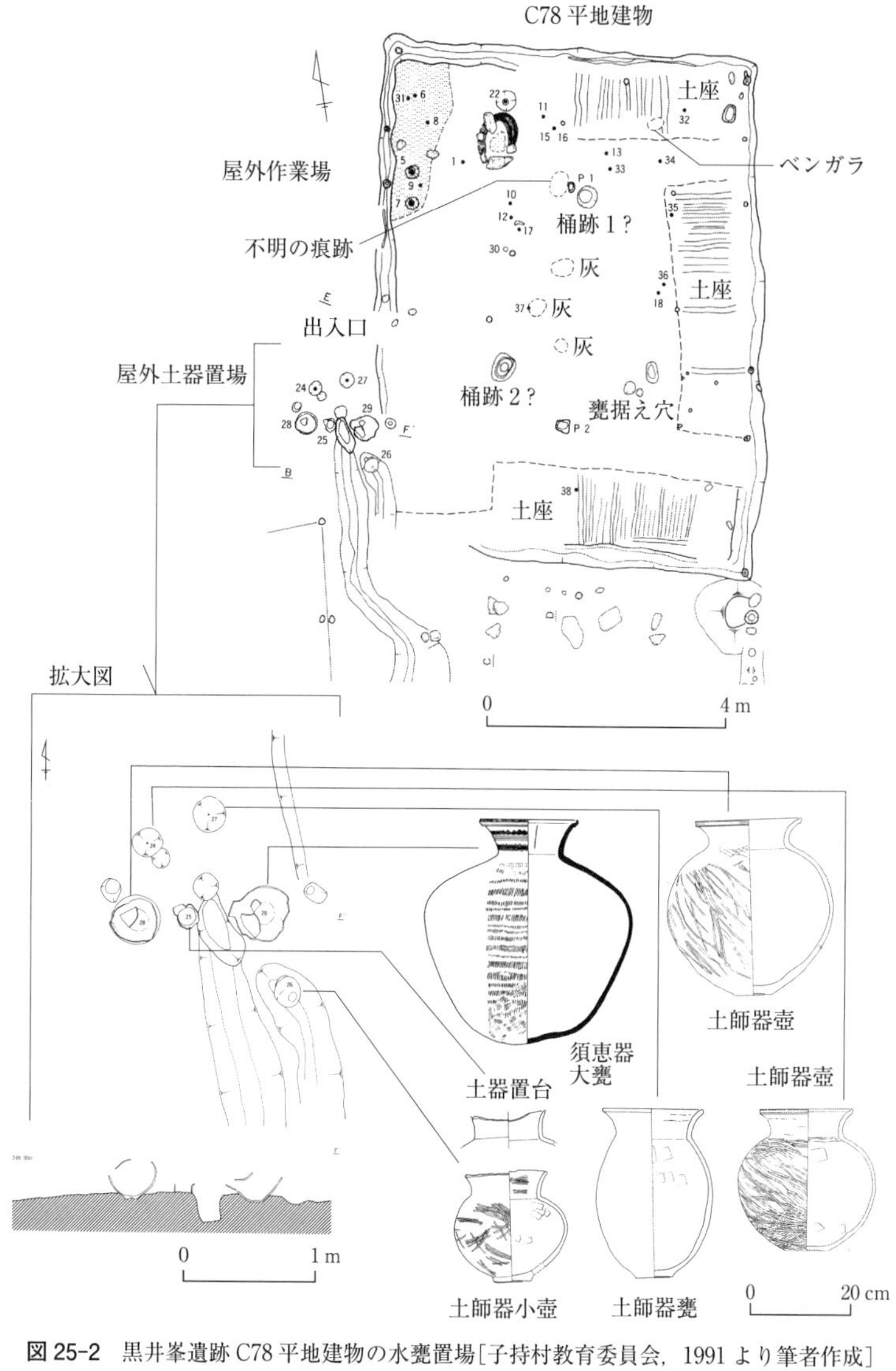

図 25-2 黒井峯遺跡 C78 平地建物の水甕置場［子持村教育委員会，1991 より筆者作成］

女性と子供

埴輪の女性像には、稀に女性と子供の関わりを示す事例がある。栃木県真岡市鶏塚古墳では、子を背負い、頭部に小壺を載せた女性像が知られる。また、茨城県ひたちなか市大平《おおだいら》古墳群からは、抱いた子に乳をのませる女性像が出土している（**図26**）。人物埴輪群像は、基本的に首長のマツリゴトの様子を表した造形品であるので、儀礼色の薄いこれらの事例はイレギュラーな存在である。古墳時代後期後半には、西日本の埴輪文化が下火となり、関東で独自の展開をみせる。そうしたなかで現れた生活感を有した個性的な造形である。

図26　大平古墳群の子を抱く女（ひたちなか市教育委員会蔵）

5　首長以外の男たち

馬曳き

続いて男性像について述べていく。ここでもまずは首長以外の像に着目しよう。人物群像で最も下位の存在として、馬曳《うまひ》き男子が挙げられる（**図27**）。認定のための絶対条件は、馬形埴輪に随伴して配置されていることである。すべてが半身像であり、片手を上げ、手綱を引く所作をとる。頭部は坊主頭か頭成《ずな》りの帽子、頭巾、

図27　奈良県田原本町笹《たわらもとちょうささ》鉾山《ほこやま》2号墳の馬曳きと馬（田原本町教育委員会蔵）

菅笠《すげがさ》を被る例があり、腰帯を締めて、背部に柄付きの鎌を帯びるのが典型である。鎌は飼い葉を刈るためのツールであろう。また、螺旋《らせん》状に捩《ね》じった引綱を腰帯に吊るす事例もみられる。

　馬曳きは群像のなかで最も小さいサイズで、随伴する馬の高さに並ぶことはなく、馬の三分の二くらいの大きさで作られる。大阪府四條畷《しじょうなわて》市蔀屋北《しとみやきた》遺跡は、渡来人も居住した古墳時代の馬生産集落であったことが知られるが、ここで検出された土《ど》坑《こう》からは、体高（肩までの高さ）一三〇センチメートルの馬の完全な遺体が見つかっている。こうした形質《けいしつ》遺物や馬蹄《ばてい》跡の寸法の検討から、古代馬の体高は一二〇―三〇センチメートルが平均（現存する木曽馬《きそうま》などに近い）とされるので、その頭の高さは古墳時代男性（平均身長は成人で一六〇センチメートル程度）と並ぶくらいであったはずだ。しかし、埴輪においては、貴重財であった馬をより大きく誇張して造形したことが明らかである。

鍬をもつ男と小古墳の主

肩に柄付きの鍬《くわ》を掛ける男性像もある（**図28**）。群像のなかでは相対的に小さく、半身像に限られる。髪型は、長髪を耳の脇で8字形に小さくまとめた「上げ美豆良」(31)が多い。出土例はさほど多くないが、群馬県伊勢崎市赤堀《あかぼり》村104号墳、同県太田

(31) 埴輪にみる男性の髪型は、「上げ美豆良」が下位、お下げのように肩まで垂らす「下げ美豆良」が上位である。

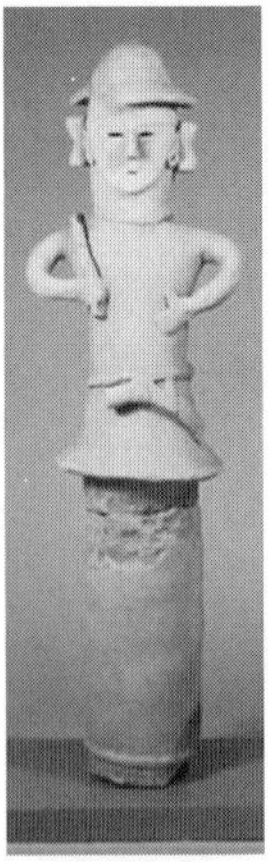

図28　埼玉県熊谷市ヤス塚古墳の鍬を持つ男（埼玉県立さきたま史跡の博物館蔵）

市出土例、栃木県下野市甲塚古墳、埼玉県熊谷市ヤス塚古墳例などがある。鍬がこの人物の象徴的な持ち物であり、農耕に関する職能を強調したものに他ならない。菅笠を被り、耳《じ》環《かん》や刀を装着している事例もある。本来の耳環は金銅製品であり、大型古墳のみならず、群集墳の小型円墳からも副葬品として出土する装身具である。したがって、この埴輪は最下層の人ではなく、小型古墳の被葬者層を表した可能性が高い。大古墳の埴輪群像の中にあれば、首長の配下で儀礼に参加した共同体の家長層の姿を表したとみられるし、小型古墳から出土した埴輪であれば、その古墳の被葬者像そのものである可能性も考えたい。

先述の黒井峯遺跡には家屋群（竪穴建物と複数の平地建物がセットとなった群）が六単位あり、各々は、集落を構成した世帯とみられる（**図29**）。そのうちB91竪穴建物内からは、噴火被災時に持ち主の手から離れた装身具が見つかっている。それは、水晶製切子《きりこ》玉《だま》一〇個とガラス製小玉一八個から成り、首飾りか腕飾りであろう（**図30**）。近くからは赤色顔料の付着したハマグリの貝殻二枚も見つかり、化粧道具も持参していたのである。遺構の掘削痕跡と軽石堆積状況の検討から、噴火で降り注ぐ軽石

図30　黒井峯遺跡B91竪穴建物の首飾り（渋川市教育委員会蔵）

の流れ込みを止めようとして、鉄製の鋤《すき》・鍬で竪穴の床を掘り、土手を作りながら避難した二人の人物がいたことが推定されている。噴火の時期は初夏であり、集落全体に鉄製農具の残存が乏しいため、村人の大半が農地に出払った日中に噴火が起きたと考えられている［子持村教育委員会、一九九一］。そうしたなか、村に残っていた人物（おそらく老人ではないだろうか）は、こうした装身具を保有した人物であった。また集落内の祭祀場からは、管玉《くだたま》や鉄鏃《てつぞく》が出土しており、貧しい農村というイメージは払拭される。

集落の近くには小円墳が集まった群集墳があり、その副葬品はこれらの集落出土品と同じような品々である。また、古墳の横《よこ》穴式石室《あなしきせきしつ》からは、複数体の人骨とそれに見合う数の耳環が検出されており、家族が次々に追葬され、各々が耳環を所持していたことを示している。すなわち

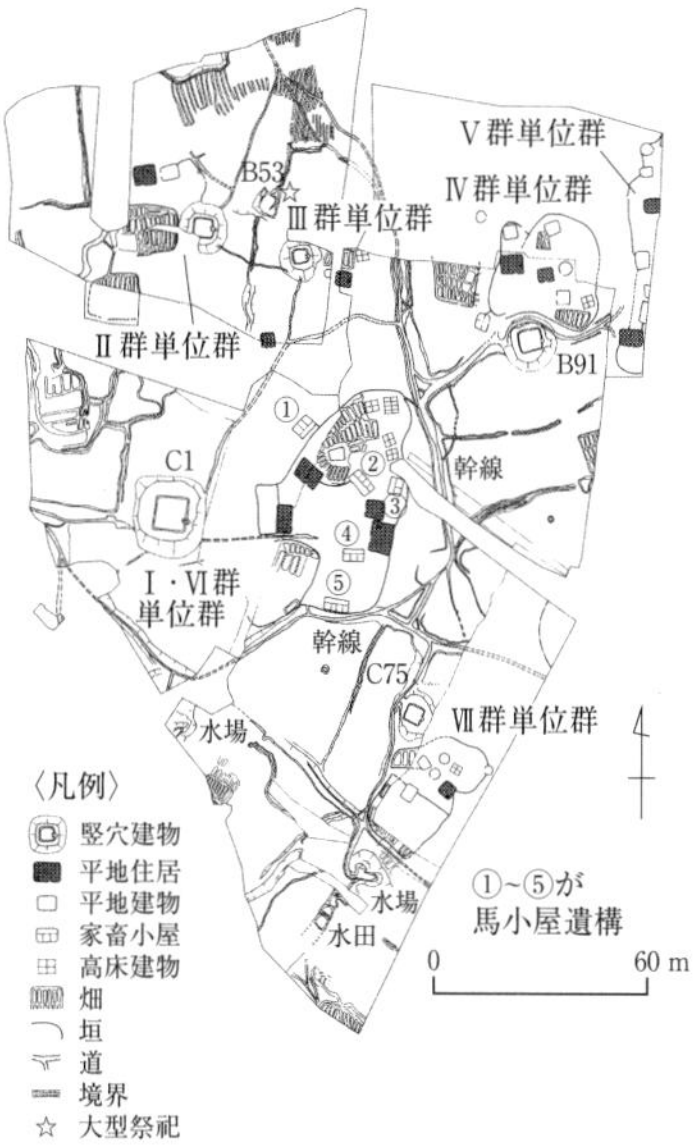

図 29　黒井峯遺跡全体図

図31　広島県重要文化財田上第2号墳出土遺物須恵器(脚付装飾壺，広島県立歴史博物館蔵)

小古墳の被葬者は、集落を構成する世帯の長やその家族だったのであり、古墳時代後期の人々の一定数は、古墳に埋葬されていたと考えられる。関東の六世紀後半の埴輪群像には、そうしたクラスの人々の像も表現されたのである。

男根を屹立させる男

先に性器を見せる女性の埴輪を紹介したが、男性器を露わにした埴輪も知られる。事例はごく少ないが、先述した鶏塚古墳では双脚で女性器を露わにした像と、男根を屹立させた男性の像が出土している。また裾をまくる女性像を出土した百足塚古墳でも、男根部分の破片がある。古代文献には男性器の呪力に関する記事は乏しいが、男女の性器を見せつけて辟邪する行動を推測することができるかもしれない。

なお、埴輪とは異なるが、古墳時代後期の人物造形を伴う器物として装飾付須恵器がある。高い脚部を付けた壺の肩部に、狩猟・鵜飼・相撲・騎乗人物などの小像を付けるもので、そのテーマは埴輪と強い類似性がある。そのモチーフの一つに性器を屹立させた男と、それを受け入れようとする女がセットとなっている像がある（**図31**）。小像付きの装飾付須恵器は、中国地方を中心に分布し、横穴式石室に入れられた例が多い［山田、一九九八］。また関東では円筒埴輪の口縁部に同じような小像を付した例が知られる。以上の事例から、性器の呪力を期待することに加え、性交所作を伴う呪術的儀礼の存在を考えておく必要があるだろう(32)。

楽器を奏でる

埴輪からみた古墳時代の楽器として、琴、太鼓ならびに缶《ほとぎ》（底がある瓶）、四《よ》つ竹《だけ》に類するものが知られる。琴については木製琴の出土が弥生時代以来多く知られるが、他の楽器の実物資料は知られていない。琴弾き埴輪については、祭祀との関係が最も濃厚であるため後述する。

太鼓を奏する埴輪は、群馬県伊勢崎市上武士《かみたけし》天神山《てんじんやま》古墳(33)の例のみであり、肩紐で吊り下げた太鼓を左腕で抱え、右手の撥《ばち》でたたく所作をとる（**図32**）。頭部を欠くが、垂髪《すいはつ》の残存から男性奏者であることが分かる。同古墳からは、首紐で吊り下げた縦長の瓢形の

図32　上武士天神山古墳の太鼓を叩く男（出典：ColBase https://colbase.nich.go.jp/）

(32) 宮崎県高千穂町《たかちほちょう》の高千穂神楽《かぐら》をはじめ、各地の神楽においては疑似性交を介した豊穣儀礼が実修されている。

(33) 一〇〇メートル近い前方後円墳であったとされるが、早くに削平《さくへい》され、その際に椅子に座る首長、太鼓をたたく人、犬・猪、鶏など多数の埴輪が採取されている。

器物（頂部は欠損している）を左手でつかみ、右手でその頂部を叩く所作をとる男性像も出土しており、缶を打つ男と考えられている。

福島県泉崎村原山《いずみさきむらはらやま》1号墳からは、二山冠《ふたやまかん》を被った下げ美豆良の男が右手で何かを担ぎ（実体は剝落している）、右手を躍動するように構えている像が出土しており、これも打ち物の奏者の可能性が考えられる。

他に埴輪で太鼓奏者の確実な例は知られないが、六世紀には器財埴輪の単独品として太鼓形埴輪がある（今城塚古墳、百足塚古墳、奈良県田原本町宮古《みやこ》平塚《ひらつか》古墳例など）。器財埴輪化されるモノは、首長の象徴的器物である。よって太鼓は首長権に関わる儀礼に用いられたことが推定できよう。

埼玉県上里《かみさと》町寺浦《てらうら》1号墳（径一四メートルの円墳）出土の男性像は、下げ美豆良の男性で、言葉を発するように口をやや大きく開き、右手を上げて棒状のものを握っている。しかし単なる棒ではなく、粘土棒を二本貼り付けて表現されている。二枚の竹をカスタネット状に打ち合わせる四つ竹(34)に似た打楽器と解釈されているところである（ただし、本埴輪の近くで馬形埴輪が出土しており、握っているのが手綱の可能性も否定できない）。群馬県太田市世良田諏訪下《せらだすわしも》3号墳（径一七メートルの円墳）でも、棒状の器物を振るように持つ男女像が知られる。棒が打楽器かは不明であるが、呪具を振る所作を伴う祭儀を推定すべきかもしれない。

(34) 沖縄の祭礼ウシデークでは、今日でも四つ竹が使われている。

大阪府高槻市昼神車塚《ひるがみくるまづか》古墳(35)からは、J字形の中空の器物を持つ腕の破片が出土し、角笛《つのぶえ》と推測されているが、他に類例がなく確定的ではない。古代文献には笛に関する記述が多く見られ、例えば『日本書紀』継体紀における近江毛野臣《おうみのけなのおみ》(36)の葬送場面で、その妻が「枚方《ひらかた》ゆ　笛吹《ふえふ》き上《のぼ》る　近江のや　毛野《けな》の若子《わくご》い　笛吹き上る」と歌ったように、葬送に関わる例が知られる。しかし、笛を奏する埴輪は現在知られておらず、実物としても確実な例は不詳である(37)。

力士と儀礼

力士埴輪はすべて双脚で表現される男子像で、褌《ふんどし》を締め、群像の中でひときわ巨大な体躯を強調した人物埴輪である。頭部は一部に鉢巻きを巻いたものがあるが、大勢は団扇《うちわ》形の髷を特徴とする(**図33**)。所作は土俵入りのように片手を上げるものと、四ツ相撲のような取り組みの仕草をするものがある。単体で置かれる場合と、二体が対面する事例がある。台座の上に立ち上がる造形では裸足の表現が多いが、つま先に鉤《かぎ》状の爪がついた履物を履くもの、鈴付の脚結《あゆい》(脛《すね》に巻いた飾り紐)を伴うものもみられる。鳴り物を伴う相撲は、

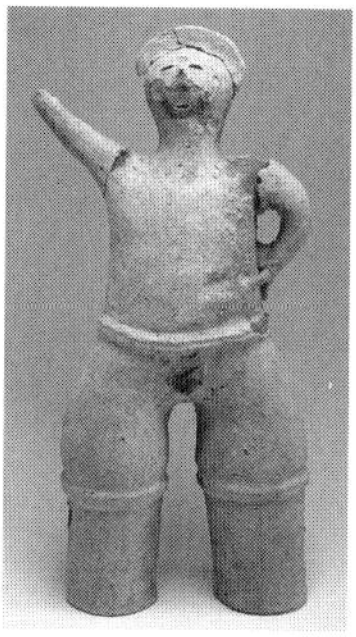
図33　福島県泉崎村原山1号墳の力士(泉崎村蔵)

(35) 六世紀前半の墳丘長六〇メートルの前方後円墳で、ほかに猪と犬の埴輪が出土している。

(36) 継体天皇に仕えた近江国の豪族で、新羅を征する将軍として出兵するが、筑紫君磐井の反乱によって阻まれる。その後、朝鮮半島に渡るが、失策を責められて帰国する際に病死し、遺骸が帰葬された際にこの歌が詠まれている。

(37) 奈良県天理市星塚《ほしづか》1号墳の周濠から笛状木製品の出土が知られるが、素材がタケでなくマツ材であり、確証に欠ける。

図34 石屋古墳の埴輪群(右上の人物が力士，島根県教育委員会提供)

儀礼的色彩を強く感じさせる。

大王の葬送を司った土師《はじ》氏の祖と位置づけられる野《の》見宿禰《みのすくね》は、出雲より出仕し、大和《やまと》の当麻《たいまの》蹶《け》速《はや》を相撲で破ったことで王権に重用される。その後、垂仁天皇の求めに応じて、埴輪を考案した者として記載されている(『日本書紀』垂仁紀)。また相撲の祖として崇められていることも周知のとおりである。

近年、出雲地域の島根県松江市石屋《いしや》古墳(38)で古い時期の人物埴輪が確認されたが、そこには褌を締め、足玉を付けた力士像が加わっている(**図34**)。共伴《きょうはん》した馬形埴輪は畿内の埴輪の作例に酷似しており、近くの平所《ひらどころ》埴輪《はにわ》窯《よう》では同様の馬形埴輪や精緻な鹿形埴輪の製作が行われている。畿内と距離が離れた出雲において、埴輪製作の技術的関係が認められたことは、埴輪と出雲出身者の関わりを説く記紀の説話が全くの虚構ではないことを示唆している[高橋、二〇一五]。

相撲の意味については、大地を踏みしめる四股《しこ》の所作に、①土地の邪気を鎮める反閇《へんばい》(陰陽道の呪法)、②大地の精霊に働きかけて穀物の豊穣を祈る農耕儀礼、③死者の荒魂《あらみたま》を鎮める鎮魂儀礼などの解釈がある。また、④相撲総体を田遊びや穀物の

(38) 五世紀半ばの墳丘長四〇メートルの方墳に二つの造り出しを付けた古墳。椅子に座る首長、力士、武人、馬の埴輪が出土した。

豊穣の年占《としうら》と結びつけ、農耕儀礼として評価する説がある。

力士埴輪の意味を一つに絞り込むことは難しいが、首長のマツリゴトのなかで相撲儀礼が重視され、組み入れられていたことは確実である。

顔面線刻の男

埴輪のなかに顔面線刻を行う事例が存在している。顔面周縁、目の脇、目の下などの装飾パターンがあり、入墨《いれずみ》（黥面《げいめん》）の表現と考えられる（図35）。畿内を中心にして、少ないながら九州から関東にかけて事例がみられる。特定の職掌の男性像に限られ、馬曳き、力士、盾持人《たてもちびと》、甲冑装着の武人の一部に施される。

三世紀に記された『魏志《ぎし》』倭人伝《わじんでん》には、倭の習俗として「皆、黥面文身《ぶんしん》す」（みな、顔と体に入墨する）との記載がある。一方、『日本書紀』履中《りちゅう》紀には、履中天皇が淡路島に渡った際、随行していた河内《かわち》の馬飼部《うまかいべ》が目の縁に入墨をしていたところ、イザナギの神がその臭いを忌み嫌う託宣をしたことを記している。

同じ履中紀には、履中の同母弟である住吉仲皇子《すみのえのなかつみこ》が反乱した際に、阿曇浜子《あずみのはまこ》が加担したため、目の下に入墨させる黥刑《げいけい》に処されたとある。このため、人々は入墨した目のことを「阿曇目」と称した、と記す。阿曇氏は海人《あま》を率いた氏族であり、朝鮮半島との外交軍事で活躍し、白村江《はくすきのえ》の戦い（六六三年）を指揮した武人である阿曇《あずみ》

図35 奈良県橿原《かしはら》市石見《いわみ》遺跡の顔面線刻埴輪（奈良県立橿原考古学研究所附属博物館蔵）

図 36　群馬県高崎市保渡田八幡塚古墳の盾持人（高崎市教育委員会蔵）

比羅夫《ひらふ》を輩出する。また雄略紀には、宮廷で飼育されていた鳥が犬に嚙み殺されたため、その飼い主に入墨を施して鳥飼《とりかい》部《べ》としたとの記事がある。ほかにも猪甘《いかい》部《べ》が入墨をしていた記事がみられる。

第1節で述べた弥生時代後期の人面線刻絵画は畿内に存在せず、その両側の中国地方と東海地方に偏在していた[設楽、二〇二二]。したがって、『魏志』倭人伝の「倭人はみな、入墨をしていた」との記事を全面的に信用するわけにはいかない。しかし、弥生時代には部族識別のために珍しくなかった入墨が、古墳時代には衰退し、特定の部族や職掌に限られていったことは上記の記紀の伝承から汲みとっても誤りではないだろう。畿内の人物埴輪群像のなかに顔面線刻が多いのは、入墨習俗を保持した部族が畿内に上番《じょうばん》し、大王や有力豪族の膝下《しっか》に組み込まれていること、王権の職掌が整備され、そのなかに入墨習俗をもつ人々が編成されていることを表していると考えられる。

顔面線刻をもつ埴輪には盾持人が含まれる。しかし、盾持人埴輪は人物埴輪群像とはほとんどセットにならない存在だ。埴輪群像は、首長に関わる祭儀や狩猟といったストーリーで成り立つが、盾持人埴輪は古墳全体のガードマンであり、古墳と外界の境に配置されるからである。その像は男性と見做されるが、奇抜な帽子を被り、耳を強調し、高い鼻や見開いた目(あるいはニヤついた目)が表現され、手足は無く、呪的な模様を刻んだ盾を構えている(図36)。そこからは、聖域守護に特化した強烈な機能が見て取れる。

この異形の守り人は、仮面を被った人物を表し、中国の宮廷儀礼で辟邪を担う「方相氏《ほうそうし》」の影響をうけたものだとする説が知られている[塩谷、二〇〇二]。先に紹介した纒向遺跡からは弥生時代後期の木製仮面が出土しており、仮面を被って儀礼に臨む職掌の存在がここからも推定できるのである。

6 首長・首長級の人々

首長たちの神まつり

これまで強調してきたように、「人物埴輪群像とは、古墳の被葬者である首長の生前活動の各場面を顕彰したもの」と考えるのが筆者の立場である。ゆえに、首長の像は埴輪群像のなかに複数現れていることになる。先述した「水のまつり」を媒介にして、首長とその周辺の人々を見ていこう。

先に触れたように保渡田八幡塚古墳の五四体の人物埴輪群像は七つの場面から成

るが、その中心に水のまつりの場面がある（図15-2の①、図37）。主役は椅子に座った男性像である。頂部が鋸歯型の冠を被った下げ美豆良の男が、座面両側が反り上がった高い椅子に座り、首長のシンボルである倭装大刀(39)を佩用《はいよう》する。

その隣にはやや小さな椅子があり、人物部分は欠損していたが倭装大刀の破片があるため、首長級の男性に比定される。その横にはさらに小さい椅子があり、近くに琴のパーツが落ちていたため琴弾の男性と推測できる。こうした首長と複数の上

図37-1　保渡田八幡塚古墳の水の祭祀場面（筆者撮影）

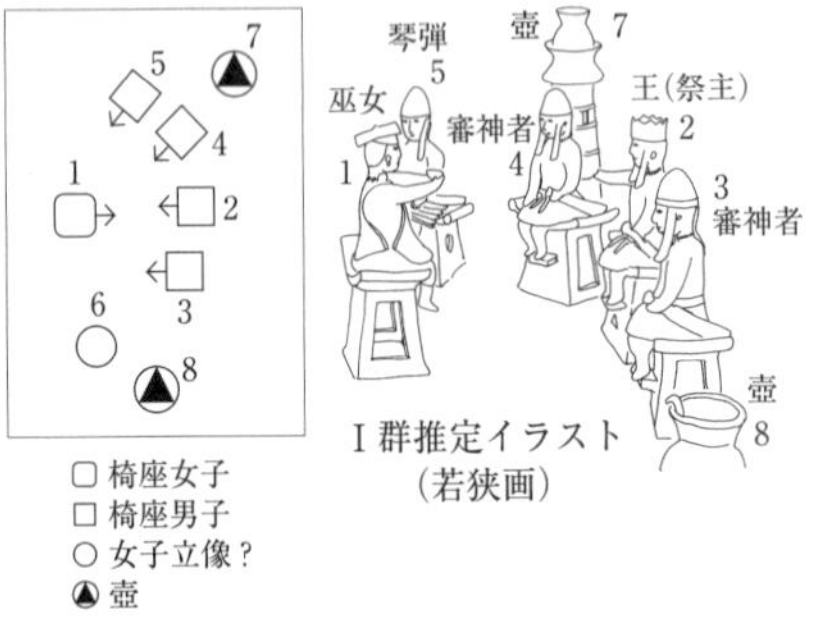

図37-2　水の祭祀場面の配列図

（39）把頭《つかがしら》が楔型《くさびがた》をした伝統的な大刀。拳を守る帯（勾金《まがりかね》）が付くのが特徴である。古墳時代後期には朝鮮半島系の装飾付大刀が大流行したが、埴輪に表されるのは倭装大刀にほぼ限られ、首長を象徴する刀であったことが分かる。

位男性に加えて、女性埴輪が伴う。椅子に座って首長に対面し、杯を差し出す意須比を着た巫女、この巫女に従う女性、そして両サイドには壺形埴輪が二個体配置され、壺の中には柄杓形《ひしゃくがた》土製品が入れられていた。

壺に満たした水を、介添えの女性が汲んで巫女に渡し、巫女が首長に水を勧める。そこに重臣が並び、一人は琴を奏している。こうした場面が復元できるのである。

保渡田八幡塚古墳の南東一キロには、先に紹介した導水施設・井戸を装備した三ツ寺I遺跡（居館）がある。古墳と三ツ寺I遺跡は同時期（五世紀後半）であり、この居館の経営者は、死後八幡塚古墳に葬られたことが確実である。居館で最も重視されたのは導水施設と井戸で行われた「水の祭祀」であり、生前にその祭祀を執行した首長の姿が、埴輪として古墳に表され、顕彰されたのである。七つの場面の中心部に置かれたこの群像の位置からも、水の祭祀が首長の治世にとって最も重要な催事であったことが窺われる。

人物埴輪出現以前、造り出しに導水施設形埴輪が配置され、首長の水まつりの重要性を顕示していた。それが人物の所作に置き換わったことが改めて認識されよう。

筆者はかねてより、この場面と、『古事記』仲哀天皇段・『日本書紀』神功紀に書かれた筑紫《つくし》の香椎宮《かしいのみや》における神託との類似に注目している。

［古事記］　仲哀天皇は熊曽《くまそ》を攻めようと思い、香椎宮（訶志比宮）で自ら琴を弾き、

沙《さ》庭《にわ》（まつりの庭）に建内宿禰大臣《たけうちのすくねのおおおみ》を置き、神意を請うた。すると神功皇后が神懸《かみがか》った。神は「西の方に宝が満ちた国（新羅《しらぎ》）があるので授けよう」と言うが、仲哀は「高い所に登って西を見たが国は見えず、大海が見えるのみ」と疑い、琴を押しのけてしまった。神はこれに怒り「お前は国を治めるべきではない」と責めるため、建内宿禰が「恐れ多いことです。さあお弾きなさい」と促すと、天皇はだらだらと琴を弾いていたが、やがて音が途切れた。そこで火を灯してみると、天皇は既に死んでいた。

［日本書紀］　神功皇后は、仲哀天皇が死んだ後、神意を疑ったことを悔い、再度託宣を願った。斎宮《さいぐう》に入って自ら神主《かんぬし》となり、武内（建内）宿禰に琴を弾かせ、中臣《なかとみの》烏賊津使主《いかつおみ》を審神者《さにわ》（神託を解する人）に任じて、この神の名を求めた。七日七夜に至って神々の名がようやく判明した。この後、神功皇后は熊襲《くまそ》を征討し、新羅を攻めるという流れに至る。

これらの記事は、神意を疑えば天皇といえども命を失うという、恐るべき結末となっているが、ここでは次の構造に注目したい。

［記］　仲哀：祭主・琴弾　＋　神功：憑依巫女　＋　建内宿禰：審神者

［紀］　神功：祭主・憑依巫女　＋　武内宿禰：琴弾　＋　烏賊津使主：審神者

［埴輪］　首長：祭主　＋　巫女　＋　重臣：琴弾　＋　重臣：（審神者）

すなわち、記紀の人物配置と八幡塚古墳の埴輪配置が酷似しているのである。したがって、埴輪の中心場面は水を介した「神まつり（神託）の場面」と捉えられる。三ツ寺I遺跡の導水施設や井戸から水が汲まれ、琴の音が響くなか、首長は水を受け、神懸った巫女と審神者を介して神託を聴いた。その神意に則ってマツリゴトを執行することが首長の正統性の証だったのである。なお、導水祭祀遺構が検出された奈良県南郷大東遺跡では、出土した木製品のなかに材木の一部が炭化した「燃えさし」があり、祭祀が夜に行われた可能性が考えられている。

首長の姿

他の古墳における首長像をみてみよう。奈良県橿原市石見遺跡[40]の出土例では、古墳時代人が好んだ呪的な模様である直弧文《ちょっこもん》を刻んだ大きな椅子に男性が座っている。冠を被らず、両手を脇に下げて堂々たる姿である（**図38**）。一方、群馬県高崎市八幡原《やわたばら》の出土例は、冠を被った下げ美豆良の男性が、右手を前に出し、左手を倭装大刀に添え、円座にどっかりとあぐらをかいている。椅《い》

図38 石見遺跡の椅子に座る男（奈良県立橿原考古学研究所附属博物館蔵）

（40）削平された古墳であり、首長像のほか、犬や鹿、石見型埴輪（儀仗を模したもの）などが出土している。

座《ざ》と胡座《こざ》の差はあるが、各種装備は八幡塚古墳例と類似する。冠は、本来金銅装《こんどうそう》の華麗なものであったはずで、生前の金ピカの姿を想像してほしい。

群馬県高崎市綿貫観音山古墳(41)の首長像は、頂部先端が緩やかにカーブした帽子を被る。帽子の鍔《つば》には、王が好む双脚輪状文《そうきゃくりんじょうもん》(42)がデザインされる。両脇に垂らした下げ美豆良は飾り紐を巻き付けて飾り、耳環と首飾りを付け、籠手《こて》をはめている。裾に鈴を付けた上衣をまとい、胴に鈴付大帯《すずつきおおおび》を締めて合掌し、あぐらをかいて座っている(図39)。この古墳の横穴式石室からは、日本で唯一の金銅製鈴付大帯が出土しており、本埴輪は自慢の大帯を締めた「生前の墓主の姿」を表したものに他ならない(図40)。このことも埴輪が墓主の生前顕彰の具であったことの証となる。

なお、この古墳の石室からは他にも新羅製・中国製文物が多く出土している。墓主は生前に朝鮮半島との外交にあたった倭王権のメンバーで、後の上毛野《かみつけの》国造家《こくぞうけ》に連なる人物だと考えられる。埴輪の上衣にはパッチワークのような模様やステッチ

図39　綿貫観音山古墳の合掌する男(群馬県立歴史博物館蔵)

図41　綿貫観音山古墳の盛装の男子(群馬県立歴史博物館蔵)

(41) 六世紀後半の墳丘長九七メートルの前方後円墳。首長・巫女をはじめ多量の優れた埴輪を出土し、未盗掘だった横穴式石室の出土品とともに国宝に指定されている。

(42) 古墳時代人に好まれた南西諸島産スイジガイの形を模したデザイン。複数の突起をもつ形状から「巴形《ともえがた》」の原型とされ、呪的な力をもつと考えられていた。

が表現されており、彼が入手した外国ブランドの衣装ではないかと想像される。この埴輪に対面した巫女の埴輪は正座をし、様々な宝飾品を身に着け、二段のプリーツで仕立てた裳を付けている。こちらも異国の装いであろうか。

綿貫観音山古墳からは、先割れの被り物を被り、籠手や大刀などのたくさんの装具を身に付けた堂々たる双脚男子像も出土している(図41)。いわゆる「盛装男子」であるが、やはり腰には鈴付大帯が表現されている。つまり、この像も自慢の帯を付けた首長の姿に他ならない。華麗な衣装や朝鮮半島渡来の装身具を満身にまとった立ち姿に、首長の交易力や経済力が顕示されている。

こうした大型古墳の豪華な首長像以外に、小型古墳の少数から成る群像のなかにも上位者とみられる像がある。先に紹介した世良田諏訪下3号墳では、弧状に並ぶ男性像二体、女性像二体が出土した(図42)。このうち三体は棒状の祭具を振る人々であったが、一体だけは帽子を被って籠手を付け、大刀を佩いて両手を腰に当てる男性像である。質素だが三体よりも立派である。この人物が神まつりの祭主であり、小古墳の被葬者、すなわち小首長か家長の像であろう。

琴弾とひざまずく男

大型古墳の埴輪群像では、祭主である首長と重臣の琴弾が作り分けられていた。

図40 綿貫観音山古墳の金銅製鈴付大帯(群馬県立歴史博物館蔵)

図43 蓼原古墳の琴を弾く男（横須賀市教育委員会蔵）

しかし、中型古墳では琴弾が中心者として造形される場合がある。先の『古事記』仲哀天皇段の引用のように、祭主自身が琴を弾いて神まつりをする場面が想起される。神奈川県横須賀《よこすか》市蓼原《たではら》古墳（帆立貝形古墳、三三メートル）の出土例では、烏帽子《えぼし》を被った下げ美豆良の男が大帯を締め、椅子に座り、腿に載せた琴を爪弾いている（**図43**）。本古墳の埴輪群像ではこの埴輪が最上位であり、墓主自らが琴を弾いて神まつりを行った姿を造形したものであろう。千葉県芝山町殿部田《しばやままちとのべた》1号墳（前方後円墳、三六メートル）の琴弾は素朴な造形だが、髪を振り乱して琴を弾く姿が造形され、まさに神懸っているようにみえる。

首長像に対面してひざまずく男性像も複数知られている。先述した塚廻り4号墳では、大刀を持つ巫女、複数の女性、椅子に座る首長、ひざまずく男性の像がセットになっていた。振り分け髪で下げ美豆良の男は、鈴付の籠手をはめた両手を前につき、つま先を立ててひざまずいている（**図44**）。服属の言葉を述べる男、誄《しのびごと》（葬礼にあたり死者を思慕する言葉）を述べる男との理解もあるが、これまでの考察を踏まえれば「審神者」であると考えたい。ここでは、大刀を持った巫女に降りた神の託宣

図42 世良田諏訪下3号墳の人物たち（太田市教育委員会蔵）

図44 塚廻り4号墳のひざまずく男（群馬県立歴史博物館蔵）

を、首長に伝える重臣の像と解釈されよう。

狩猟する首長

先述のように、保渡田八幡塚古墳では、鷹狩り、猪狩り、鵜飼の場面が確認されている。他の古墳では鹿狩りの場面も知られる。これらの狩りは単なる食糧獲得手段ではなく、首長の権能に関わる催事であったことは言うまでもなかろう。

〈鷹狩り〉 鷹狩りを行う男性像はすべて双脚像である。事例は少なく、上位首長の古墳に並べられたと考えられる。その姿は、鍔広の帽子を被って下げ美豆良を結い、籠手を付け、左手に鷹を据えるものである(**図45**)。これまで「鷹匠《たかしょう》埴輪」などと呼ばれてきたが、装束は首長の装備に他ならず、首長が鷹狩りに臨む姿と解すべきである[塚田、二〇〇七]。鷹の尻を外に向ける据え方、尾羽に鈴を付ける作法(獲物を捕えて藪《やぶ》に降りた鷹の場所を知るため)は今日の鷹狩りに引き継がれている。

図45 群馬県太田市オクマン山古墳の鷹を使う男(太田市教育委員会蔵)

『日本書紀』仁徳紀に、百済《くだら》から渡来した百済王族である酒君《さけのきみ》が、依網屯倉《よさみのみやけ》で捕えられた鷹(倶知《くち》)を馴《な》らして天皇に献上し、倭で鷹狩りが始まったとの伝承がある。鷹狩りの開始時期は不詳であるが、古墳時代以降、王者の狩りとして認識されていたため埴輪に造形されたものである。

〈鵜飼の神聖性〉 鵜飼場面はさらに例が少ない。保渡田八幡塚古墳の埴輪群像では、鈴付の首輪をした鵜が魚をくわえ上げた様子が見事に造形される(**図46**)が、その周囲には数体の半身人物像が鵜を囲むように置かれていた。そのなかの一体から剝落したとみられる腕には、翼を広げて首輪をした鳥が載せられており、その鳥の脚には水掻きが表現されていた。すなわち、ここでは腕に鵜を載せた鵜飼の主体者と、魚を捕えた鵜そのものがセットになっていたのである。

『隋書』倭国伝には、倭では鵜飼が盛んであることが記され、当時は漁労習俗として広く行われていたと考えられる。ちなみに昭和初期までは、日本各地で広く鵜飼習俗がみられた[可児、一九六六]。今日の観光鵜飼では、松明《たいまつ》を焚いた船上から複数の鵜を操るが、通常の鵜飼は単身で鵜を腕に載せて川に入る「徒歩《かち》遣い」であり、八幡塚古墳の腕破片はこの作法と同じである。

ところで古代文献には、鵜に関して次のような神話や説話がある。

出雲の国譲《くにゆず》りに際し、アマテラスは、国を譲ったオオクニヌシ(大国主)が鎮まる

図46 保渡田八幡塚古墳の鵜形埴輪(高崎市教育委員会蔵)

ための宮殿を造営した。その際にクシヤタマ（櫛八玉）は鵜に変じて海中の赤土を採り、供えの皿を作った。

神武《じんむ》天皇の父はウガヤフキアエズ（鵜葺草葺不合）と名付けられたが、これは鵜の羽で産屋《うぶや》の屋根を葺《ふ》こうとしたところ、その前に生まれたためである。

神武天皇東征の際、八咫烏《やたがらす》に導かれて吉野に入った時、「贄持之子《にえもつのこ》」と名乗る「阿陀《あだ》の鵜養《うかい》の祖《おや》」に出会う。その後、神武は宇陀《うだ》に転戦したが戦いに疲れ「鵜飼が伴よ、今助けに来てくれ」と歌う（以上、『古事記』）。

このように、鵜は神聖性を備え、王の正統性と関わりをもち、鵜飼集団は王権の成立に関連して描かれている［森田、二〇一八］。今城塚古墳出土の日本最大級の家形埴輪（千木《ちぎ》を備え、四方を開放した高床式の祭殿）に鵜飼の様子が線刻されていることも注目されよう。この埴輪は、継体天皇の祭殿を表したものであり（図16-1）、その治世の顕彰に関わる存在だからである。

〈猪狩りと鹿狩り〉 猪ならびに鹿の埴輪は、それを追い詰める犬とセットになって配列されていた。犬には首輪や鈴が付けられる例もある。大型古墳を主体として発見され、全国的に事例が多い。保渡田古墳群のなかの保渡田Ⅶ遺跡1号墳の狩猟像では、犬に追われ、興奮して牙を剥いた猪の腰に矢が突き刺さり、赤い彩色で流血が表されていて、リアリティに富む（図47-1）。

図47-1　保渡田Ⅶ遺跡1号墳の猪狩りの場面（右が猪，中央が犬，左が狩人．高崎市教育委員会蔵）

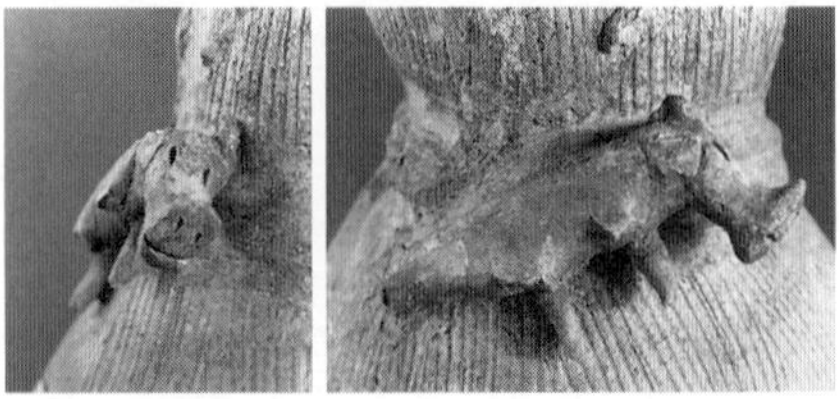

図47-2　狩人の腰に付けられた猪形

この古墳では狩人の像も製作されていた。烏帽子を被り、靫《ゆき》を背負った男が弓を引き絞っている姿である（**図47-2**）。その腰には小さな「猪形《いのししがた》」が付けられ、猪狩りに特化した人物であることが明示されている。「猪形」は狩りに携行され、獲物を仕留めた後に獣を慰霊するための形代《かたしろ》との説があある［大塚、一九九八］。

狩人像の例は多くないが、静岡県浜松市辺田平《へだびら》1号墳（墳丘長二一メートルの前方後円墳）では、振り向く鹿に対して矢を放つ狩人の埴輪が知られていて（**図48**）、狩りの場面のセットとして様式化されていたことを示す。

埴輪に表された猪狩りおよび鹿狩りはどのような意味をもつのだろうか。

『古事記』では、応神天皇の即位を阻もうとした異母兄の香坂王《かごさかのみこ》と忍熊王《おしくまのみこ》が、斗《と》

図48-1　辺田平1号墳の振り向く鹿（浜松市文化財課提供）

図48-2　辺田平1号墳の矢を射る男（浜松市文化財課提供）

賀野《がの》で反乱の成否を占う誓約狩《うけいが》り（吉凶占いの狩り）を行った際に、出現した猪が香坂王を食い殺したと記す。神は、香坂王が王位継承者として不適格だと判断したのである。

ヤマトタケル伝承には鹿にまつわる話がある。タケルが東国の荒ぶる蝦夷《えみし》や山河の神を平定して西に戻る際、足柄《あしがら》の坂本で食事をしていたところ、その坂の神が白鹿と化して出現した。そこで食べかけの蒜《ひる》をぶつけたところ、鹿の目にあたって死んでしまった。その後タケルは坂に登って、三度「あづまはや[43]（わが妻よ）」と嘆いたことが「東＝アヅマ」の起源譚となる（『古事記』）。多くの国津神を制圧した最後の仕上げとして、鹿に変じた坂の神を倒した、それがタケルの東征の仕上げと、その正統性を表しているのである。

以上のように、埴輪に表された狩りは単なる狩猟ではなく、誓約狩りの成功を表すことで首長の治世の正統性を強く顕示したものだったといえる。よって、狩人の姿は首長その人であったと考えるべきであろう。

武装した首長

甲《よろい》を着装した埴輪は一般に「武人埴輪」と呼ばれ、首長配下の兵士とみられがちである。しかし、表現された装備は当時最先端の武具であった小札甲《こざねよろい》である。さら

（43）タケル一行が相武《さがむ》から上総《かずさ》に向けて渡海する際に、走水海《はしりみずのうみ》（東京湾）で海神の祟りを鎮めるために妻オトタチバナヒメが入水した。このことを偲んで述べた言葉。

図49　埼玉県鴻巣市生出塚埴輪窯跡出土の武装した男（鴻巣市教育委員会提供）

に衝角付冑《しょうかくつきかぶと》を被り、頸甲《あかべ》・肩《かた》甲・籠手・臑当《すねあて》・大刀・靫などで完全武装したものが多い（図49）。小札甲は五世紀中頃から出現した高級な甲であり、一〇〇〇枚以上の鉄の小札を革や組紐で縅《おど》したもので、主に大型古墳の副葬品として出土する。それ以前に用いられた短甲《たんこう》（板甲《いたよろい》）が一つの古墳から複数領出土するのに対し、小札甲は一領出土するのが原則である。よって、この武装した男子の埴輪は上位首長の像に他ならない。この埴輪が大型前方後円墳から出土する例が多いこともそれと連動する。また、出土例が関東地方に偏ることも特筆される。

東国武人の勇猛さは、古代の都人に畏怖されていた。神護景雲《じんごけいうん》三年（七六九）の称《しょう》徳《とく》天皇の宣命《せんみょう》では、父である聖武《しょうむ》天皇の詔《みことのり》（「授刀舎人《じゅとうとねり》（東舎人《あずまのとねり》）は「額に箭《や》は立っても、背に箭は立たない」といって君を一心に護るものだ」）を引き、東国武人の勇猛さと王権への忠誠を強調している（『続日本紀』）。

また、『日本書紀』皇極《こうぎょく》二年（六四三）の記事には、厩戸王《うまやと》の子である山背大兄王《やましろのおおえ》が蘇我入鹿《そがのいるか》に滅ぼされる際に、側近の三輪文屋《みわのふんや》が「馬にのって東国に行き、乳部《みぶ》を本拠として軍隊を起こし、引き返して戦ってください。そうなれば勝利は間違いありません」［小島ほか、一九九八］と勧めたとある（山背大兄は結局進言に従わず、斑鳩寺《いかるがでら》で滅んだ）。

群馬県地域の豪族である上毛野《かみつけの》氏の祖先は、『日本書紀』神功紀・応神紀・仁徳紀にかけて複数の人物が記載されている。新羅を攻める将軍として軍を動かすとともに、百済王に謁見し、当代随一の学者である王仁《わに》を招請する外交特使としても活動した記事がある。また、『常陸国風土記《ひたちのくにふどき》』行方《なめかた》郡条には、神功皇后のときにこの地の「古津比古《こつひこ》」が三度韓《から》に遣わされたとの説話がみえる。

いずれも伝承性の強い記事ではあるが、下記に紹介する関東地方での渡来文物の出土例をみると、虚構ではありえないといえる。古墳時代の東国豪族が海原を越え、朝鮮半島と密に交流したこと自体は史実と捉える必要がある。

五世紀後半の群馬県榛名山麓では、先述した三ツ寺Ⅰ遺跡の主を中心とした首長連合が形成されていた。傘下の各首長の勢力地には、積石塚《つみいしづか》・韓式系土器《かんしきけい》(44)・馬関係遺物・馬の埋葬穴・冶金《やきん》遺構・治水遺構などが発掘されており（**図50**）、首長の配下に渡来人集団が組み込まれたことが明らかである。東国豪族は、倭王権の一員とし

（44）積石塚は石だけを低平に積み上げた墳墓で、本来は朝鮮半島北部の墓制であった。この地に根付いた渡来人を地元の倭人と識別するため、東日本でこの墓制が採用された。韓式系土器は赤焼きの日常容器（甕・甑《こしき》・鍋）で渡来一世が倭で製作したものである。

て朝鮮半島と交渉するとともに、渡来人を招致して在地に新技術を呼び込むための戦略を展開していた。武装した男子埴輪は、そのような海を股にかけた首長の矜持を体現したものであり、後世にまで語り継がれる軍事氏族としてのスタンスを強調したものであった。

図50　群馬県高崎市剣崎長瀞西遺跡の積石塚(上)，鉄製轡(左中)，韓式系土器(左下)，金製垂飾付耳飾り(右下，いずれも高崎市教育委員会蔵)

渡来人か首長か

天冠《てんかん》を被り、掌が隠れる太い筒袖の衣装をまとい、倭人とは逆の右衽《うじん》に衣装を整え、太い袴を着用し、先端が尖った靴を履く男子埴輪がある(図51)。事例は極めて少ない。この埴輪は、他の埴輪の装束と大きな異なりがあることから「渡来人」の像と考えられてきた。六世紀において東国最大級の埴輪窯であった埼玉県鴻巣《こうのす》市生出塚《おいねづか》窯で焼かれ、埼玉県・千葉県・神奈川県の古墳に供給された像である。上述のように、東国豪族の配下には渡来人が抱えられており、そのことを象徴的に表したことがまずは考えられるところである。墓主が渡来人を従えていたか、その古墳の墓主が渡来人そのものであるとの想定である。

ただし、埴輪に首長像が表されるのが基本であることを考えると、この埴輪も異国の装束を着た首長の像ではないかとの推測も生まれる。朝鮮半島での宮廷外交において、倭の豪族が相手国側の服飾を身に着けた可能性は考えうることであり、先に挙げた上毛野氏の祖先も、百済王と会見したとの説話を載せる。また、相手国側が倭の豪族たちを取り込むために、装身具・衣類・馬具・銅製容器などの希少品を贈

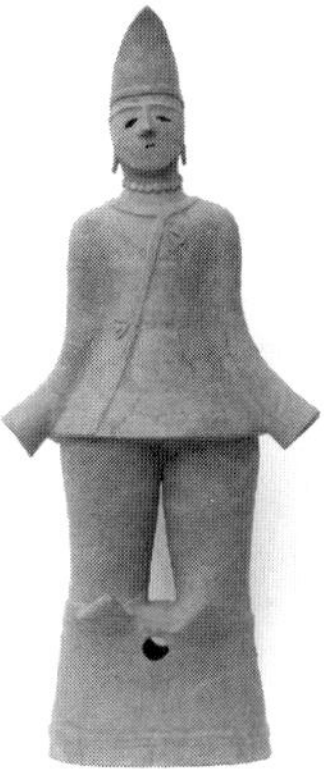

図51　千葉県市原市山倉1号墳の筒袖の男子埴輪(市原市教育委員会蔵)

与したことは、関東や九州の豪族が新羅製品などを副葬品として多数納めていることからも窺われる［田中、二〇〇九］。倭人のなかには、百済などで官僚になった者もいたのである。(45) 想像を逞《たくま》しくすることになるが、この埴輪の意味を考察するうえで考慮の内におくべきことであろう。

おわりに

本章で筆者に与えられた課題は、人物埴輪からみる古墳時代の男女の描写であった。しかし、埴輪は首長の墓を飾り、その人物の生前活動の諸相を共同体に認識させるための仕掛けであった。ゆえに、埴輪群像においては首長が司る祭儀の場面が中心となり、畢竟、首長層の描写が厚くならざるを得なかった。

ただ、そのなかでも、首長を補完する存在である巫女・楽人・馬曳き・農夫などについて、集落遺跡の調査所見を交えながら立体的に描くように努めた。また、女性有力層を象った事例を取り上げ、古墳時代のジェンダーについても小考した。

これまで、首長の配下とみられてきた狩人や、鷹匠、武人、渡来人などの埴輪については、首長像そのものであり、首長のマツリゴトの正統性や武威を示す存在であった可能性を述べた。埴輪から見る限り古墳時代の首長は、祭祀・政治・経済・

(45) 倭系百済官僚として、物部麻奇牟（モノノベノマカム）、紀弥麻沙（キノミマサ）、許勢哥麻（コセノカマ）のような中央豪族出身者のほかに、斯那奴阿比多（シナノアヒタ）のような東日本系の人物も知られている。朝鮮半島の倭系古墳の被葬者にこうした系譜の人々を想定する説もある。

図52 金井東裏遺跡1号男性（公益財団法人群馬県埋蔵文化財調査事業団蔵）

軍事・外交を統べる全人的な能力をもつ（あるいはもつことを求められた）存在であったと思われる。

二〇一二年、榛名山噴出の火砕流《かさいりゅう》（五世紀末）の下から姿を現した群馬県渋川市金《かな》井東裏《いひがしうら》遺跡1号男性（**図52**）は、最高級の小札甲を着装して靫を背負い、呪的な鉾《ほこ》を立てて、荒ぶる山の神に対峙したすえに絶命した人物であった［若狭、二〇二〇］。彼は、村人が逃走した後も現地に残り、武装して神を鎮める行動をとっていた。(46) 逆にいえば、その場から逃れることができない社会的使命を負っていたともいえる。神をまつって社会を安心させ、配下集団に富をもたらすことを求められていたからこそ、彼は逃避できなかったのであろう。

日本の古墳時代は、前方後円墳という特異な墳形で特徴づけられる。前方後円墳が列島に広まったのは、豪族たちが倭王権と連合したことを世に示すための仕組みであった。それが世界的にみても巨大化していったのは、ひとつは勢力間の競合の産物であった。それとともに、上記のような使命を負った首長を推戴した集団は、古墳を大きく造ることで社会的結集を維持していたのであろう。そうした古墳時代の社会システムの一端を、埴輪を通じて知ることができるのである。

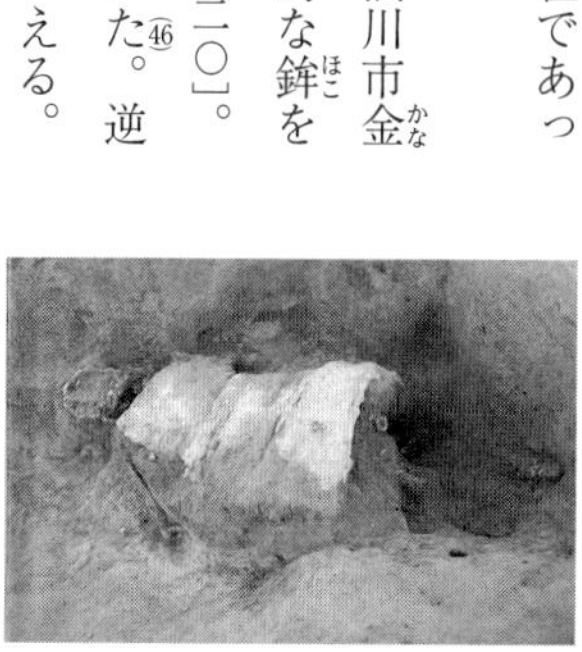

(46)『常陸国風土記』行方郡条にある「夜刀神《やとのかみ》伝承」では、継体天皇の頃、水源開発を試みた箭筈氏《やはずのうじ》麻多智《またち》が、開発を邪魔する蛇身の神に対して甲冑をまとい、鉾を振るって対峙する記事がある。この行動と金井東裏1号男性の出土状況はきわめて類似しており、首長が共同体的営為のためには、悪神に対し武装して対峙することがあったことを示している。

引用・参考文献

石井克己・梅澤重昭、一九九四年『日本の古代遺跡を掘る4　黒井峯遺跡』読売新聞社
大塚和義、一九九八年「イノシシの魂を所持する人物埴輪の考察」『時の絆　道を辿る』石附喜三男先生を偲ぶ本刊行委員会
可児弘明、一九六六年『鵜飼――よみがえる民俗と伝承』中公新書
小島憲之・直木孝次郎・西宮一民・蔵中　進・毛利正守校注・訳、一九九八年『新編　日本古典文学全集4　日本書紀3』小学館
後藤守一、一九四二年『日本古代文化研究』河出書房
子持村教育委員会、一九九一年『黒井峯遺跡発掘調査報告書』
笹生　衛、二〇一九年「「中臣寿詞」の「天つ水」再考――「水の祭儀」論の再検討」『國學院雑誌』120―11
佐原　眞、一九八二年「三十四のキャンバス――連作四銅鐸の絵画の「文法」」『考古学論考――小林行雄博士古稀記念論文集』平凡社
塩谷　修、二〇〇一年「盾持人物埴輪の特質とその意義」『日本考古学の基礎研究』茨城大学人文学部考古学研究室
設楽博己、二〇二一年『顔の考古学――異形の精神史』吉川弘文館
設楽博己、二〇二二年『縄文vs.弥生――先史時代を九つの視点で比較する』ちくま新書
下垣仁志、二〇一一年『古墳時代の王権構造』吉川弘文館
白石太一郎、一九八九年『日本のあけぼの5　古墳の造られた時代』毎日新聞社
杉山晋作、一九九六年「東国の人物埴輪群像と死者儀礼」『国立歴史民俗博物館研究報告』68
清家　章、二〇一八年『埋葬からみた古墳時代――女性・親族・王権』吉川弘文館
清家　章、二〇二〇年「古墳時代における王墓の巨大化と終焉」国立歴史民俗博物館・松木武彦・福永伸哉・佐々木憲一編『日本の古墳はなぜ巨大なのか』吉川弘文館
高橋克壽、一九九六年『歴史発掘9　埴輪の世紀』講談社

高橋克壽、二〇一五年「人物埴輪の創出と古墳祭祀」『前方後方墳と東西出雲の成立に関する研究――古墳時代中期における出雲の特質』島根県古代文化センター
田中史生、二〇〇九年『越境の古代史――倭と日本をめぐるアジアンネットワーク』ちくま新書
辰巳和弘、一九九二年『埴輪と絵画の古代学』白水社
辰巳和弘、一九九六年『「黄泉の国」の考古学』講談社現代新書
塚田良道、二〇〇七年『人物埴輪の文化史的研究』雄山閣
藤堂明保・竹田晃・影山輝國全訳注、二〇一〇年『倭国伝――中国正史に描かれた日本』講談社学術文庫
春成秀爾、二〇〇九年「上黒岩遺跡の石偶・線刻礫と子安貝」『国立歴史民俗博物館研究報告』154
坂　靖、一九九六年「古墳時代の導水施設と祭祀――南郷大東遺跡の流水祭祀」『月刊考古学ジャーナル』398
坂　靖・青柳泰介、二〇一一年『葛城の王都――南郷遺跡群』新泉社
日高　慎、二〇一五年『東国古墳時代の文化と交流』雄山閣
平川　南、二〇一四年『律令国郡里制の実像』上下、吉川弘文館
穂積裕昌、二〇〇四年「いわゆる導水施設の性格について――殯所としての可能性の提起」『古代学研究』166、古代学研究会
穂積裕昌、二〇一七年『船形埴輪と古代の喪葬――宝塚一号墳』新泉社
増田美子、一九九五年『古代服飾の研究――縄文から奈良時代』源流社
三上徹也、二〇一三年『縄文土偶ガイドブック』新泉社
水野正好、一九七一年「埴輪芸能論」竹内理三編『古代の日本2　風土と生活』角川書店
森田克行、二〇〇六年『今城塚と三島古墳群』同成社
森田克行、二〇一一年『よみがえる大王墓――今城塚古墳』新泉社
森田克行、二〇一八年「倭王権と鵜飼儀礼・序論」『構築と交流の文化史――工樂善通先生傘寿記念論集』雄山閣
山口佳紀・神野志隆光校注・訳、一九九七年『新編　日本古典文学全集1　古事記』小学館
山田邦和、一九九八年『須恵器生産の研究』学生社

義江明子、二〇一九年「古代の女性労働――「刀自」の農業経営と男女の田植えを中心に」『女性労働の日本史――古代から現代まで』勉誠出版
若狭　徹、二〇〇〇年「人物埴輪再考――保渡田八幡塚古墳形象埴輪の実態とその意義を通じて」『保渡田八幡塚古墳』群馬町教育委員会
若狭　徹、二〇〇七年『古墳時代の水利社会研究』学生社
若狭　徹、二〇二〇年「群馬県金井東裏遺跡1号男性の研究――古墳時代首長の地域経営と地域集団の階層構造」『考古学研究』67―2
若狭　徹、二〇二一年『埴輪は語る』ちくま新書
和歌森太郎、一九五八年「大化前代の喪葬制について」『古墳とその時代2』朝倉書店
和田　萃、一九九五年「喪葬儀礼と埴輪群像」『日本古代の儀礼と祭祀・信仰　上』塙書房
和田晴吾、二〇一四年『古墳時代の葬制と他界観』吉川弘文館

コラム　人物埴輪をめぐる様々な説

人物埴輪は、群像として作られ、古墳に配置された。また、ヒトだけでなく、ヒトと関わりが深い動物、道具、建物も一緒に製作されている。これらは、セットで何らかの場面を表したとみて間違いない。しかし、モノを素材とする考古学の特性上、無形の精神世界を説明することには困難が伴う。このため、人物埴輪の解釈にも多くの説が並び立っている。

本章では、「埴輪群像とは、被葬者の生前の諸活動(神まつり、狩猟儀礼、武威、経済力など)を顕彰したもの」との立場から執筆したが、他の説も紹介しておこう(参考文献は本文注21を参照)。

古くに提唱されたのは「葬列説」である。埋葬時の葬礼に参列した者たちを表現したという、ひじょうにシンプルな解釈といえる。

次に出されたのは「殯説《もがり》」である。殯は、ヒトの死をただちに認めず、遺体に奉仕し、歌舞飲食などを繰り返して、最終的に死を確認する儀礼だ。これを埴輪で表すことで、墓主の死が滞りなく確認されたことを共同体に示したのだという。『日本書紀』によれば、殯儀礼は欽明《きんめい》天皇(六世紀後半)以降に整備されており、『隋書《ずいしょ》』倭国伝《わこくでん》(七世紀)にも倭における貴人の殯の制が記されている。しかし、殯が人物埴輪出現期の五世紀から行われていたかは、考古学的物証から証明できていない。そもそも古墳に埋葬する時点で殯の終了は内外に認知されていたはずだ。あえて埴輪に造形する理由が説明しがたい[和田、一九九五]。

「首長権継承儀礼説」は、即位した新首長に対し、配下集団がその職能を象徴する芸能を奉じている場面だとする説(埴輪芸能論)である。前方後円墳の前方部は首長権継承の舞台だという見方もあり、地位継承が円滑に行われたことを埴輪で示したとの説明は一見妥当にみえる。しかし、継承儀礼の主役は、被葬者(前首長)ではなく新首長である。前首長の墓にその場面を飾る必要性が果たしてあるのか。いやそうではなく、古くに被葬者が地位継承した姿を顕彰したのだという説明も成り立ちうる。このように、説明としては不安定なものである。

ほかにも、死者に奉仕する従者だとする説、死後の王宮で活動する被葬者の姿だとする説などが開陳されている。後者の説だと、被葬者が死後に赴く「他界」の観念が成立していたことになる。畿内の古墳の棺の頭位が北を志向すること、横穴式石室《よこあなしきせきしつ》が南開口を原則とすることなどから、行くべき死後世界の観念があったことは否定できない。人物埴輪が死後も共同体を守る首長像だとする考えは成立する余地がある。

本章で示した筆者の説を要約すれば、人物埴輪群像は複数の場面から成る亡き首長の人生絵巻であるともいえる。被葬者は各種の誓約狩《うけいが》りによって神から統治の正統性を認められた。神まつりによって得た神託を背景として、治水や農業経営を行った。武威を備えたうえで外交・交易を展開するとともに、馬生産などの先進的な経済活動を行った。そうした営みによって、首長は精神的安寧・物質的利益を共同体にもたらした。埴輪は、その首長の顕彰装置として、共同体が長年かけて造り上げた古墳における葬送儀礼のフィナーレを飾って配置されたのである。

並立する各説は、いずれも考古学・文献史学・民族学などの所見を取り込んだものであるが、証明そのものは断片的であるといえる。筆者の考えは、首長居館、水の祭祀場、治水施設、水田遺構の拡大、馬利用の開始と牧《まき》の検出、地方から中央に搬送された馬の実在、王権から東国に厚く配布された小札甲《こざねよろい》、東国の古墳から出土する多数の朝鮮半島製の貴重財、などなどの考古学的物証を紡ぐことで説明できる。加えて、首長は共同体の利益実現のため共立された人格であり、古墳は単なる個人墓ではなく、共同体の記念物でもあったことが説明可能となるのである。

男の官仕え　女の宮仕え

吉川敏子

はじめに

日本の律令制では、男は「官《つかさ》」で仕え、女は「宮《みや》」で仕えることが定められている。もちろん、究極的には、その奉仕の対象は天皇であるが、男女の職務内容は明確に区別されていた。律令制導入以前には、男女ともに王宮で宮仕えをしていたが、すでに男女の分業がなされており、律令制における官仕え・宮仕えの分業の体制は、その延長線上にある。

男女の奉仕の場は王宮内郭の外と内とに区別され［吉川、一九九八］、七〇一年に施行された大宝令《たいほうりょう》でも、男性が勤務する官司《かんし》と、女性のみが勤務する後宮十二司《こうきゅうじゅうにし》とは、内裏《だいり》の外と内とで明確に区別された。令《りょう》では男性が官人《かんにん》と表記されるのに対し、女性は宮人《くにん》と書き分けられたが、官人は文字通り官で勤務する人、宮人は宮（内裏）で勤務する人なのであって、官人・宮人の語は男女の奉仕の場の違いを明快に示している。

八世紀を通じて政務の在り方が変わり、宮中（内裏）での男性の伺候《しこう》が進むと、男女は官人・宮人ではなく、男官《なんかん》・女官《にょかん》と対の呼称で呼ばれるようになるが、内裏内においても男女の伺候する空間は異なっており、奉仕の場にちなんで男房《なんぼう》・女房《にょうぼう》と呼ばれるようになる〔吉川、一九九八〕。男性が内裏に伺候し、「男の宮仕え」が進むことで、男官に吸収されていく女官の職掌はあっても、女官が男官とともに行政を担うことはない。日本の古代に女性の為政者(女帝)はいても、女性官僚はいなかった。[1] 男の官(宮)仕えと女の宮仕えとは明らかに奉仕の中身が異なり、かつ、その一方だけでは成り立たない両輪の関係にあった。以下、主に女性特有の奉仕に重心を置きつつ、両者の関係について考えていく。対象とする時代は大化前代から平安初期までとしよう。

(1) 女官の政治的影響力を否定するのではない。君主に近侍するのであるから、政治への影響を持つ可能性はあるが、それは官僚としての職務にはあたらない。

1　宮仕えする女の奉仕と禁忌

王宮に出仕する男と女

『古事記』『日本書紀』(以下、記紀と総称する)の伝承では、大王《おおきみ》のために命を捧げて奉仕する男女の姿が数多く語られている。逆に王命への不服従の代償を死とする伝承も散見する。それは、老若男女を問わず、出自も問わない。つまり王権下にある人々は、男であれ女であれ、権力者であれ庶民であれ、身も心も大王に捧げることを前提として奉仕し、支配を受けていたのである。しかし、その前提は同じであっても、男女の奉仕の在り方は大きく異なる。記紀伝承の中に女性の大臣《おおおみ》・大連《おおむらじ》は登場しないし、政事の世界で男女平等の通念がなかったのは明白である。

男女の奉仕の相違は、政権中枢の支配階級の職務分掌に限らない。大化前代より、在地豪族やその子女が王宮に出仕し、大王に近習するトモとなっていたが、男はトネリ（舎人）として、女はウネメ（采女）としての奉仕であった。舎人と采女のどちらを出仕させるかのルールは不明で、由緒となる伝承を持ち采女を出す豪族(2)がいる一方で、父である日向諸県君牛諸井《ひむかのもろかたのきみうしもろい》の退下に替わり娘の日向髪長媛《ひむかのかみながひめ》が出仕したとする伝承もある(3)（『日本書紀』応神《おうじん》一三年九月条）。およそ大和とは言葉も習俗も異なる地域の男女が王宮で奉仕するのに不便は無かったのか気になるところであるが、各地の豪族の子女は出仕を前提に言葉や行儀の教育を受けていたのであろうか。王権所在地域から地方への文化の伝播という点で興味深い(4)。

日向諸県君の事例のように、出仕者の性別が固定されていなかったとしても、ひとたび出仕すれば、舎人と采女として弁別され、奉仕の中身には相違があった。古い時代の事例はいずれも伝承としてしか伝わらないが、大王の外出時にボディガードとして付き従うのは男性、飲食物の給仕に象徴される身の回りの世話をするのは女性であるなどの大別が見られる。記紀の伝承は、王宮の閤門《こうもん》(5)内を大王と近侍の女性だけが暮らす空間、閤門外は男性官人一般の奉仕の場と区分し、男女の分業を読み解く先行研究によく当てはまる。

（2）『日本書紀』履中《りちゅう》即位前紀の倭直《やまとのあたい》の采女貢上の起源譚など。

（3）この伝承には舎人・采女の言葉は見えないが、南九州から出仕してくる男女は、舎人や采女と見なして差し支えなかろう。

（4）『古事記』雄略《ゆうりゃく》段に、些細なことで雄略に斬殺されかけた三重《みえ》采女が、咄嗟に長歌を献上して許され禄まで与えられたという挿話がある。後の創作であるとしても、采女とはそのような教養を備えたものという認識があったことを読み取れよう。

（5）大王・天皇の居所の最も近くにある門。

王の子を生むという奉仕

采女の中には、仁徳《にんとく》天皇の子を生んだ日向髪長媛や、雄略天皇の子を生んだ春日和珥臣深目《かすがのわにのおみふかめ》の娘の童女君《おみなぎみ》のように、大王や王子の子を生む者がいた。美女の誉れ高い日向髪長媛は応神天皇の王宮に出仕することになっていたが、応神は息子の大鷦鷯尊《おおさざきのみこと》（後の仁徳天皇）が彼女に一目惚れしたことに気づいて、彼に髪長媛を賜り、やがて二人の間には大草香皇子《おおくさか》と幡梭皇女《はたひ》が生まれたという（『古事記』応神段、仁徳段。『日本書紀』応神一三年九月条、仁徳二年三月戊寅条）。言うまでもなく、応神が「賜」らなければ、この婚姻は成立しないものである。

童女君の物語では、采女である彼女に雄略が性行為を行ったところ一夜の関係で懐妊したため、雄略は自分の子であるか疑念を持っている（『日本書紀』雄略元年三月条）。幸いにも生まれた女児は成長過程で雄略に容貌が似てきたことで疑いが晴れ、皇女として認知されたのであるが、この物語は、大王が気まぐれに、出仕する女性を性行為の対象とする場合があったことを示す。童女君の物語はハッピーエンドであったが、仮に女児が別の男性とそっくりになり、彼が父であると認定された場合、童女君とその男性とを待ち受けていたのは死のみであっただろう。

大王の子を生む可能性のある女性たちと、大王以外の男性との自由な性交渉は、到底認められるものではない。采女を犯したと疑われたために推問された新羅使《しらぎし》（『日本書紀』允恭《いんぎょう》四二年一一月条）、采女を犯そうとしたとの嫌疑で処刑されかけた闘鶏御田《つげのみた》（『日本書紀』雄略一二年一〇月壬午条）などの物語は、いずれも采女の性行為が大王の管理下にあることが前提にある。采女の表記ではないが、『日本書紀』武烈《ぶれつ》八年三月条には、天皇の命令で全裸にして乾いた板に座らせた女性たちに馬の交尾を見せ、板に残された生理的反応で性体験の有無を識別し、処女のみを王宮の婢《はしため》にし、他を殺したとの挿話がある。とても実話とは思えないが、性体験のある女性を王宮から排除するという物語が収録されるのも、王宮に仕える女性の自由な性交渉の禁忌という前提があったからに相違ない。采女の性が開放されていたと論じる研究には、記紀に散見する姦通した采女や相手男性の処罰についての伝承のひとつひとつに特殊な事情をあてはめ、伝承そのものが采女の自由な性交渉を否定するものではないと解釈する説がある〔伊集院、二〇一六〕。しかし、そのような伝承は、すべて采女の自由恋愛を禁忌とする前提があって成立するものである。ことの本質を捨象して枝葉で論じてはなるまい。

采女の自由恋愛が禁じられる一方で、たしかに采女が大王以外と配偶関係を持つ事例はある。雄略天皇が紀小弓宿禰《きのおゆみのすくね》に「賜」った吉備上道采女大海《きびのかみつみちのうねめおおあま》（『日本書紀』雄略九年三月条、五月条）や、中大兄皇子《なかのおおえ》との間に大友皇子《おおとも》を生んだ伊賀采女宅子《いがのうねめやかこ》（『日本書紀』天智《てんじ》七年〈六六八〉二月戊寅条）、中臣鎌足《なかとみのかまたり》が娶った安見児《やすみこ》（『万葉集』九五）、やや下って藤原麻呂《ふじわらのまろ》との間に浜成《はまなり》を生んだ因幡《いなば》国八上郡采女《やかみぐんのうねめ》稲葉国造気豆之娘《いなばのくにのみやつこけつのいらつめ》(6)などの例である。備前《びぜん》国出身で、弟の和《わ》気清麻呂《けのきよまろ》とともに知られる和気広虫《ひろむし》も采女として出仕し始めた可能性が高いが、一〇代半ばで中級官人であった葛木戸主《かつらぎのへぬし》と結婚している（『日《に》本後紀《ほんこうき》』延暦一八年〈七九九〉二月乙未条）。このように、采女が配偶者を持つことはあったが、それが故に采女が自由な性交渉を持つことができたとすることは早計である。おそらく、彼女らは天皇の許可を得て、あるいは下命によって天皇以外の男性と結婚したのであろう。中臣鎌足が采女の安見児を娶るときに「我はもや　安見児得たり　皆人《みなひと》に　得かてにすとふ　安見児得たり」と歌った得意満面の歌にも同様の事情を想像できる。伊賀采女宅子の事例は、所生子大友皇子の年齢から逆算すると六四〇年代半ばのことで、(7)皇極《こうぎょく》期または孝徳《こうとく》期初期のことであるが、当時の中大兄皇子と両大王との関係性から、皇子と宅子との関係が大王の許可を得たものであったことは十分に想像できる。あるいは、宅子は当初から中大兄皇子の宮に出仕していた侍女であったかも知れない。なお、吉備上道采女大海は夫の没後も「采女」と表記されており、大王以外との結婚により采女の身分・職を失うことはなかったらしい。

（6）『公卿補任《くぎょうぶにん》』宝亀三年（七七二）条に藤原浜成の両親として記載されている。

（7）『懐風藻《かいふうそう》』に、大友皇子は壬申《じんしん》の乱（六七二年）により二五歳で没したと記される。

延暦の帝王の好色ぶり

采女の婚姻に天皇の許可が必要という不文律は、八世紀以降も存続したと考える。少し後の史料であるが、宇多《うだ》天皇が年若い醍醐《だいご》天皇への譲位にあたり、教訓の書として著述した『寛平御遺誡《かんぴょうのごゆいかい》』（寛平九年〈八九七〉）に、桓武《かんむ》天皇の所伝として次のような叙述がある。

延暦の帝王は、毎日、南殿《なでん》の帳の中に御《おわしま》す。政務の後に、衣冠を解き脱ぎ、臥し起き、飲食したまふ。（中略）帝王は平生、昼は帳の中に臥して、小き児の諸《もろもろ》の親王を遊ばしめたまふ。或は采女を召し、時に洒掃《さいそう》せしめたまふ。その時の人、夏冬綿の袴を服《き》たりき。その采女の袴の体《てい》は今の表袴《うえのはかま》のごとし。御《ぎょ》するに便なるを欲したまへり。是等《これら》の語《こと》は故太政大臣《だいじょうだいじん》の旧説なり。追ひ習ふべからざると雖《いえど》も、旧き事を存《たも》たんがために状の末に付すのみ。

桓武天皇が毎日南殿に出御して聴政していたことなどの、帝王としての良き振舞いや生活ルーティンを伝えることが主眼なのであろうが、(8)ここで着目するのはそこに付け足された所伝である。宇多天皇は、故太政大臣藤原基経《ふじわらのもとつね》から聞いた旧い話として、桓武天皇が御前に采女を召して掃除をさせ、性交に便利なよう袴を表袴のような形に変更させたと書き記している。桓武期の表袴の形は不明であるが、陰部をあらわにしやすいためであれば、やはり近世の表袴のように前合わせ式の袴「鈴

（8）南殿は儀式などのときに天皇が出御する内裏正殿であるが、九世紀を通じて、儀式のための出御さえ回数が減っていく。毎日南殿に出御して政務を行うという桓武天皇の日課は、九世紀末の宇多天皇にとっては特筆すべきことだったはずである。

木、一九九五〕であったのだろう。これを書き留めた宇多天皇自身は、若い新帝に向けて、追い習うべきことではないと書き添えているものの、天皇は日常的に采女を好色の対象とでき、その結果として子が宿るということもあり得たのである。いざ、天皇のお手付きとなった采女が懐妊したときに、それが真に天皇の胤《たね》であるかどうかがわからないということでは大問題であるから、天皇は後宮で働く女性の配偶関係を把握しておかなければならなかったはずである。

『寛平御遺誡』では桓武天皇の好色ぶりとして語られているが、天皇が後宮の女性を性行為の対象になし得るということは、桓武朝に限ったことではなく、また采女に限ったことでもなく、采女以外の宮人の身にも起こり得る事柄であっただろう。桓武天皇ほどの好色ぶりは珍しいにしても、絶対的権力を持つ内裏の主人は生身の男性なのである。以上のような問題がある以上、律令制下の宮人にも自由奔放に恋愛にのめり込み、情交を交わすことは許容されなかったはずである。男女が自由に気の向く間だけ婚姻関係を結ぶ対偶婚《たいぐうこん》など、少なくとも宮人には縁のない話であったに相違ない。

ここまで大王と采女との婚姻について書いてきたが、何も采女は大王の性愛の対象となるためだけに出仕しているわけではない。男であれ女であれ、身も心も大王に捧げて奉仕するのが出仕者の勤めであり、その奉仕の中に性行為も含まれていたというだけのことである。そして王宮の女性の自由な情交が禁忌となる最も重要な理由は、恋情の側面にはなく、それが生殖行為だからに他ならない。王宮に出仕する女性は、大王の血を分けた子を出産するという、それこそ命がけの重要な任務を担う可能性を有していたのである。

律令制下の宮人の婚姻の規律

記紀に叙述される采女の伝承や、『寛平御遺誡』に書き留められた桓武天皇の行状に鑑みれば、その間に挟まれた奈良時代の宮人にも自由恋愛がタブーであったことは容易に想像がつく。さらに、律令制下の宮人の婚姻には、天皇との性交渉の問題だけではなく、異なる側面からも規律が必要であった。次に挙げる後宮職員令《こうきゅうしきいんりょう》16朝参行立次第条では、彼女らの公式な場面での配列が夫の地位に影響される場合を規定しており、後宮の秩序維持のためにも、宮人の配偶関係は単なる私事で済まされる問題ではなかったことがわかる。

後宮職員令16朝参行立次第条

凡《およ》そ内親王《ないしんのう》、女王、及び内命婦《ないみょうぶ》、朝参し行列する次第は、各本位に従《よ》れ。其《そ》れ外命婦《げみょうぶ》は、夫の位の次《ついで》に准《なぞら》へよ。若《も》し諸王以上、臣家を娶《めと》りて妻と為すは、此《こ》の例に在らず。

内命婦とは自らが五位以上を帯びる女性、外命婦は五位以上の官人を夫とする女性のことで、内命婦は単に命婦とも記される。本条によると、朝参し列に加われる女性は内親王、女王、内命婦であるが、自身に資格がなくても、外命婦であれば、夫の位階《いかい》に准じた位置に並べることとなっていた。夫の身分が妻の待遇に影響するからには、宮人は、その夫が誰であるかを届け出て公認されていなければならなかったはずである。(9)

律令制下の宮人の婚姻のタブーを直接に語る法制史料はないが、宮廷の女性が処罰されたり不利益処分を受けた事例などから、その事について考えてみたい。天平一一年(七三九)三月、石上乙麻呂《いそのかみのおとまろ》が久米若女《くめのわかめ》(若売)を「奸《かん》」した罪で、乙麻呂は土佐《とさ》国、若女は下総《しもうさ》国に配流された(『続日本紀《しょくにほんぎ》』同月庚申条)。二人とも罰せられているので、これは合意の上の情交である。若女は参議《さんぎ》式部卿《しきぶきょう》兼大宰帥《だざいのそち》正三位藤原《ふじわらの》宇合《うまかい》の妻の一人で、天平四年に百川《ももかわ》を生んでいたが、(10) 宇合は同九年八月に薨《こう》じ(『続日本紀』同月丙午条)、若女は寡婦となっていた。乙麻呂との姦通事件の判決が下されたのはその一年半ほど後のことで、二人の情事が宇合生前のこととするには、いささか間が開きすぎている。この間に若女が別の男性と再婚し、さらに乙麻呂と姦通したということもあり得ないではないが、いささか不自然である。

この事件については、事件当時に従四位下左大弁《さだいべん》で、いよいよ参議に手が届くと

(9) 養老律《ようろうりつ》の名例律《みょうれいりつ》では、犯罪者の妻についての諸規定があるほか、五位以上妾条では五位以上の人物の妾が八虐《はちぎゃく》以外の罪で流罪にあたる場合に、贖《しょく》(身体刑の代わりに納める銅)の適用を受けることが規定され、妾であることも法の適用に影響している。

(10) 『続日本紀』宝亀一〇年(七七九)七月丙子条の百川薨伝《こうでん》の享年より算出。

いうポジションにあった乙麻呂を失脚させる目的で仕組まれたとする指摘がある(11)。若女は翌年六月の大赦で入京を許されたが、その恩赦の勅《ちょく》で「他妻を姧」する罪を恩赦適用外とし、乙麻呂の赦免が見送られたこともそれを示唆する。ただし、ことさらに二人の関係が論《あげつら》われた事件が政争絡みのものであったとしても、罪にあたらないものを罪と処断することはできない。それでは、寡婦である若女との情交の何が罪に問われたのであろうか。

ここで想起したいのが、前掲の後宮職員令16朝参行立次第条である。同条には、夫が亡くなった場合の規定はないが、ひとたび夫の地位による待遇を与えられた宮人が、寡婦となるやいなや待遇を下げられるというのは酷というものであろう。事件当時の若女の出仕を明記する史料はなく、恩赦の後も神護景雲元年(七六七)に無位から従五位下に叙位されるまでの動静は伝わらないが、称徳《しょうとく》朝、光仁《こうにん》朝と昇進を重ね、宝亀一一年(七八〇)に贈右大臣百川の母として亡くなったときには散位《さんに》従四位下であった(『続日本紀』神護景雲元年一〇月甲午条、宝亀一一年六月己未条)。彼女が従五位下に直叙《ちょくじょ》されたとき、息子の百川はいまだ正五位下で(『続日本紀』神護景雲元年二月戊申条、同二年二月癸巳条)、その母であるがゆえの叙位ではなかろう。しかも久米連《くめのむらじ》という、高いとは言えない出自の彼女が貴族に列する五位に直叙されたのは、本人の宮人としての長い忠勤が天皇の認めるところとなったためと思われる。おそ

(11) 木本好信は、藤原《ふじわらの》広嗣《ひろつぐ》に同調し、橘諸兄《たちばなのもろえ》に挑戦的な乙麻呂を参議とさせないために、諸兄が思い立ったものとし、その赦免を天平一三年九月の広嗣の乱の処罰者の赦免のときと推定している(『奈良朝政治と皇位継承』高科書店、一九九五年)。

らく彼女は事件前から有能な宮人としての評価を得ていたために、前科者とはなってしまっても、いずれかの時点で再出仕が可能となったのであろう。若女が故宇合の妻として出仕していたにもかかわらず、乙麻呂と密通したことが「姧」と見なされたのだと考えれば、話の辻褄《つじつま》が合う。(12)

再婚の許認可ということについて、『続日本紀』にはもう一つ興味深い記事がある。天平宝字二年(七五八)一二月丙午条に、従四位下矢代《やしろ》女王が、先帝(聖武《しょうむ》天皇)に幸《こう》せられたのに志を改めたとして、位記《いき》(授位の証書)を破毀されたことが記されている。(13)志を改めたとしか書かれていないが、それは聖武の寵愛を受けていたにもかかわらず、再婚を望んだということと考えて差し支えなかろう。この記事では、女王が位記を破毀されただけで話が収まっている。おそらく、彼女は再婚を望み、淳《じゅん》仁《にん》天皇がそれを認めたため、寵愛を理由に与えられていた位記のみを破毀し、相手男性への刑罰はなかったということであろう。宮廷女性の婚姻は可能であったが、公認を必要とし、決して自由で無規律ではなかったことがうかがえる。

女の宮仕えの本質

宮人の婚姻の制約について述べてきたが、それは王統の乱れを排除し、後宮の規律を維持するために不可欠なルールであった。ただし、宮人について、大王・天皇

(12)『万葉集』巻一五で「中臣朝臣宅守の、蔵部《くらべ》の女孺《にょじゅ》狭野弟上娘子《さののおとがみのおとめ》を娶りし時に、勅して流罪に断じ、越前国に配しき。ここに夫婦別るることの易く会ふことの難きを相嘆き、各慟《いた》む情を陳《の》べて贈答せし歌六十三首」(三七二三―三七八五)と記される流罪も、確証は無いが官人と宮人の姧による可能性がある。

(13) 夫人《ぶにん》や嬪《ひん》などの天皇の配偶者としての表記は見えないが、淳和《じゅんな》天皇に寵愛された尚蔵《くらのかみ》緒継《おつぐ》女王のように(『続日本後紀《しょくにほんこうき》』承和一四年〈八四七〉一一月己巳条)、宮人として出仕しながら天皇の寵愛を受けた人物であったのかも知れない。

の性行為の対象としてのみ侍る性奴隷的な女性をイメージしてしまっては、彼女たちの奉仕の本質を見誤ることになる。宮人の奉仕の本質は、王宮に出仕して主君の手足となり生活を支えることである。

『日本書紀』雄略九年二月甲子条には胸方《むなかた》神祭祀に采女が派遣されたこと、舒明《じょめい》即位前紀には、推古《すいこ》天皇が山背大兄王《やましろのおおえ》のもとに八口采女《やくちのうねめ》鮪女《しびめ》を遣わし、皇位に関わる言葉を伝えさせたことが記され、大王の名代《みょうだい》としての重要な働きが読み取れる。また、『日本書紀』允恭五年七月己丑条で、召し出された玉田宿禰《たまだのすくね》に酒を給仕し、叛心の有無を偵察するよう命じられた小墾田采女《おはりだのうねめ》、雄略一二年一〇月壬午条で天皇の御膳を運んでいる伊勢采女、『古事記』雄略段で酒杯を捧げる三重采女などの姿が叙述されており、采女たちは大王に近習して世話をし、その手足となる重要な働きをしていたことがわかる。繰り返しになるが、その根底にあるのは心身を大王に捧げる絶対服従である。『日本書紀』雄略一三年九月条には、采女たちが犢鼻褌《ふんどし》姿になって大工の前で相撲を取らされたという挿話があるが、仮にそのような類の命令をされたとしても彼女たちに拒否権はない。

大王・天皇に忠誠を誓い、生身の主君の生活を支えるという女性たちの奉仕は、律令制定の段階で、後宮十二司の職務として法制化されることになる。次節では、律令制下の後宮十二司における宮仕えについて考える。

2　律令官制における男の職域と女の職域

官仕えと宮仕え

「はじめに」でふれたように、律令制における中央の機構は男性の官司と女性の後宮司《こうきゅうし》に截然と区別されていた。令の条文で男性を官人、女性を宮人と書き分けているのも、この区分に対応する。(14) 中央の官司機構は二官八省と総称される官司と、そこからの独立性を保つ弾正台《だんじょうだい》・五衛府《ごえふ》・馬寮《めりょう》などの官司とから成り、諸官司の職《しき》事《じ》(長官《かみ》・次官《すけ》・判官《じょう》・主典《さかん》の四等官(15))や、その下に位置して官位相当を持つ品官《ほんかん》はすべて男性で占められる。治部省《じぶしょう》被官《ひかん》の雅楽寮《ががくりょう》に歌女《うため》、大蔵省《おおくらしょう》被官の縫部司《ぬいべし》に縫女部《ぬいめべ》が見えるように、中には技術を持つ女性を所属させる官司もあったが、それらは官位相当が無く、地位の低い雑任《ぞうにん》としての労働であった。雑任である彼女らが、所属官司で品官、職事へと昇進することはなく、男性と女性のキャリアとが交叉することはなかった。

　後宮十二司は女性職員のみで構成され、雑任といえども男性は含まない。中国の王朝の後宮女官が皇帝・皇后に仕えるのと異なり、日本令の後宮十二司の職務は天皇への奉仕に限定される。日本では大化前代より、大王のキサキは自身の宮を営む

(14) 禄令《ろくりょう》12嬪以上条に「若し官を帯せば累《かさ》ねて給へ」という用例があるが、野村忠夫・原奈美子は、「女官」の語の確実な初見を八世紀末とし、この一例を以て女性職員が「官人」と考えられていたわけではないことを指摘する(「律令宮人制についての覚書――「宮人」と「女官」」『続日本紀研究』192、一九七七年)。

(15) 官司によって、かみ・すけ・じょう・さかんの漢字表記は異なる。

ことが多く、奈良時代に入ってもなお皇后宮は内裏外に営まれていたから［三﨑、一九八八］、後宮十二司はキサキへの奉仕を前提としない組織として設定されたのである。後宮十二司には官位相当が無く、官位令《かんいりょう》において位階ごとに列記されるのは官司の官職のみである。給与支給の必要から、禄令9宮人給禄条に禄（給与）の等級を定めた准位《じゅんい》が規定され（**表1**）、後宮職員令15縫司《ぬいのつかさ》条に「其れ考叙の方式は、一《もはら》に長上《ちょうじょう》の例に准《なぞら》へよ」とされるものの、官人のように考課令《こうかりょう》や選叙令《せんじょりょう》で勤務評定や叙位・補任《ぶにん》の条文が立てられることはない(16)。勤務の管理については、官人の文官が式部省《しきぶしょう》、武官が兵部省《ひょうぶしょう》で集約されるのと異なり、宮人の上日《じょうじつ》（出勤日数）は中務省《なかつかさしょう》に送られ、官人・宮人は別枠で管理される仕組みであった。このように、同じく君主に仕える身とは言え、令制では男女の奉仕の体系が明確に区別されていたのである。

「みやのひと」である宮人の勤務の場は内裏である。官人と宮人の奉仕の空間の相違については、平安時代の儀式書に記された男女の持ち場や、『日本書紀』舒明即位前紀から読み取れる飛鳥《あすか》時代の推古天皇の小《お》墾田宮《はりだのみや》の様子を用いて明快に説明されている［吉川、一九九八］。儀式の場では女官は天皇―男官の君臣秩序からは疎外され、天皇に近侍してその補助と儀場の装飾を務めたが、それは、もともと王宮の閤門内は女性のみが日常的に供奉《ぐぶ》する空間であったことに由来するという。そし

（16）考課令・選叙令に規定される長上官の九等の勤務評定や、それを六年間積み上げて叙位を審査すること、年間二四〇日以上の出勤が必須であることなどの大まかなルールが適用されたことは想像できるが、官人の最《さい》（勤務評定の基準）のような個別具体的な規定はない。

表1　後宮十二司の宮人の准位と定員　（○囲み数字は定員）

	内侍司《ないしのつかさ》	蔵司《くらのつかさ》	書司《ふみのつかさ》	薬司《くすりのつかさ》	兵司《つわもののつかさ》	闈司《みかどのつかさ》	殿司《とのもりのつかさ》	掃司《かにもりのつかさ》	水司《もいとりのつかさ》	膳司《かしわでのつかさ》	酒司《さけのつかさ》	縫司《ぬいのつかさ》
正三		尚蔵 ①										
従三												
正四										尚膳 ①		尚縫 ①
従四		典蔵 ②										
正五												
従五	尚侍 ②									典膳 ②		典縫 ②
正六											尚酒 ①	
従六	典侍 ④		尚書 ①	尚薬 ①			尚殿 ①					
正七					尚兵 ①	尚闈 ①						
従七	掌侍 ④	掌蔵 ④						尚掃 ①	尚水 ①			
正八										掌膳 ④		掌縫 ④
従八			典書 ②	典薬 ②	典兵 ②	典闈 ④	典殿 ②	典掃 ②	典水 ②		典酒 ②	
散事	女孺 (100)	女孺 ⑩	女孺 ⑥	女孺 ④	女孺 ⑥	女孺 ⑩	女孺 ⑥	女孺 ⑩	采女 ⑥	采女 (60)		

て、内裏への官人の出入には宮人（闈司《みかどのつかさ》）を介した天皇の許可が必要であったが、八世紀を通じて官人の内裏内への伺候が進んだことで、男官に対する女官の語が使われるようになるという。実際に『延喜式《えんぎしき》』（延長五年〈九二七〉撰進）を見れば、宮人と女官の用語が混用され、後者が前者に倍する頻度で用いられるようになっており、用語の変遷を見て取れる。

吉川真司が天皇の居住空間への男女の参入を分析し、男性も伺候する〈開かれた内裏〉の成立を論じたのに対して、野田有紀子は、宮人が内裏外に出て行くことに注目した［野田、二〇一〇］。宮人が官司にも配置されるケースや、男性と共同で労働する業務があることから、中国の後宮と異なり、日本の後宮は女性の立場からすると開放的であったと述べており、それもまた日本の後宮の特徴としてうなずける。さらに、野田説を援用する形で、もともと日本の後宮空間は開放的であったとして、令制前の閤門内を天皇と女官だけの空間だったとすることに疑義を呈する研究もあるが［伊集院、二〇一六］、これは野田説を正しく踏まえていない。野田が指摘したのは、内裏外にも労働の場を持つ女官の立場では内裏は閉鎖的ではないということであって、女性が内裏外に出ることと、内裏外から男性が入ってくることとは同じではない。八世紀以降に男性官人の内裏伺候が進むという事象はすでに広く認められるところとなっているが、それは女官と男官との同質化を意味せず、内裏内におけ

表2　後宮十二司の職掌

	尚の職掌
内侍司	掌．供奉常侍．奏請．宣伝．検校女孺．兼知内外命婦朝参．及禁内礼式之事．
蔵司	掌．神璽．関契．供御衣服．巾櫛．服翫．及珍宝．綵帛．賞賜之事． 〈掌〉出納．綵帛．賞賜之事．
書司	掌．供奉内典．経籍．及紙．墨．筆．几案．糸竹之事．
薬司	掌．供奉医薬之事．
兵司	掌．供奉兵器之事．
闈司	掌．宮閤管鑰．及出納之事．
殿司	掌．供奉輿繖．膏．沐．灯油．火燭．薪炭之事．
掃司	掌．供奉牀席．灑掃．鋪設之事．
水司	掌．進漿水．雑粥之事．
膳司	掌．知御膳．進食先嘗．惣摂膳羞．酒醴．諸餅蔬菓之事．
酒司	掌．醸酒之事．
縫司	掌．裁縫衣服．纂組之事．兼知女功及朝参． 〈掌〉命婦参見．朝会引導之事．

養老令の本注を抜粋している．
典の職掌は全司で尚の職掌の範囲内．
尚の職掌に含まれない職掌を掌が持つ場合のみ〈掌〉として記載．

る奉仕のテリトリーは明確に分かれていた。

後宮十二司の体制

後宮職員令に定める後宮十二司の体制を見ていこう。後宮十二司は、天皇の居住空間である内裏で天皇に奉仕し、内裏内の秩序を維持し、天皇の手足となる女性職員の組織として編成された。後宮司では尚《かみ》・典《すけ》・掌《じょう》の三等級の職が准位の相当を持つ職事、それより下の采女や女孺《にょじゅ》が准位を持たない散事《さんじ》とされる。養老令に定める各後宮司の准位と定員、職掌は**表1**・**表2**に示したとおりである。

十二司は相互の統括関係にはなく横並びであるが、准位によるランクの高低はあった。各司の最上位である尚の准位で比較してみると、最高位にあったのは尚蔵《くらのかみ》であるが、これが皇権を象徴する御璽《ぎょじ》(17)の保管を職掌としていたことに鑑みれば、もっともなことである。それ以下は職務内容の玉体《ぎょくたい》(天皇の身体)からの遠近が准位の上下に関わっているように見うけられる。蔵司《くらのつかさ》に次ぐのは膳司《かしわでのつかさ》と縫司《ぬいのつかさ》であるが、これは毎日の食事・着替えなどの場面で玉体維持に奉仕するためと考える。蔵司は天皇の衣服を収納するが、実際の着せ替えなどの世話は縫司が担当したため、この准位を与えられたものであろう。その次は内侍司《ないしのつかさ》で、「奏請《そうせい》・宣伝《せんでん》」、すなわち天皇と臣下の間での言葉の取り次ぎを掌る《つかさど》。内侍司は女孺の検校《けんぎょう》や内外命婦の朝参、禁中の礼式も管掌し、他司の宮人の監督部署としての役割も持つが、そのこと自体は天皇との物理的な距離の遠近に関わらない。天皇の言葉を運ぶという重要性から五位の准位を与えられているものの、直接玉体維持に奉仕しないために蔵司・膳司・縫司より下位とされたのだろう。

三人の職事しか配属されない酒司《さけのつかさ》の職務は主に醸酒《かもしざけ》の出納管理で、実際に天皇に酒を進めるのは毒味を行い酒食を奉る膳司の職務と考えられる(**図1**)。天皇の飲み水や粥などを掌る水司《もいとりのつかさ》が最下位なのも同様の事情によるものであろう。准位で酒司以下の八司は、天皇の飲食物の調達や住環境の維持、道具の管理、内裏への出入

(17) 「天皇御璽」の印文を持つ天皇の印璽《いんじ》で、「内印《ないいん》」とも呼ばれる。

の管理などに従事するが、直接天皇の世話にあたらないため、長官の准位が内侍司以上の四司より低い六位以下に設定されたと思われる。

律令制では貴族である五位以上と六位以下との地位の差が隔絶していたが、宮人にとっても同様であった。前述のように、五位以上の女性が内命婦であるが、『日本書紀』の写本で「内命婦」に「ヒメマチキミ」とする古いよみがなが見られ、儀式書での「女官」の「ヒメトネ」の呼称と区別されることから、宮人には、男性のマヘツキミ(五位以上)—トネ(六位以下の総称)[18]と対応する、ヒメマヘツキミ(ヒメマチキミ)—ヒメトネの区分があったとする説がある[吉川、一九九八]。マヘツキミは大王の御前に伺候し、政務に預かる有力者を意味するから、それと対をなすヒメマヘツキミも大王に侍し奉仕することができる特権階級であったことになる。そして、この伝統をひく命婦(ヒメマヘツキミ)は、昇殿《しょうでん》を許され天皇の衣食

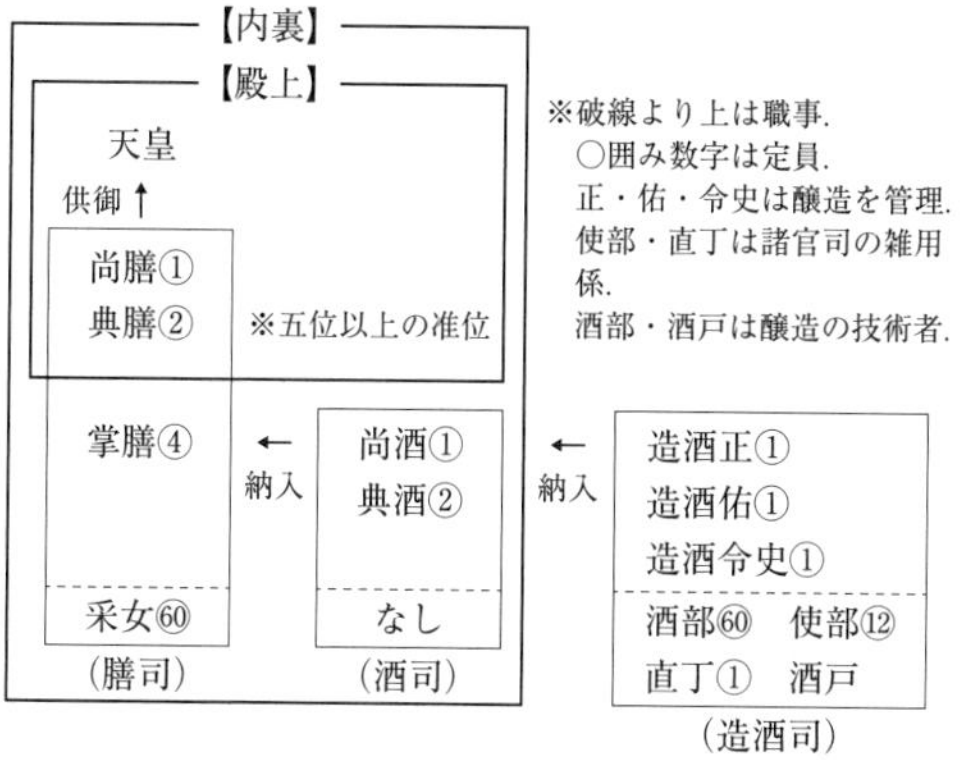

図1　令制における酒の供御のイメージ図

(18) マヘツキミには公卿・卿・大夫、トネには刀禰・刀根の漢字表記がなされる。

住を支える平安時代以降の女房の歴史的前提であったという。(19) この説に照らせば、尚蔵《くらのかみ》・典蔵《くらのすけ》、尚膳《かしわでのかみ》・典膳《かしわでのすけ》、尚縫《ぬいのかみ》・典縫《ぬいのすけ》、尚侍《ないしのかみ》の准位が命婦に該当する五位以上に設定されているのは、それらがヒメマヘツキミの奉職する特別な職として後宮十二司の中に組み込まれていたことを意味しよう。

官人・宮人の分担と連携

つづいて後宮の内と外、すなわち宮人と官人の奉仕の関係について考える。かつて、文珠正子は『令集解《りょうのしゅうげ》』後宮職員令の注釈の「与男官共預知之（男官と共に之を預かり知る）」という字句に着目し、中務省が宮人の考叙を管掌すること、身分の低い女性の雑任が官司で働いていたことなどから、日本の後宮は男性が勤務する官司と密に繋がることを指摘した。そして、女司と男司の未分化は、宦官《かんがん》の不在と、律令制の中に令制以前の古い品部《しなべ》・雑戸《ざっこ》を組み入れたことに由来し、それが日本の後宮の開放性に影響したとの見通しを示した〔文珠、一九九二〕。文珠が論じたのは主に散事・雑任の働きについてであったが、その研究に触発され、職事を含めた男女の共同労働も取り上げられるようになった〔伊集院、二〇一六〕。たしかに、宦官不在の日本では、職務遂行上のいずれかの場面で男女が連携せざるを得ないが、それを共同で労働していたと評価し、男女の共同労働が本来的な体制であったとすること

(19)『寛平御遺誡』に前掲の伝聞を記した宇多天皇にとっては、命婦にあらざる采女を御前に上がらせて掃除をさせているという光景も特筆に価することであっただろう。

には、疑問が投げかけられている〔岡島、二〇二二〕。

内裏での官人の伺候が進み、〈開かれた内裏〉へと移行した平安時代においても、天皇が居所とする清涼殿《せいりょうでん》の西廂《にしひさし》の台番所《だいばんどころ》に伺候するのは女房、南廂の殿上間《てんじょうのま》に伺候するのは男房と、内裏内における男女の職務や空間のテリトリーは分かれていた。また、『延喜式』や平安時代の儀式書などでも、玉体に関わる場面においては、男女の持ち場を分けている事例を確認できる。例えば、六月の御贖《みあが》(20)の次第では、中臣《なかとみ》氏の男性たちが祭祀に用いる品々を捧げて延政門《えんせいもん》から内裏に入るが、彼らが進むのは階下までで、そこで品を受け取った中臣女《なかとみめ》（中臣氏の女性から選出）が、殿上で玉体を量るなどの所作を行うことになっている（『延喜式』神祇一　四時祭上30・31(21)）。ここでは、男女が連携して祭事を遂行しているが、場を同じくしての共同労働はしていない。異なる役割を持って連携することと、場を同じくして同内容の業務に従事する労働とは明確に弁別されなければならない。男女の共同労働の論拠として用いられた「与男官共預知之」の解釈についても然りである。

男官と共に何を預かり知ったのか

文珠らが注目した『令集解』後宮職員令の「与男官共預知之」の字句は、5蔵司条・10殿司条・14酒司条に付された注釈に含まれている。それらの注釈は、八世紀

(20) 御贖は六月・一二月の天皇・中宮《ちゅうぐう》・東宮《とうぐう》の祓《はらえ》で、竹を用いて天皇らの体を量る儀式を含むことから、後には節折《よおり》儀と呼ばれ、これに殿上で奉仕する中臣女は、「よをりの命婦」と称された（『建武年中行事』六月晦日条）。

(21) 『延喜式』各条の番号は虎尾俊哉編『訳注日本史料　延喜式（上・中・下）』（集英社、二〇〇〇―一七年）による。

末から九世紀半ばにかけての明法家《みょうぼうか》（法律家）による養老令の解釈であって、(22)必ずしも同時代の実態に忠実であるとは限らない。それでも律令が掲げられていた時代における認識の事例ではあるので、各注釈の内容の確認作業は避けて通れない。まず、該当する穴記《あなき》・朱記《しゅき》・令釈《りょうしゃく》の書き下し文を挙げておこう。

5蔵司条　尚蔵《くらのかみ》の職掌「供御《くご》衣服」に付された穴記

穴に云《いわ》く。供御の衣服。謂《いうこころ》は只《ただ》服用に供すべき。(23)其れ人に賜はる料《りょう》は縫司に在るべし。自余《じよ》の雑物《ぞうもつ》、或は内蔵《くら》より分収し、或は臨時に男官と相共に供奉するのみ。自余の諸司、皆此に放《なら》ふのみ。

10殿司条　尚殿《とのもりのかみ》の職掌「供奉輿繖《よさん》。膏《こう》。沐《もく》。燈油。火燭《かしょく》。薪炭《しんたん》之事」に付された朱記

朱に云く。殿司と男官と共に預かり知るのみ。以下の諸司も亦《また》此に放ふなり。

14酒司条　尚酒《さけのかみ》の職掌「醸酒事」に付された令釈

釈に云く。醸酒の事。男官と共に之を預かり知る。

結論から言えば、これらの記載から後宮司の職事が官人と共同で労働に従事したと判断することはできない。これらの「相共に供奉する」「預かり知る」職務はいずれも天皇に供御する品々の出納に関わるが、蔵司や殿司は生産や徴税に従事する部署ではないから、供御品の調達先として、貢納品の収納や供御品の生産を掌る官

(22)『令集解』所引注釈のうち、古記《こき》は大宝令に対して天平一〇年（七三八）頃に作成されたとされる注釈書であるが、本稿で言及する部分はない。

(23)『令集解』のテキストでは「謂見合供服用」とあるが、これでは意味が通じないため、「見」を字形の似る「只」の誤りと推定して書き下した。

司と関わるのは当然のことである。明法家が記した「預かり知る」とはその連携の部分を指すと考えられる。

蔵司条の穴記は、まず、尚蔵が掌るのは天皇が着用するものだけで、下賜用は縫司が収蔵するという分担を述べる。(24) そして、それ以外の雑物は、中務省被官の内蔵《くら》寮《りょう》の収蔵物を分けて蔵司に収めた上で供御したり、臨時に男官と共に供奉するとしている。臨時の供奉とは、蔵司の収蔵分で不足する場合に、蔵司と内蔵寮の双方から供御するとの趣旨であろう。かかる職務の遂行において官人・宮人による納入物の照合は不可欠であるが、必ずしも尚蔵らの職事が官人と対面で行う必要はない。

殿司の尚殿の職掌である供奉用の輿《こし》と繖《きぬがさ》・膏・沐（入浴の準備(25)）・燈油・火燭・薪炭についても、男官（主殿寮《しゅでんりょう》・主油司《しゅゆし》）との間に蔵司・内蔵寮と同様の連携を想定できる。また、燈油・火燭を掌る殿司は、平安時代の儀式書によると、毎朝、御燈火を撤収し、煤《すす》などで汚れる殿上を払拭していたが、その業務は「卯《う》の剋《こく》、主殿頭《かみ》已下《か》、僚下を率ゐ、箒《ほうき》を擁《も》ち、庭塀を払ひ清む。男蔵人《なんくろうど》格子《こうし》を上《あ》ぐ。尚殿以下、女孺を率ゐ御燈を撤《ま》き、殿上を払ひ拭《ぬぐ》ふ。女蔵人之《にょくろうどこれ》を検校す」という手順であった（『西《さい》宮記《きゅうき》』一〇　侍中事）。女蔵人は九世紀末までに出現する下級の女房である。ここでの女蔵人の検校の対象が主殿寮の庭掃除までを含むのかはわからないが、含むとしても、おそらく着衣を汚さぬよう、殿上からの視認までであったことだろう。主殿

(24) 養老令の蔵司条に蔵司の職事の職掌として「賞賜之事」が記されているので、穴記の人に賜る料が蔵司ではなく縫司に収蔵されているとの説明には疑問がある。

(25) 天皇の入浴の世話はしない。鎌倉時代初期の史料であるが、順徳天皇が著した『禁秘抄（上）』の「恒例毎日次第」には、内侍司の女房が入浴の世話にあたることが記されている。

寮と殿司とは、「庭塀」と「殿上」で持ち場を分担していたのであり、両寮司は同内容の業務を行っているのではない［橋本、一九九五］。

酒司条については、職員令《しきいんりょう》47造酒司《ぞうしゅし》条の注釈に「女司」との関係が記されていることが読む者を惑わせる。造酒司長官の造酒正《かみ》の職掌である「醸酒、醴《こざけ》、酢事」について、「穴に云く、女司此の司（造酒司）に来、倶《とも》に造るのみ」「伴、跡に云く。醸酒、謂は女司共に知るのみ」という注釈が付けられているのである。しかし、これは穴記・伴記《ばんき》・跡記《あとき》を著した明法家たちの誤解である。

造酒司条で職事の下に酒部《さかべ》六〇人と不定数の酒戸《さかへ》の配属が規定されているのに対して、酒司条では尚酒一人、典酒《さけのすけ》二人の職事のみで、そもそも造酒に従事する散事や女丁《にょちょう》（女性の仕丁《しちょう》。仕丁は一般の公民から徴発される）などの規定がない。衣服の裁縫を職務とする縫司にも、後宮職員令で散事・女丁の配属が記されないが、尚縫の職掌として女功《にょこう》を知る（女性の労働を管理する）ことが明記されているし、『延喜式』では女孺一〇〇人の配属が明文化されるに至っている（中務省式77）。後宮職員令や『延喜式』中務省式77で配属の見えない水司の女孺二人が、内蔵寮式61に見られるなど、女孺が臨時に配されることはあったらしいが、酒司にはそのような形跡もない[26]。酒司は「酒を醸《かも》」したのではなく、「醸酒《かもしざけ》」の出納・供御を掌ったというのが養老令の法意であろう。上記の諸注釈は、造酒司条と酒司条の双方に「醸酒」の記

(26) 文珠正子は『延喜式』宮内省式58の「凡そ諸国の女丁は、省検校し諸司に分配せよ。其粮《りょう》は毎月仕丁に准へ民部省に移《い》せ（践祚大嘗《せんそだいじょう》の時は、抽出し造酒司に充て、酒米を舂《つ》かしめよ）」という条文を、尚酒・典酒が女丁を率いて造酒司へ赴き醸酒に携わったと解釈し、男女の共同労働を説明した［文珠、一九九二］。しかし、女丁を分配し民部省に食粮請求の移という文書を送る主体は造酒司を管轄する宮内省であり、ここに酒司の関与は見られない。

述があるのを見た明法家たちが、同じ「酒を醸す」業務と読み誤り、同じ業務であるからには共同で行ったものと憶測したに過ぎないと言える。

以上、宮人の職事が官人とともに預かり知ったというのは、物品の調達などの連携を内実とし、官人・宮人が共同で同内容の労働に従事する意味ではないことを確認した。

男性と共同労働する散事

『令集解』後宮職員令の「与男官共預知之」という注釈からは、宮人の職事が官人と共同で労働するという情景を読み取れなかったが、散事（女孺・采女）以下については状況が異なる。職員令には、縫部司（大蔵省の被官）に配属される縫女部や、雅楽寮（治部省の被官）に配属される歌女一〇〇人が規定されていたし、延喜式制まで下ると縫殿寮《ぬいどのりょう》（中務省の被官）に女孺七〇人の配属が明文化されている（縫殿寮式24）。彼女たちの具体的な就労形態は不明であるが、官司に配属されていることから、技術者として男性と共に縫製作業に従事したり歌舞の修練に取り組んだりしていたことは想像に難くない。

『延喜式』には、日々の業務として散事が男性官司に出向する規定もある。『延喜式』大膳《だいぜん》式下16には、大膳職が供給する供御の索餅《さくべい》(27)について、「女孺、女丁を率い

(27) 小麦・粉米・塩を材料とする加工食品であることが同条からわかる。

て内膳司《ないぜんし》に向かひ、司と料理し、日別《にちべつ》に之を供す」とあり、内膳司において、女孺(所属先不明)が引率する女丁と内膳司官人とで索餅を料理することになっている。内膳司式34でも、内膳司で雑菜を漬ける作業の中で、特に生薑《しょうが》の選別作業には女孺と女丁が従事することになっている。なぜ、索餅や漬け生薑の加工が、特に女性の役割とされたのかはわからないのだが、散事以下にとって官司に出向して男性と共同で労働することは特殊なことではなかったようである。

3　女性官僚の不在

内侍司の宣伝

古代の日本に女性官僚はいないと冒頭で述べたが、尚侍は奏請と宣伝への供奉を職掌とし、一見すると行政に携わる官僚に見えなくもない。ここでは、その尚侍の職掌を紐解き、彼女たちの職務の本質について考える。

天皇の意思伝達に従事する内侍司の職責は重く、後宮職員令に定められた当初の准位は**表1**の如くであったが、その待遇は徐々に上昇した。霊亀元年(七一五)二月に従四位を帯びる尚侍の禄を典蔵(准位従四位)に準拠することとし、天平宝字四年(七六〇)一二月に男性の半額である封戸《ふこ》などを尚侍・尚蔵には全給とし、宝亀八年

(28) 天平宝字四年と宝亀八年の措置で尚侍・尚蔵が同等の扱いとなっているのは、当該時期の尚蔵が尚侍を兼任していたという事情によるだろう(**表3**)。

（七七七）九月には尚侍・典侍《ないしのすけ》の准位を尚蔵（正三位）・典蔵（従四位）に準拠することとした(28)（『続日本紀』）。さらに大同二年（八〇七）には、内侍司の准位として尚侍に従三位、典侍に従四位、掌侍《ないしのじょう》に従五位が定められ、それが『延喜式』に踏襲される(29)。律令国家は文書行政により機能するが、天皇自身が一つ一つ文書を書いて指示をするわけではない。天皇は口頭で下命し、勅を承った者から外部に伝達され、それが文字化されて実施に移されていた。ここでは、そのプロセスにおいて、近習者たる内侍司の宮人が、官人とどのように役割分担するのかについて、法制史料を読み解いていく。

後宮職員令4内侍司条に定める尚侍の職掌の筆頭には「常侍、奏請、宣伝に供奉」することが記され、恒常的に天皇と官人との間を中継することを職務とした（**表2**）。典侍は奏請・宣伝を許されず、尚侍が欠員の時のみこれを代行するが、掌侍はまったくこれを許されない。他の後宮司に倍する職事の定員を設定されているのは、天皇と宮外との意思伝達という昼夜を問わず停滞が許されない職務を担うためで、平安時代初期に詔勅《しょうちょく》の速やかな伝達などを目的として設置された蔵人所《くろうどどころ》が長官二人体制であったことと相通じる。

令には勅命の伝達についての具体的な手続きが記されないが(30)、次の史料からその一部をうかがうことができる(31)。難解で長文の史料であるが、内侍司の職掌について

(29)『類聚三代格《るいじゅうさんだいきゃく》』五 定官員幷官位事 大同二年一二月一五日太政官《だいじょうかん》奏《そう》。『類聚国史《るいじゅうこくし》』四〇 内侍司。『延喜式』中務省式78。

(30) 公式令2勅旨《ちょくし》式条に「勅受くる人、中務省に宣《の》べ送れ」とあるだけで、受勅人の官職、受勅の方法などは記されない。

(31) 同史料を論じる研究には、坂上康俊「詔書・勅旨と天皇」（池田温編『中国礼法と日本律令制』東方書店、一九九二年）、春名宏昭「内侍考―宣伝機能をめぐって」（『律令国家官制の研究』吉川弘文館、一九九七年）、伊集院（二〇一六）、吉川（一九九八）などがある。

語る稀少な法制史料であるので、全文の書き下し文を挙げ、内容を確認する。

『類聚三代格』一七　大同元年(八〇六)八月二日太政官奏

太政官謹《つつし》み奏《もう》す

応《まさ》に勅旨幷《なら》びに内侍の移文《いぶん》を行ふべき事

右、A大内記《だいないき》正六位上山名王《やまなおう》等の解《げ》状に云く、「①謹んで神亀《じんき》以降の案内を検ずるに、内侍司中務省に送る牒《ちょう》、年月日の下に或は内記の位姓名を署《しる》し、或は女史《じょし》の姓名を署す。②然して則ち中務に牒送するは、既に令意に乖《そむ》き、③内記の名を署すは、未だ何拠《いずこ》にも見えず。④望み請《こ》ふらくは、勅旨以外、公式令《くしきりょう》内外諸司因事《いんじ》管隷式《かんれいしき》に准《なぞら》へ、女史をして移文を作らしめ、即ち年月日の下に女史の位姓名を署し、各僣違《せんい》を免れ、従ひて職務を守らんことを」者《てえり》。B臣等《しんら》商量するに、⑤請ふ所宜《よろ》しかるべし。⑥伏して望むらくは、令に依り改め行ひ、⑦兼ねて特に女史の署《しょ》を聴《ゆる》さんことを。⑧但し職員令を案ずるに、掌侍は奏請宣伝するを得ず。此に准へ之を論ずるに、掌侍移文に署名するを聴さず。⑨其内侍司印は、之を行ふこと已《すで》に久し。只《ただ》移文に請《う》くるは、便《すなわ》ち之に印せしめん。謹み以て申し聞こゆ、謹み奏す。　C勅を奉《うけたまわ》るに、「⑩奏《そう》に依れ。」

大同元年八月二日

この格《きゃく》は、A大内記山名王たちの「解」(上申書)について、B太政官で審議して妥当と判断し、「奏《そう》」（天皇への上申）で天皇に改正への裁定を仰ぎ、C天皇の裁可を受けて実施の運びとなったものである。内記は中務省の品官で詔勅の起草などを掌る。大内記・中内記・少内記各二人の定員があり、この解状は上席の大内記山名王を筆頭とする内記たちの上申である。格中に見える「牒」は主典以上の官人が官司に送るほか、寺院などの非官司と官司の間でも取り交わされるなど幅広く用いられた文書、「移」は統轄関係がない官司の間で取り交わされる文書である。この格では、内侍司から中務省へ送られる牒を、牒と移に分化することが定められた。

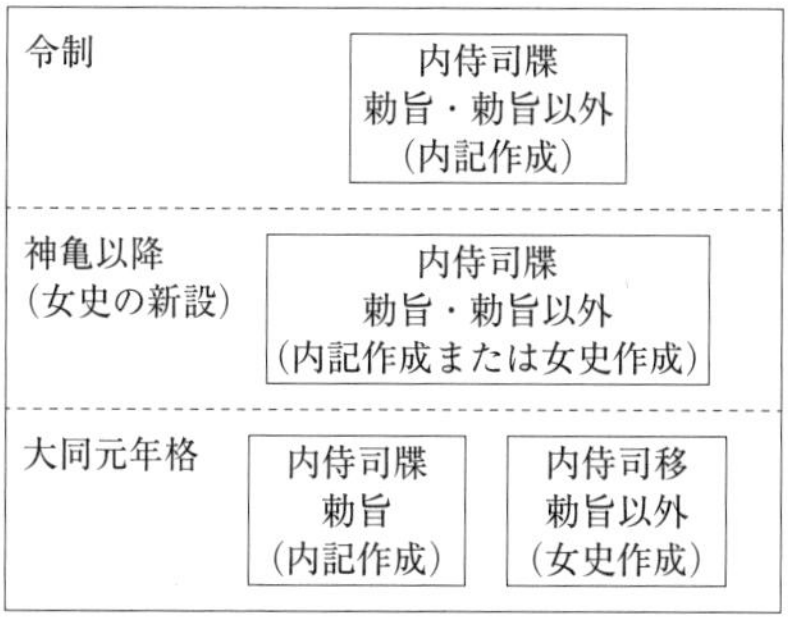

令制	内侍司牒 勅旨・勅旨以外 （内記作成）	
神亀以降 （女史の新設）	内侍司牒 勅旨・勅旨以外 （内記作成または女史作成）	
大同元年格	内侍司牒 勅旨 （内記作成）	内侍司移 勅旨以外 （女史作成）

図3の天平8年（736）の内侍司牒より，大同元年（806）の格以前には女史も勅旨を受けた内侍司牒を作成していたことがわかる．

図2　内侍司牒の変容

内記たちの問題提起と法改正

Aの部分で、内記である山名王たちが、何を問題とし、どのような要請をしているのかを確認しよう（**図2**）。彼らは、まず、神亀（七二四―七二九年）以来の実情を調べた上で、内侍司が中務省に送ってきた牒には、年月日の下に内記が署名しているものと、女史（令外《りょうげ》の女性の書記官[32]）が

（32）設置を記す史料はないが、山名王たちが神亀以降の文書を調べていることから、神亀年間の設置であることが読み取れる。

署名しているものとが混在しているという実情を述べる①。そして、そこには二つの問題があると指摘する。問題の一つ目は、令の中には存在しない女史が牒を作成し署名することは、本来の令の法意から乖離しているということ②、二つ目は、令意は内記が牒を作成・署名することであるにもかかわらず、それを明文化した法が無いということ③である。

これらの問題に対して、山名王たちは一つの提案をして是正を要望している。その提案とは、内侍司から中務省に送られる文書を勅旨に関わるものと、勅旨に関わらないものに類別し、後者については、公式令12移式条の内外諸司因事管隷式に準拠して女史に移を作らせ、年月日の下に女史の署名をさせるというものである④。「事に因《よ》り管隷する」とは、組織編成上の統括関係にない官司同士が、特定の職務において管理・隷属の関係となることをいい、内外諸司因事管隷式は、その場合の文書様式を規定するものである。[33] 内記たちは、内侍司から中務省への文書について、内記は牒、女史は移の作成を担当することで、職掌の住み分けを求めていることが読み取れる。このように女史の作成する文書が勅旨と関わらない移に限定されれば、明文化されなくても、勅旨に関わる牒に作成者として署名するのは内記だけとなるので、二つ目の問題も解決されるはずである。

Bの部分では、太政官がAの上申を妥当と判断し⑤、牒については現状から令

(33) 通常の移の「故移（故に移す）」という文末表現を、因事管隷の場合の移は「以移（以て移す）」に替える。

のとおり内記の署名するものだけに改め⑥、牒とは別に女史が作成し署名する内侍司移を新規に設定すること⑦を天皇に要望している。さらに細則として、移の作成にあたっては、掌侍の署名を認めないこと[34]⑧、内侍司印の押印については、これまで牒への押印を掌侍が行ってきた経緯があるので、[35]移についても押印だけは許可することを付け足した⑨。そして、Cの部分では、天皇から裁可されたことが記されている⑩。ここに、女史が記す移と、内記が記す牒とが区別されることになった。

この格では、勅旨に関わる場合は令意にそって内記署名の内侍司牒を作成することが確認されたのであって、内侍司牒そのものが廃止されたのではない。四年後の藤原薬子《ふじわらのくすこ》の変において、嵯峨《さが》天皇が平城《へいぜい》上皇付きの尚侍薬子を「己が威権を擅《ほしいまま》に為《せ》むとして、御言《みこと》に非《あら》ざる事を御言と云ひつつ、褒《ほ》め貶《おと》すこと心に任せて、曽《かつ》て恐れ憚《はばか》る所无《な》し」(『日本後紀』弘仁元年〈八一〇〉九月丁未条)と非難しているのも、まだ内侍司が勅の伝達を行い得たことを示し、これらは牒として伝達されていたと推測する。蔵人所が薬子の変をきっかけに設置されたことも考慮したい。

内侍司の牒と移

内侍司から中務省に送られる牒と移という二種の文書の特徴について、もう少し

(34) 奏請・宣伝ができない掌侍以下の署名のみの文書を無効とするということで、典侍以上と共に掌侍が署名することまでを禁じたわけではないと考える。

(35) これ以前の掌侍の押印の規定は見られないが、文脈から掌侍の役割の付則と解釈する。

考えてみよう。前述のように、後宮十二司を官司にあらずとする令本来の区分に立ち返って考えるなら、もともと非官司の内侍司から中務省に送られる文書が牒であったことは理にかなっている。[36] しかし、中務省の職務には「女王、内外命婦、宮人等の名帳・考叙・位記」のことが含まれ、「女孺を検校」し「内外命婦の朝参、禁《きん》内《だい》の礼式」を管理する内侍司は、現実には中務省の統轄を受ける官司のごとき役割も担っていた。人事管理という業務において、内侍司が中務省に隷属する官司と見なされて内外諸司因事管隷式による移を発給するのはふさわしく、大同元年格以降、かかる業務の文書はすべて女史によって作成される移になったのである。『延喜式』中務省式には、後宮（妃《ひ》・夫人・嬪）・宮人の時服《じふく》（禄の一種）や、諸祭・節会《せちえ》などでの女官の雑用料の請求において中務省に送られる内侍司移の規定がある（76・77・81・89など）。

一方の牒は、勅旨を伝達する場合に作成され、伝達者である尚侍（典侍）と筆記した内記の署名がなされるはずである。尚侍の署名が自筆ではなく内記による代筆であったことは、現存する女史による牒が、尚侍の署名も含めて女史による全文一筆であることと同様であっただろう[37]（**図3**）。大同元年格では牒に内侍司印が押印されてきたこと、新規の移にも押印することが記され、掌侍以上の職事の手により押印されたはずである。それは、文書を全文一筆で作成する内記や女史の捏造の発生を

（36）平城宮第二七四次調査では、内蔵寮が「内侍牒」によって繊維製品を出蔵したと解される木簡が出土している（『平城宮発掘調査出土木簡概報』34、奈良国立文化財研究所、一九九八年。古尾谷知浩『律令国家と天皇家産機構』塙書房、二〇〇六年）。

（37）「天平八年七月二九日内侍司牒」（『大日本古文書』〈編年文書〉二巻四頁）、「天平八年八月二六日内侍司牒」（同八頁。**図3**）。いずれも「正倉院文書」正集四。

防ぎ、かつ過誤があった際の責任の所在が尚侍と内記または女史の双方にかかることを明確にするための仕組みであったと考える[38]。

内裏という天皇のプライベート空間内では尚侍が音声としての勅を運び、内記により文字に変換されたものが内裏外へ運び出され、行政組織たる中務省によりオフィシャルに実施に向けて処理されていく。以上は僅かな手がかりから内侍司の職務の一部を読み解いただけで、これで同時代の勅旨の下達の全貌を論じることにはならない。内侍司が伝達に預かった勅旨がどの程度の重要性のある内容なのかも判断できないが、勅旨に関わる尚侍と内記の役割を確認するには十分であろう。

日本には、中国や朝鮮半島のような宦官が置かれなかったから、天皇の命令が内

(38) 施行までに中務省から天皇に覆奏《ふくそう》する手順となっており、過誤があればそこで発覚する（公式令2勅旨式条）。

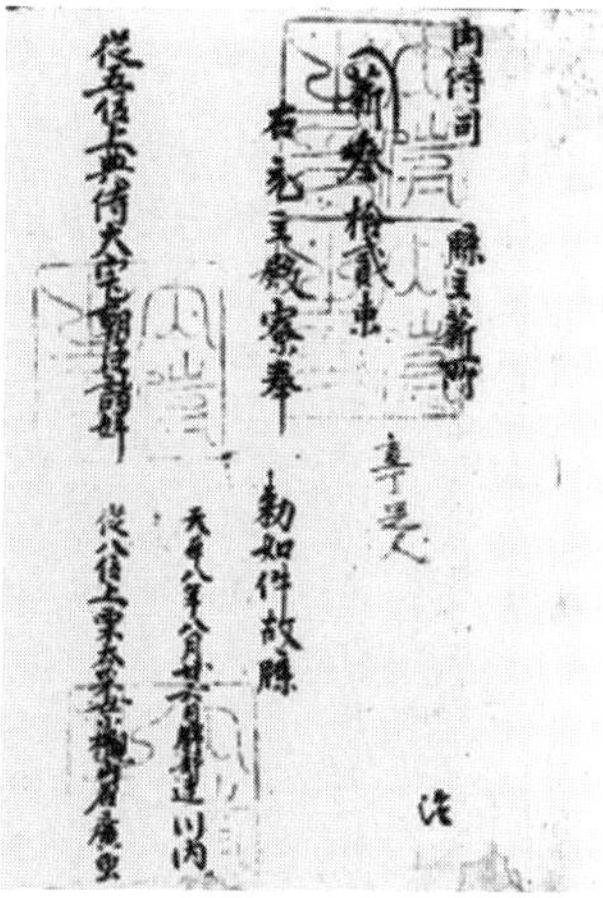

図3　天平8年(736)8月26日内侍司牒(「正倉院文書」正集4，宮内庁ホームページ shosoin.kunaicho.go.jp/documents?id=0000011064&index=3)

内侍司から主薪所《しゅしんしょ》という組織に対して，主殿寮へ薪《まき》を充当するようにと通達した些細な内容の文書であるが，奉勅して作成され，「内侍之印」が押されている．日付の後の上段に典侍の署名がある．その下の栗太采女《くるもとのうねめ》小槻山君広虫《おづきのやまのきみひろむし》は掌侍と考えられ，押印者としての署名であろう．署名も含め全文一筆で，日付の下の錦部連川内《にしごりのむらじかわち》がこれを執筆した女史である．本文書作成に関与した奉勅者・押印者・執筆者の署名が揃っていることになる．

裏を出て実施に移される途中で女性から男性への伝達の場面が必要となるが、これに共同作業というような表現は似つかわしくない。尚侍は奉《うけたまわ》った天皇の言葉を、自分の裁量を加えずに伝えることと、内記は伝えられた天皇の言葉をふさわしい文章に筆記することと、それぞれ別個の職務を担っているのである。天皇のプライベートを支え手足となる宮人は、この場合は口となって天皇に代わって行動しているだけで、それは行政を担う官僚としての職務ではない。

4　男と女の宮仕え

人妻も出仕する後宮

日本の後宮の宮人は、宮外に出ることを禁じられていなかった。後宮職員令では、十二司それぞれの職員・職務の条文を立てた後、職事・散事とも半月ごとに三日の沐仮《もくけ》(沐浴のための休暇)を与えることを規定しているが、それは帰宅も想定しての立条であろう。また、しかるべき手続きを踏めば、夫を持つことも禁じられていなかった。これらの寛容さは日本古代の後宮の大きな特徴である。もちろん、独身を通す宮人もいたであろうが、尚侍や尚蔵を務める高位の宮人には多くの既婚者がいた。そして、男であれ女であれ、王権下にある以上は君主に心身を捧げて仕えるもので

表3　尚侍・尚蔵の着任者

国史記載条	本人	尚侍	尚蔵	夫(生前の極官)没年	本人についての備考
天平宝字 6(762). 6. 23	藤原宇比良古	●	●	藤原仲麻呂(大師) 764	
宝亀 5(774). 1. 2	吉備由利		●		770. 8. 17 典蔵(現任)
天応 1(781). 3. 10	大野仲仟	●	●	藤原永手(左大臣) 771	
延暦 1(782). 4. 17	藤原百能	●		藤原豊成(右大臣) 765	778. 8 尚侍(『平遺』2巻468頁)*
延暦 3(784). 10. 28	阿倍古美奈	●	●	藤原良継(内大臣) 777	
	橘真都我	○	○	藤原是公(右大臣) 789	終見786. 1. 14. 官職は『補』『尊』
延暦 14(795). 4. 11	百済王明信	○		藤原継縄(右大臣) 796	終見797. 1. 24(現任)
大同 4(809). 4. 3	藤原薬子	○		藤原縄主(中納言) 817	終見810. 9. 10(解任), 2日後自殺
弘仁 8(817). 10. 10	五百井女王	●			806. 2. 23 尚縫(現任)
天長 5(828). 9. 5	藤原美都子	●		藤原冬嗣(左大臣) 826	
天長 10(833). 2. 16	継子女王	○			827. 8. 16 典侍(現任)

『続日本紀』『日本後紀』(逸文を含む)により, 他の出典は備考に注記.
『平遺』:『平安遺文』　『補』:『公卿補任』　『尊』:『尊卑分脈』
在任を○, 特に職位の初見が国史の薨去記事の者は●で示す.
便宜的に西暦を併用.
備考欄の「終見」は生存が確認できる最後の年月日を示す.
＊藤原豊成と縁深い栄山寺への田地施入者「尚侍正三位藤原朝臣鮒子」を百能に比定.
『興福寺流記』東院東瓦堂阿弥陀仏発願者「正三位尚侍尚蔵藤原夫人」も百能に該当するが,「尚蔵」は『続日本紀』と整合せず誤謬と判断.

あるという前提がある以上、共に出仕する夫妻は支え合う仲睦まじい男女というだけではなく、連携して君主に仕えるパートナーでもあらねばならなかった。妻が出仕するという日本古代の後宮の特徴は、中国の後宮のみならず、江戸幕府の大奥とも異なる男女の連携を成り立たせた。

表3は、『続日本紀』と『日本後紀』の時代(六九七—八三三年)の尚侍や尚蔵を挙げたもので、(39)配偶者が知られる者はそ

(39) 一部、『公卿補任』と『尊卑分脈《そんぴぶんみゃく》』とで補った。

の極官《きょっかん》(生涯で得た最高の官職)と没年も記載してある。国史(40)である両書には、官人の任官の記事が数多く掲載される一方、宮人の補任《ぶにん》記事は見られない。その在任は薨《こう》去《きょ》の記事に職位が記されることで初めて知られる場合がほとんどである。宮人として活躍した県犬養橘三千代《あがたいぬかいのたちばなのみちよ》でも、霊亀元年(七一五)の時点で尚侍であったことが指摘されているものの、(41)後に職を辞したらしく、薨去を記す『続日本紀』天平五年(七三三)正月庚戌条には「内命婦正三位県犬養橘宿禰三千代薨」と記されるのみである。常侍し天皇の意思伝達に預かる尚侍や、天皇御璽を管理する尚蔵の欠員は不都合であるから、**表3**に挙げた以外にも多くの尚侍・尚蔵がいたはずで、位階を持つ女性を出仕者と見なし、高位の者は後宮で相応の職にあったと推測する先学の説は首肯できる〔角田、一九八四〕。このように宮人たちの補任が国史に採録されなかったこともまた、天皇のプライベートを支える彼女たちの役割が、国家の行政を担う官人の役割と一線を画していたことを示している。

表3を見れば、八世紀に尚侍や尚蔵に就いた宮人の多くは、政府首班となった官人を夫としていることが一目瞭然である。吉備由利《きびのゆり》の配偶者は知られず、称徳天皇の信頼篤く、地方豪族の出身ながら右大臣に昇った吉備真備《きびのまきび》の妹か娘と目される。それ以外に伯父・姪の同族婚による真備の配偶者であった可能性もあろう。五百井《いおい》女王は天智天皇の五世王ながら、母が桓武天皇同母姉の能登《のと》内親王で、天応元年

(40) 朝廷が編纂させた公式な歴史書。『日本書紀』『続日本紀』『日本後紀』『続日本後紀』『日本《にほん》文徳天皇実録《もんとくてんのうじつろく》』『日《に》本三《ほんさん》代実録《だいじつろく》』を六国史《りっこくし》と総称する。

(41) 野村忠夫は『続日本紀』霊亀元年二月丙辰条の、尚侍で従四位の宮人の禄を典蔵の准位に準拠させる記事に着目し、当時従四位上であった三千代を対象とする処遇改善であったと指摘している(『後宮と女官』教育社、一九七八年)。これによると、三千代は後に散見する尚蔵兼尚侍ではなかったことになる。

(七八一)に祖父光仁天皇により二世王の待遇とされた(『続日本紀』天応元年二月丙午条)。継子《つぐこ》女王は系譜不明で、この二女王の婚姻歴は不明である。

ここからは、八世紀には、公卿《くぎょう》と尚侍・尚蔵とが夫妻で天皇に奉仕することが多かったということが看取される。ただし、夫の首班着任により、出仕経験のない妻が突然ファーストレディとして出仕を始めたということではなかろう。その昇進が夫の栄達の影響を受けていることは否定できないが、本人に宮人としての実務経験が無ければ、滞りなく重要な職務を遂行することはできまい[伊集院、二〇一四]。また、能力を培っていればこそ、尚侍・尚蔵などに就任した宮人は、夫を喪った後も、新たな政府首班の妻に職を委譲することなく、出仕を継続していたのに相違ない。

県犬養橘三千代と藤原不比等

実務能力重視とは言え、**表3**の宮人の多くは公卿の女子や姉妹で、無位からいきなり五位に直叙されるなど厚遇を受けているが、県犬養橘三千代は、高い出自によらず、長い実務経験と忠誠により出世を重ねた人物であった。県犬養宿禰《あがたいぬかいのすくね》(連《むらじ》)氏はもともと政府高官を出すような氏族ではなかったが、三千代は故天智天皇の皇女の一人である阿閇《あべ》皇女に長く仕え、信頼を得て、栄達の道を進んだ[義江、二〇〇九]。阿閇皇女は、夫の草壁《くさかべ》皇子を即位の目前に喪うが、六九七年の文武《もんむ》天皇の即位によ

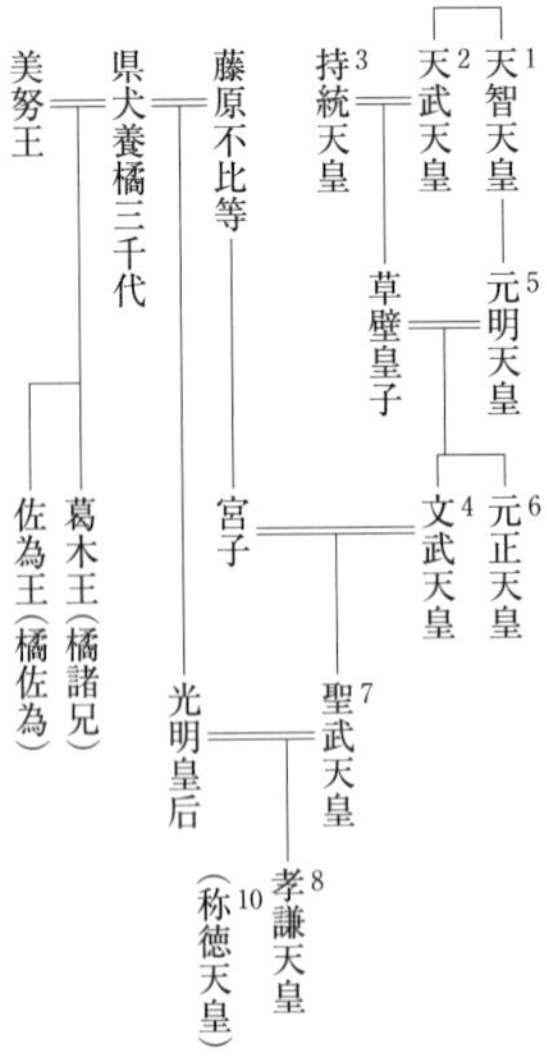
※数字は系図内の即位順を示し、淳仁天皇を欠番とする。

図4　略系図

り天皇の母となり、慶雲四年(七〇七)に文武天皇の早世に見舞われると、その遺児(後の聖武天皇)への皇位継承を目的として自身が即位するに至る(**図4**)。即位した元明《げんめい》天皇は、翌年の大《だい》嘗祭《じょうさい》後の宴において、三千代の忠誠を誉めて「橘」を加えた県犬養橘の氏名《うじな》を賜与し(『続日本紀』天平八年〈七三六〉一一月丙戌条)、養老五年(七二一)五月に元明上皇が重病に陥ると、三千代は仏道に入って変わらぬ忠誠心を示している(『続日本紀』養老五年五月乙丑条)。数奇な運命をたどった元明天皇に腹心として仕え続けたことが、三千代に宮人としての昇進をもたらしたことは明白である。

さらに、三千代の再婚の決断も、その宮人としての働きに大きく影響した。彼女は、初め敏《び》達《だつ》天皇四世王の美努《みの》王と結婚し子も生んでいたが、(42) 大宝令が成った大宝元年(七〇一)には、すでに藤原不比《ふじわらのふひ》等《と》の継室《けいしつ》(後妻)となっていた。(43) 不比等は草壁皇子に仕えて信任を受け、草壁皇子の薨去後は皇室と密着して文武天皇の擁立に尽く

(42) 葛木《かつらぎ》王(橘諸兄)・佐《さ》為《い》王(橘佐為)・無《む》漏《ろ》女王(藤原房前《ふじわらのふささき》室)。

(43) 大宝元年に不比等との間に安宿媛《あすかべひめ》(光明皇后)を、後に多《た》比《ひ》能《の》(橘諸兄室)を出産。光明皇后の生年は、『続日本紀』天平宝字四年(七六〇)六月乙丑条の崩伝の享年より算出。

して台頭した人物である［薗田、一九九一］。不比等と三千代は、それぞれが草壁皇子・阿閇皇女夫妻に仕え、草壁皇子没後の草壁系皇統樹立とその維持に尽くした忠臣であった。二人の結婚の経緯は知る術が無いが、彼らが夫妻として連携して皇室に奉仕することとなるのは、皇室にとってまことに好ましい縁組であったに相違ない。

三千代については文武天皇の乳母であったとする説があり(44)、それが正しければ、彼女は阿閇皇女のみならず、その子文武天皇にとっても最も近しく信をおける宮人であったはずである。その経歴から推せば、三千代は霊亀元年といわず大宝令施行当初より尚侍を務めていた可能性も十分にあるだろう(45)。大宝令選定時に従五位の准位とされた尚侍の待遇が、霊亀元年には従四位を帯びる尚侍の場合には従四位相当に引き上げられているが（前述）、この待遇の変化は、三千代のキャリアと足並みをそろえたもののように見える。大宝令選定において尚侍の准位を低く定めたのは、新帝の即位以前からの腹心で、まだ高位に昇りつめていない宮人を意思伝達に預かる尚侍に配置するための仕組みでもあったと考えるのは穿ち過ぎであろうか。もちろん、この場合それに該当するのは三千代である。いまだ政府首班ではない不比等が、上席の大臣たちを差し置いてしばしば参内するという状況を作らずとも、天皇に常侍し内裏を出入りできる尚侍三千代を安全な媒介者とすることで、皇室と不比

(44) 久米邦武『大日本時代史・奈良朝史』（早稲田大学出版部、一九〇七年）で三千代を文武天皇の乳母と推測しており、その後の研究にもこの説が散見する。

(45) 『続日本紀』天平勝宝元年（七四九）七月乙未条で孝謙《こうけん》天皇の即位に伴いその乳母三人が従五位下を、延暦七年（七八八）二月辛巳条で皇太子安殿《あて》親王の乳母一人が従五位上、二人が従五位下を賜っている。三千代が乳母であれば、阿閇皇女との信任関係からも、尚侍の准位である従五位以上の位階を帯びたと考えて問題なかろう。

等とは意思疎通ができる。そのような男女の連携を可能ならしめたのが、日本の後宮制度であった。

画期としての不比等と三千代

記紀伝承には臣下と采女の婚姻が語られているが、蘇我大臣《そがのおおおみ》クラスの有力者の妻が宮人として王宮に出仕していたという伝承は見かけない。そもそも、大化前代の有力な王族の王宮は子代《こしろ》(王族の領有民)を管掌する伴造《とものみやつこ》によって支えられていた。氏族ごとの職務分掌と、重層的な従属関係という支配体制〔鎌田、二〇〇二〕を念頭に置けば、即位によりその王宮が大王宮に格上げとなった場合も、奉仕の体系の規模こそ拡大しようが、基本的な構造は変わらなかっただろう。そして、大王宮に出仕してくる宮人たちの統率を担ったのは氏族の女性ではなく女王であったと思う。かつて、小墾田宮で死の床にあった推古天皇と面会した山背大兄王は、その場面について、「近習する者は、栗下《くるもと》女王を首《かしら》と為し、女孺鮪女《しびめ》等八人、并《あわ》せて数十人、天皇の側に侍り」と証言したとされるが(『日本書紀』舒明即位前紀)、氏族間の職務分掌や従属の体系に属さない女王が各勢力を出身母体とする宮人たちを統率していた状況は、理に適っていると思う。

天武《てんむ》天皇の時代には、後宮の女性の奉仕体制の改革が進められた。天武二年(六七三)の詔《みことのり》で既婚・未婚を問わず女性の出仕を認め、官人に倣って考選することを発令し(『日本書紀』同年五月朔条)、八年には諸氏に女人の貢上を命じて宮人の出仕を促した(『日本書紀』同年八月朔条)。敢えて不問としていることから、もともと結婚歴不問の伝統はなかったことが推察される。そもそも、大化前代の氏族ごとの職務分掌の支配体制下で、別姓の妻が夫の氏族の成員として出仕することは想定しにくい。それに、豪族の本拠地が大和盆地やその周辺に分散する状態では、妻たちの王宮への通勤はままなるまい。政権中枢にある有力者の妻の宮仕えが進むのは、支配体制が律令支配体制へと移行していき、かつ官人の都での集住が始まってからと考える方が現実的である。そして、天武朝は律令支配体制への移行と都城《とじょう》の造営が推し進められた時代であった。さらに天武一四年(六八五)の爵位《しゃくい》制では、それまでの冠《かんむり》を着用する男性のみを対象とした冠位《かんい》と異なり、女性にも男性と同じ爵位を制定し、宮人を出身母体である氏によるランキングではなく、天皇との個別の関係に位置づけることが始められた[46]。この時期に、後宮の組織編成は大きく変容したはずである。

では、大宝令施行の頃までに、不比等と三千代のように、夫妻が議政官《ぎせいかん》(朝政に参議する高官)と命婦として出仕するということは一般的になっていたのであろうか。残念ながら、八世紀初頭の宮人の記録は限定的で、命婦として後宮を支えていた人

(46)『日本書紀』天武一四年正月丁卯条の爵位制定の記事では女性への言及が無いが、朱鳥元年(六八六)五月丙辰条に宮人らに爵位を増し加えたことが記され、すでに女性への爵位が施行されていたことを読み取れる。

物を語る史料は乏しい。『続日本紀』では、後に天皇の外祖母となる三千代（図4）を除けば、養老七年（七二三）正月丙子条まで女性への叙位の記事が見られない。位階を持つ女性の情報も少なく、元明天皇が在位した和銅八年（霊亀元年、七一五）までを範囲としても、内親王の品階《ほんかい》以外で女性の帯位が知られるのは、四位の女王の卒《そっ》去《きょ》記事だけである。(47) それらの女王の中には、推古天皇に仕えた栗下女王のように、宮人を統率する女王がいたかも知れないが、詳細は不明である。(48)

慶雲四年（七〇七）四月壬午条に「内親王・諸王・嬪・命婦等」への封戸の賜与が記され、諸王（女王）とは区別される命婦の存在が確認できる。しかし、大宝令施行頃の非王族の命婦の具体的な人物となると、大宝元年（七〇一）に参議朝政に加えられた大伴安麻呂《おおとものやすまろ》の妻で、『万葉集』に名を留める石川命婦(49)と、和銅八年四月の紀年を持つ粟原寺《おうばらでら》塔露盤《ろばん》銘の比売朝臣額田《ぬかた》(50)にその可能性があるぐらいである。単に史料が遺っていないだけかも知れないが、次の史料は、政府高官の妻の出仕がさほど一般的ではなかったことを示すものではないかと考えている。

『続日本紀』和銅五年（七一二）九月己巳条に、詔により、「故左大臣正二位多治比《たじひの》真人嶋《まひとしま》の妻家原音那《いえはらのおみな》」と「贈右大臣従二位大伴宿禰御行《おおとものすくねみゆき》の妻紀朝臣音那《きのあそんおみな》」が夫没後も貞節を守っているとして褒賞されたことが記されているが、二人の妻には位階の記載がない。(51) 多治比嶋と大伴御行（生前の極冠は大納言）は大宝令施行の大宝元年に薨

(47)『続日本紀』は原則として五位以下の死没を収録しない。二世王の蔭《おん》位《い》は従四位下、三世以下の王の蔭位は従五位下で、女王は出仕して叙位を受ければ命婦となる。

(48)『続日本紀』慶雲三年（七〇六）六月丙申条に卒去記事がある与射《よさ》女王は、大宝二年（七〇二）の持統上皇の三河行幸に際して「我が背の君」を思う歌を遺し（『万葉集』五九）、夫がいたと推測される。従駕《じゅうが》する側か見送る側かの判断は難しいが、前者なら彼女は出仕していたことになる。

(49)『万葉集』四六一、四四三九など。

(50)粟原寺塔露盤銘で、（中臣）仲臣朝臣大嶋《おおしま》（六九三年

去しているが、(52)二人の妻に出仕歴があれば、天武一四年制の爵位を持ち、夫たちと同様に大宝令制位階への移行がなされていたはずである。和銅五年の詔に位階の記載がないことは、天武一四年以降に彼女たちが出仕していなかったことを示唆している。史料の制約があり強弁はできないが、八世紀初頭には、いまだ政府高官の妻の出仕は珍しかったのではないかと考える。そして、以上の仮説が認められるならば、不比等・三千代の、公卿と命婦、さらには政府首班と尚侍に登り詰めての奉仕は、宮人の出仕の在り方を変える一つの画期であったと評価することができよう。

高官夫妻の出仕の盛行と終焉

不比等・三千代夫妻を嚆矢とする、政府高官・命婦夫妻が天皇を支えるという奉仕のモデルは、彼らが積極的に娘たちを出仕させることで［角田、一九八四］、定着していったと見られる。しかし、九世紀に入ると公卿夫妻の官人・宮人としての奉仕の類例は減少し、おそらく、それは〈開かれた内裏〉の確立に連動する。一〇―一一世紀には、天皇の衣食住全般にわたる世話は昇殿を許された女房、清涼殿南廂での昼夜伺候は蔵人などの男房と職務分掌しつつ、男女が内裏で奉仕（宮仕え）するようになる［吉川、一九九八］。もはや公卿の妻が天皇と夫とを仲介する必要はなくなったのである。

没）の遺志を継ぎ伽藍《がらん》を建立したとする「比売朝臣額田」が「ヒメマヘツキミ額田」を表記したものなら［吉川、一九九八］、彼女は大嶋と同姓の命婦であろう。大嶋は『懐風藻』に大納言、『中臣氏系図』に中納言とあるが、『日本書紀』にそれらの職歴は見えない。額田は大嶋の妻の可能性が高いと思うが、姉妹や娘の可能性もある。

(51) 各々に封《ふう》五〇戸、家原音那には連姓が賜与される。

(52) 『続日本紀』大宝元年七月壬辰条に多治比嶋、同年正月己丑条に大伴御行の薨去記載。

表3の尚侍の事例にも見えるように、一旦出仕した宮人たちは、夫が亡くなり、天皇が代替わりしても、後宮十二司という組織の中で出仕を続けていた。大化前代には、形式的行為であったとしても、大王の代替わりごとに新たな群臣の任命が行われて君臣関係が確認されていた〔吉村、一九九六〕のと異なり、律令制下では、天皇が代わっても官人・宮人は職を保持し続けた。しかし、宮人、特に殿上において、天皇のプライベートを支える命婦層には、天皇との阿吽《あうん》の呼吸での奉仕が求められ、前代の後宮職員の人事がそのまま維持されることでの不都合も起こり得る。

また、九世紀初めの嵯峨朝に皇后の内裏居住、中頃の清和《せいわ》・陽成《ようぜい》朝には母后《ぼこう》の内裏居住が始まることが指摘されており〔東海林、二〇一八〕、従来は天皇を唯一の主としていた後宮職員令の理念は現実面では成り立たなくなる。『続日本後紀』以降の国史では、『続日本紀』『日本後紀』に見られなかった後宮十二司の補任記事が散見するようになるが、『続日本後紀』の完成が清和朝の貞観一一年(八六九)であったことは興味深い。後宮十二司が天皇一人だけの内輪の組織から、複数の奉仕先を持つ組織へと展開していくにつれて、その人事の結果が天皇と宮人との個別の関係で完結し得なくなったことが、公職としての記録という指向をもたらしたとは考えられないだろうか。

さらに、陽成天皇廃位を受けて予定外の即位をした光孝《こうこう》天皇には、前代の母后と結びつく宮人との間に、自分の生活を委ねられる信任関係を構築しにくい。官人の内裏伺候の進行、蔵人所設置などの状況の変化により、後宮十二司の職務は縮小しつつあったが、光孝・宇多朝への皇統の交代は後宮の組織の再編を加速させた［岡島、二〇二二］。昇殿の可否という天皇との人的関係により、内裏で働く女房やそれ以下の女性たちが、後宮十二司とは異なる体系で編成されていくことになる。

おわりに

男の官(宮)仕えと女の宮仕えは、双方で異なる役割を果たしながら、連携するものであったということを、先行研究に学びつつ、確認してきた。男と女は何が違うのかといえば、体の構造が違っている。五体の仕組みは基本的に同じであるが、生殖に関わる器官が異なり、そこには互換性がない。子孫を残すという営みにおいて、それは互いに越えることのできない境界である。そして、古代の支配者層は血統を重視し、系譜意識は明らかに男系に重きを置いていた［吉川、二〇一三］。まれに、母姓を継いだことが特筆される場合もあるが、敢えてそれを史料に留めるということ自体が、男系重視のベースがあることの証明に他ならない。少なくとも、大和王権以来の王位継承は男系の堅持に固執していたのであり、王族である母の血統のみをもって即位する女系天皇の不在が、それを何よりも雄弁に物語っている。継体《けいたい》天皇を非王族とする説もあるが、百歩譲って系譜に作為があったとしても、彼は諸豪族から応神天皇の男系子孫と承認されなければ、即位できなかったのである。

単純な話であるが、男の官仕えと女の宮仕えの相違の淵源を求めれば、詰まるところそこに行き着く。重要なのは男系の血統であるが、生むのは女性であって、生まれた子が他者の胤であってはならない。その生殖の管理という原始的なニーズから、王宮に奉仕する男女のテリトリーの区別が始まり、その前史を受けて宮仕えの制度は歴史的変遷を重ねていったのであろう。なお、政治権力とは縁遠い大多数の庶民にとっては、それぞれの生業における男女共同での労働が日常の風景であったことは、言わずもがなである。

参考文献

伊集院葉子、二〇一四年『古代の女性官僚——女官の出世・結婚・引退』吉川弘文館
伊集院葉子、二〇一六年『日本古代女官の研究』吉川弘文館
岡島陽子、二〇二一年「女房制度の成立過程」『歴史評論』850
岡島陽子、二〇二二年「後宮十二司の解体——蔵司・書司を中心に」『洛北史学』24
鎌田元一、二〇〇一年『律令公民制の研究』塙書房
東海林亜矢子、二〇一八年『平安時代の后と王権』吉川弘文館
鈴木敬三、一九九五年『有職故実図典——服装と故実』吉川弘文館

薗田香融、一九九一年『日本古代の貴族と地方豪族』塙書房
角田文衞、一九八四年『角田文衞著作集5　平安人物志(上)』法蔵館
野田有紀子、二〇一〇年「労働空間としての後宮――医疾令女医条をてがかりに」『お茶の水女子大学人文科学研究』6
橋本義則、一九九五年「掃部寮の成立」『奈良国立文化財研究所創立40周年記念論文集　文化財論叢Ⅱ』同朋舎出版
三﨑裕子、一九八八年「キサキの宮の存在形態について」『史論』41
文珠正子、一九九二年「令制宮人の一特質について――「與男官共預知」の宮人たち」『阡陵　関西大学博物館学課程創設三十周年記念特集』関西大学考古学等資料室
義江明子、二〇〇九年『県犬養橘三千代』吉川弘文館
吉川真司、一九九八年『律令官僚制の研究』塙書房
吉川敏子、二〇一三年『氏と家の古代史』塙書房
吉村武彦、一九九六年『日本古代の社会と国家』岩波書店

コラム 〈内裏保育園〉

天長二年(八二五)、ときの淳和《じゅんな》天皇が、没後二六年を経ていた和気広虫《わけのひろむし》に正三位を追贈した(『日本後紀』延暦一八年〈七九九〉二月乙未条)。広虫が弟清麻呂《きよまろ》と共に桓武《かんむ》天皇の信を得ていたことはよく知られるが、彼女が延暦一八年に典侍正四位上として七〇年の生涯を終えたとき、淳和天皇(大伴《おおとも》親王)はまだ一四歳であった。この若い親王と老宮人はどこで接点を持ったのだろう。

ここで思い出されるのが、本編でも触れた宇多《うだ》天皇の『寛平御遺誡』の「帝王《(桓武天皇)》は平生、昼は帳の中に臥して、小き児の諸《もろもろ》の親王を遊ばしめたまふ」というくだりである。幼児が日々正装して参内するとは考えにくく、幼い親王たちの中には内裏で養育される者がおり、大伴親王もその一人だったのではなかろうか。広虫との関係はそこで培われたものと想像する。

大伴親王は、延暦七年(七八八)に三歳で生母藤《ふじ》原旅子《わらのたびこ》を喪い、外祖父母の藤原百川《ももかわ》・同諸姉《もろね》もすでに亡く、叔父の緒嗣《おつぐ》はまだ一五歳であった。後宮職員令17親王及子乳母条によると、親王には乳母と女《にょ》豎《じゅ》が付けられ、禄令11皇親条により一三歳からは春秋にわずかな時服料《じふくりょう》(衣服の費用)が与えられることになっているが、十分な経済的扶助の規定はなく、有力な外戚から扶養を受けられない場合は生活が立ちゆかない。子だくさんの桓武天皇の後宮では、外戚の扶助を十分に受けられない親王たちが何人も養育されていたのではないだろうか。

桓武天皇は平田《ひらた》孫王《まごおう》を大伴親王の養母としたが(『類聚国史』六六、薨卒、天長七年〈八三〇〉閏一二月戊子条)、宝亀八年(七七七)に二世王の蔭位の従四位下を授けられた彼女は、おそらく宮人として出仕していた桓武天皇のいとこで、その忠勤ぶりから白羽の矢が立てられたものと推測する。自身の即位が百川の功績によるものと深く感謝する桓武天皇は、旅子の弟緒嗣に目をかけ、妹の帯子《おびこ》を皇太子安殿《あて》親王の妃としており、百川の外孫である大伴親王を手許に置いて鍾愛《しょうあい》したことも十分に考えられる。また、百川は、宇佐《うさ》八幡宮《はちまんぐう》神託事件で清麻呂と広虫が流罪となった際、密かに清麻呂の配所に仕送りをするなど、広虫・清麻呂姉弟とも関係が深かったらしい。幼き日を内裏で過ごした大伴親王が、父桓武天皇への広虫の忠勤ぶりを見、自身への愛情も感じながら成長していたということは、十分にあり得るだろう。

桓武天皇の親王で養母が付けられたのは大伴親王だけではなく、幼くして母を亡くした賀美能《かみの》親王（嵯峨《さが》天皇）にも藤原産子《うぶこ》が養母として付けられていた可能性がある。産子も宮人として出仕していたらしく、そのまま内裏で賀美能親王を養育したのではないだろうか。後宮の宮人たちは、玉体の維持だけではなく、帝の子を育む重役をも担うことがあったのである。

服藤早苗の研究によると、平安時代には、皇后以外が生んだ皇子女たちは七歳まで内裏に入ることができなかったという。そして、親王の七歳対面の初見は天長一〇年（八三三）で、醍醐《だいご》朝の一〇世紀前半には〈七歳対面→翌年正月から童親王拝覲《はいきん》→元服→親王拝〉という一連の儀式が確立していたという。私的な対面があった可能性は排除できないが、そのような儀礼が形成される時代に、公然と諸親王が内裏に住むということは考えにくい。しかし、桓武天皇の時代には、幼い親王たちの内裏居住は特別なことではなかった。この変化は、内裏への后妃《こうひ》の進出がもたらしたものであろう。天皇と宮人だけの私的空間であれば、母が異なる親王たちが父帝と同居していても問題は無い。しかし、そこに皇后が住み始めると、継子《ままこ》たちと同居させることは憚られる。桓武朝に見られた内裏での親王の養育は、嵯峨朝に始まる皇后の内裏居住の影響で行われなくなったとすれば説明がつく。九世紀末に在位した宇多天皇の感覚からすれば、子だくさんの桓武天皇の皇子女たちが走り回っている、さながら保育園のような内裏の日常は、『寛平御遺誡』の執筆にあたり、特筆すべき異様な光景だったのだろう。

◉服藤早苗「平安朝の父子対面儀と子どもの認知——王権内における父子秩序の成立と変容」『平安王朝の子どもたち——王権と家・童』吉川弘文館、二〇〇四年
◉吉川敏子「『日本紀略』藤原百川伝の成立」『律令貴族成立史の研究』塙書房、二〇〇六年
◉吉川敏子「藤原産子考——桓武天皇の親王と養母」『続日本紀研究』433、二〇二三年

『万葉集』にみる女と男

――古代の歌における虚構と現実との相関

鉄野昌弘

はじめに

『万葉集』は、二〇巻、約四五〇〇首という規模の歌集ではあるが、奈良時代中期に至るまでの、およそ一三〇年間の歌を含んでいる。その期間に詠われた和歌のどれくらいの割合を占めるのかと言えば、氷山の一角のそのまた一角に過ぎないであろう。しかも和歌という定型詩は、宮廷という狭く特殊な世界で形成されたものと考えられる。「天皇から庶民まで」というキャッチフレーズは、近代になって『万葉集』を「国民歌集」に仕立て上げるために創られたものに過ぎない〔品田、二〇〇一〕。したがって、『万葉集』によって古代の女と男を観察するのは、葦の髄から天井を見るだけでなく、古代の全体像からすればずいぶん歪んだものを見ることにもならざるを得ない。

とはいえ、『万葉集』が、大量に女と男に関わる歌を含んでいることも確かである。「相聞《そうもん》」は、『万葉集』のいわゆる「三大部立《ぶだて》」の一つで、「相聞」の部に収められた歌だけで約一七〇〇首。一巻まるごと相聞歌の巻も複数ある。「相聞」の原義は、離れてある者同士が連絡を交わすことで、実際、「相聞」の部には、男性同士、女性同士の間の歌も含まれているが、大半は男女間の恋の歌である。他に「譬《ひ》喩歌《ゆか》」の部が様々な巻にあり、一五〇首ほどを収めるが、これも男女の事柄を詠うものばかりである。詩が「言志《げんし》」、男子の政治参加の意志を盛る器であった中国では、詩集にこれほど多くの男女に関わる詩が含まれることは稀である。男女を詠うのは、和歌の特徴であると言ってよい。その特徴は、平安時代の勅撰《ちょくせん》集において、四季の部と恋の部とが二本柱になるのに引き継がれる。

一方、『万葉集』が勅撰集と異なるのは、現実世界との紐帯を強く保持していることである。『万葉集』の作者名を記す巻は、ことごとく歌の制作された年代順に配列されている。集全体でも、巻一・巻二がおよそ奈良時代より前の歌、巻三から巻十六までは概ね天平一六年〈七四四〉以前の歌、巻十七以降は、大伴家持《おおとものやかもち》〈養老二年〈七一八〉―延暦四年〈七八五〉〉の歌を中心に、巻十七冒頭部を除いて天平一八年から天平宝字三年〈七五九〉元日までの歌を日付順に配列する、という構成を持つ。それは、勅撰集の配列が、制作年次と無関係に、春夏秋冬、また恋の始まりから終わりまで、という典型をなぞるのとは原理的に異なるのである。そうした『万葉集』の歴史性は、歌が実際に詠われた時や場との連関を保っていて初めて成り立つに違いない。『万葉集』に古代の女と男の生きた姿を窺うとすれば、根拠となるのは、その歴史性・現実性であろう。

しかし『万葉集』の歌は言うまでもなく韻文《いんぶん》であるから、現実をそのまま反映しているのではない。韻文は、韻律《いんりつ》によって日常の言語から区別された特殊な言葉である。それは、むしろ現実からの距離をこそ、その生命とする。言い換えれば、歌は基本的に虚構なのである。したがって、歌から何かを考察する際には、その表現と、基づく現実との関係を勘定に入れなければならない。

1　歌垣の歌の虚構性・演技性

筑波山の歌垣

歌はそもそも、何らかの曲節をもって詠われるものであっただろう。和歌もまた、初期万葉と呼ばれる七世紀中葉までの歌には、そうした性格が強く、相聞歌も例外ではない［稲岡、一九七六］。その相聞歌の源流と目されるのが、古代に列島各地で行われた歌垣《うたがき》の歌である。

複数の資料によって実在が確かめられるのは、常陸《ひたち》国筑波《つくば》山《やま》（**図1**）の歌垣である。『常陸国風土記《ひたちのくにふどき》』には、「坂より東の諸国の男女、春の花の開くる時、秋の葉の黄《もみ》づる節《おり》、相携《たずさ》ひ駢闐《つらな》り、飲食を齎賚《もちき》て、騎《うま》にも歩《かち》にも登臨《のぼ》り、遊楽《たの》しみ栖遅《あそ》

図1　筑波山

（1）本文の問題もあり、明確でないが、「筑波嶺で逢おうと言ったあの子は、誰の言葉を聞いて、

ぶ」とある。関東一円の男女が春秋の良い季節に誘い合って集まり、飲食物を持ち寄って馬や徒歩で筑波山に登り、楽しみ遊んだというのである。「筑波峯《つくはね》の会《つどい》に娉《つまどい》の財《たから》を得ざれば児女《おとこおとめ》とせず」、筑波山の会で求婚のプレゼントを得られなければ一人前の男女ではない、ということわざまであったという。その歌として、次の二首が挙げられている。

筑波嶺《つくはね》に　逢はむと　いひし子は　誰《た》が言《こと》聞けばか　嶺《みね》逢はずけむ(1)

筑波嶺に　廬《いお》りて　妻なしに　我《わ》が寝む夜《よ》ろは　早《はや》も明けぬかも(2)

二首ともに、相手の居ない男のぼやきと見られるが、詠われた歌が多くて全部載せられないともあるので、なお多様な歌があったはずである。

一方、『万葉集』にも、筑波山の歌垣は詠われている。高橋虫麻呂《たかはしのむしまろ》歌集に載せられていた歌として、「筑波嶺に登りて嬥歌会をする日に作る歌一首并《あわ》せて短歌」があり、注に「嬥歌は東《あずま》の俗の語に「かがひ」と曰《い》ふ」とある。歌垣は、漢語では「嬥歌《チョウカ》」、東国方言ではカガヒと言った。(3)

鷲《わし》の住む　筑波の山の　裳羽服津《もはきつ》の　その津の上《うえ》に　率《あども》ひて　娘子壮士《おとめおとこ》の　行き集《つど》ひ　かがふ嬥歌《かがい》に　人妻に　我《わ》も交はらむ　我が妻に　人も言問《ことと》へ　この山を　うしはく神の　昔より　禁《いさ》めぬ行事《わざ》ぞ　今日のみは　めぐしもな見そ　言《こと》も咎《とが》むな（巻九・一七五九）(4)

嶺で逢えなくなったのだろうか」の意か。

(2)「筑波嶺に仮小屋を作って、相手も居ないまま一人で寝る夜は早く明けてくれないか」。

(3) ただし『常陸国風土記』香島《かしま》郡の記事には、「嬥歌会」に注して「俗《くにひと》、宇《う》太我《たが》岐《き》と云ひ、又加我《かが》毘《ひ》といふ」とあり、東国でもウタガキと呼ぶことがあったと知られる。

(4)「筑波山の裳羽服津のほとりに、男女が集ってするこの嬥歌会で、人妻にも自分は交わろう、自分の妻にも人は声をかけてくれ。それは、この山に宿る神が昔から許す行事だ。だから今日だけは見とがめたり、言葉をとがめたりするなよ」。

反歌

男神《おのかみ》に　雲立ち上《のぼ》り　しぐれ降り　濡れ通るとも　我《われ》帰らめや(一七六〇)(5)

この歌に関しては、従来、筑波山の嬥歌会に乱婚・性的解放が行われていたのを、都人《みやこびと》である虫麻呂が好奇の目で見ながら、その参加者を装って詠ったのだとする見方が大勢を占めてきた。「人妻に我も交はらむ、我が妻に人も言問へ」は、確かにいつものパートナーとは違う組み合わせの男女が付き合うことを詠っている。筑波山の神の許しのもとに、スワッピングが行われたという想像にも誘われるであろう。

一方、乱婚や性的解放は、虫麻呂の文学的創作であり、幻想であるとする見方もある[浅見、二〇〇一]。柳田國男は、歌垣の名残として、三河国額田郡《みかわぬかた》のある山村の山行きを挙げている[柳田、一九三二]。村の未婚者が春の末の一日、揃って山に入り、終日詠って遊ぶ中で婚約する。村の縁組はそこで決まって、親も認めるのであり、かえってそこで猥《みだ》りがわしいことは無いのだという。それに照らせば、所詮虫麻呂は、筑波山の歌垣を実見したのではなく、実際の嬥歌会は、虫麻呂の詠ったようなものではない、というのである。

こうした議論では、「歌」という契機を抜きに、一足飛びに乱婚や性的解放の有無が云々されているように見える。虫麻呂の歌詞では、その場で詠うことに言及されていないけれども、「歌垣」「嬥歌会」という呼び方からして、その行事に歌の掛

(5)「筑波山の雄《お》の嶺(現在の男体山)に雲が立ち上って時雨が降り、びしょ濡れになっても私は帰らないぞ」。

け合いが不可欠だったのは確かだろう。「人妻に我も交はらむ、我が妻に人も言問へ」と詠うような既婚者が、この日限りとはいえ、互いに別のパートナーと性交渉に及んだと知った上で、翌日から元のように生活することは難しいであろう。しかしそれが、自分は人妻と歌を掛け合おう、我が妻にも人は歌を掛けてやってくれ、ということなら、十分ありうるのではないか。

そのために必要な条件は、やはり「歌」が特別な言語形式であることだろう。その形式で語られる内容は、普段の生活や身分とは無縁である。その建前があるからこそ、誰とも知らぬ相手とも歌を掛け合うことが可能なのである。ただし虚構という建前だけで済むほど、話は単純ではない。歌垣における歌のやりとりは、どのようなものだったろうか。

『日本書紀』の平群鮪の物語

『日本書紀』(以下『紀』)には、歌垣を舞台にした物語がある。武烈《ぶれつ》即位前紀、太子時代の武烈(稚鷦鷯尊《わかさざきのみこと》)と、大臣《おおおみ》であった平群真《へぐりのま》鳥《とり》の子、鮪《しび》とが、「海石榴市《つばきち》の巷《ちまた》」(6)の「歌場《うたがき》の衆《ひとなか》」(7)に立って、影媛《かげひめ》という女を争い、歌で問答する。影媛は武烈と婚約していたが、鮪が奪ってしまった。影媛は武烈を恐れて、海石榴市に呼び出し、鮪にも来てもらうことにする。先に来た武烈が影媛の袖《そで》をつかんでいたが、鮪は二人の

(6) 現在の奈良県桜井市金屋付近。

(7) 「歌場」に「此《ここ》には宇多我岐《うたがき》と云ふ」という訓注がある。

中に割って入る。

袖を放した武烈がまず鮪に向かって詠うのは、

潮瀬《しおせ》の　波折《なおり》を見れば　遊び来る　鮪《しび》が鰭手《はたで》に　妻立てり見ゆ（『紀』八七）(8)

である。武烈は、相手の鮪《しび》という名前を利用して、マグロの鰭《ひれ》のところに妻が立っているのが見える、というのである。マグロには人間の妻はおるまい、その女は俺の妻だというのであろう。それに対して、鮪は、

臣《おみ》の子の　八重《やえ》や韓垣《からかき》　許せとや皇子《みこ》（『紀』八八）(9)

と詠う。「答歌《とうか》」とありながら、武烈が自分の名を揶揄して挑発するのに取り合わないのがポイントであろう。相手が皇子で自分が臣下という立場を認めつつ、冷静に真意を問い質す。この場面の前に、海石榴市に行く武烈が官馬《かんば》を求めたのに対して、鮪は「命のまにまに」と言いながら一向に差し出さなかったとある。それに通ずる慇懃無礼である。

いくつかの歌が交換された後、武烈は影媛に「贈」って、次のように詠う。

琴頭《ことがみ》に　来居《きい》る影媛　玉《たま》ならば　我が欲《ほ》る玉の　鮑白玉《あわびしらたま》（『紀』九一）(10)

「琴頭に来居る影媛」は、琴を弾くとその先端に、神霊の光が降りることから「影媛」の序としたのだと言われる。改めて影媛の美しさを讃えて求婚する趣である。

しかしそれには、影媛に代わって鮪が答えてしまう。

（8）「潮の速い瀬に折り重なる波を見ると、泳いできた鮪《まぐろ》の鰭《ひれ》に妻が立っているのが見える」。

（9）「臣下である私が厳重に囲った外国製の垣根を緩めよと言うのですか、皇子は」。

（10）「琴の手元に寄り来る影媛よ。珠《たま》だとすれば、お前は私の一番好きな白い鮑珠《あわびたま》だ」。

大君《おおきみ》の　御帯《みおび》の倭文織《しずはた》　結び垂れ　誰《たれ》やし人も　相思《あいおも》はなくに（『紀』九三）[11]

第三句までは序詞。[12]誰も相思う人は居ませんというのだから、求婚に応ずるのではないが、鮪の妻になったと述べているわけでもない。しかし、影媛の代わりに鮪が答えるという行為自体が、影媛が完全に鮪の所有に帰していることを示すのである。

これらの歌には、「鮪」「臣の子」「皇子」「影媛」と、関係人物を指す言葉が含まれている。しかし、その表現は、いずれも物象を用いた譬喩《ひゆ》を伴っており、本旨は婉曲である。武烈と鮪の対立は明らかであるが、直截な罵詈雑言が交わされるのではない。ウタガキという語は、「歌掛き」に由来するのかもしれないが、『古事記』や『続日本紀《しょくにほんぎ》』には「歌垣」と書かれており、人が取り囲んで垣を作る中で歌がやりとりされる場という認識はあっただろう。衆人環視の中では、暴力的には振る舞えない。そもそも影媛が、面会の場に海石榴市を選んだのも、人が多く集まる場所で、直接的な暴力の危険性が低かったからだろう。歌垣の掛け合いは、周りで聞く者もいることが重要なのである。

それは、歌の勝負とも関わる。武烈の、相手の名前に引っ掛けた揶揄や、その後の恫喝や悪口は鮪に軽くいなされ、影媛への告白も、本人からの返答さえ受け取れない。こうした掛け合いでの敗北は、歌垣の場では大いに恥となろう。影媛が既に奪われていると知った武烈は激怒し、大伴金村《おおとものかなむら》と謀って、鮪を待ち伏せして殺すこ

(11)「大君の御帯の倭文《しず》布《ぬの》は結び垂れていますが、その誰《たれ》とも私は相愛でありませんのに」。

(12) 本旨とは縁の薄い事柄（歌の場にちなむ事柄の場合が多い）から詠い出して、本旨へと転換する歌の発想形式。

とになる。結局、歌垣の場を離れたところで、影媛を略奪した件は決着が付けられたのである。物語は、鮪を失った影媛が、夫を悼み悲しむ歌で終わる。

『古事記』の平群志毘の物語

一方、『古事記』（以下『記』）にも、平群のシビをめぐる物語がある。ただしこちらでは、太子時代の顕宗《けんぞう》天皇（袁祁命《をけ》）と平群志毘《しび》とが、菟田首《うだのおびと》の女《むすめ》、大魚《おうお》を争って、「歌垣」で闘ったことになっている。『紀』と共通する歌や素材もあるが、展開は大きく異なる。

『紀』では、先に詠ったのは武烈だったが、『記』では、志毘が挑発する側である。

　大宮《おおみや》の　彼《おと》つ端手《はたで》　隅傾《すみかたぶ》けり（『記』一〇五）[13]

と「本」（上句）を詠って、その「末」（下句）を求めると、顕宗は、

　大匠《おおたくみ》　拙《おじな》みこそ　隅傾けれ（『記』一〇六）[14]

と答えた。志毘が、顕宗の宮《みや》の出来を馬鹿にしたのに対して、顕宗は、臣下の造営が下手だからだと応ずる。各句の頭韻を綺麗に揃えて言い返しているのに注意される。志毘は続けて、

　大君《おおきみ》の　心を緩《ゆら》み　臣《おみ》の子の　八重《やえ》の柴垣《しばがき》　入《い》り立たずあり（『記』一〇七）[15]

と詠う。自分の施設の立派さに話題を転じ、大君は意気地なしだから、自分の堅固

(13)「大宮の向こうの端は、隅が傾いているぞ」。

(14)「大工が下手だから隅が傾いたのさ」。

(15)「大君は心がだらしないから、臣下が厳重に囲った柴垣に入れないでいる」。

な領分には入れないだろう、と更に挑発するのである。対して顕宗が詠ったのが、

潮瀬《しおせ》の　波折《なおり》を見れば　遊び来る　鮪《しび》が鰭手《はたで》に　妻立てり見ゆ（『記』一〇八）

である。もはや建造物の話題は終わりと言わんばかりに、志毘が先に用いたハタデという語をマグロの鰭の意味に取りなし、相手の名前の揶揄に転化してしまう。地の文に「志毘の臣、いよいよ怒りて」とあるので、『紀』と異なって、顕宗の方が優勢なのが知られよう。志毘はなお、

大君の　御子《みこ》の柴垣　八節《やふ》じまり　しまり廻《もと》ほし　切れむ柴垣　焼けむ柴垣
（『記』一〇九）(16)

と、「柴垣」の話題に固執して言い募るが、顕宗は、

大魚《おうお》よし　鮪《しび》突く海人《あま》よ　其《し》が離《あ》れば　うら恋《こお》しけむ　鮪《しび》突く志毘《しび》（『記』一一〇）(17)

と、名の揶揄を繰り返し、相手との距離を測りながら愚弄を続ける。

結局、『記』でも、歌垣での闘いの後、顕宗が志毘を誅殺することになる。しかし『記』は、朝は朝廷に参集する者たちが、昼には志毘の門に赴いていた、と志毘の権勢を記している。女を力ずくで奪おうとする臣下を誅殺するのは、播磨《はりま》国で馬飼・牛飼の童《わらわ》として潜伏する身の上から、ようやく宮廷に迎えられたばかりの顕宗にとって必要なことでもあろう。女が皇太子と婚約していた点は『紀』と同じだが、

(16)「皇子の御殿の柴垣は、八段に紐で結んで廻らしているが、すぐに切れてしまう柴垣よ、焼けてしまう柴垣よ」。

(17)「大魚《おうお》である鮪《しび》を狙って突く海人よ。それが離れて行ったら、さぞ恋しかろう。鮪を突く志毘よ」。

志毘は大魚の手を取っただけで、密通していたわけではない。したがって、大魚が志毘を悼む歌を詠うことも無い。

女を横取りされた上、歌垣でも圧倒された『紀』の武烈は、武力で平群鮪を攻め滅ぼす以外になかった。そして即位後は暴虐の限りを尽くす悪帝となる。歌垣での太子の勝敗は、『記』『紀』それぞれにおける天皇の性格づけと関わっているのである。両書は、平群のシビをめぐって伝えられた歌を素材に、歌謡を補いながら、それぞれの天皇に相応しい物語を創作したと推定される。

これらは当然、物語であって、実際に行われた歌垣の記録ではない。そもそも二人の男が一人の女を争って歌を交わすことが、歌垣でそれほど一般的だったとは考えにくい。しかし、歌を掛け合う当事者の周囲を聞き手が取り巻くのは、歌垣本来の姿だろう。群衆の前で、当意即妙に譬喩の巧みさを競い合い、言葉尻を捉えたり、はぐらかしたりするシビや皇子たちの歌は、案外歌垣で詠われた歌の質を反映しているように思われる。

中国少数民族の歌垣

歌垣は、今も中国の少数民族によって行われている。日本の研究者による現地調査が複数あり、映像もある。ただしその土地や民族によって形態は様々である。土《つち》橋寛《はしゆたか》の調査した貴州省苗《ミャオ》族の歌垣(爬坡節《パーポージェ》)は、香炉山という山で三日間行われ、最初は男女のグループ同士が歌を掛け合い、気が合った者同士ができれば、翌日また会って個人的に歌を交わす。それで「定情」に至る場合もあれば、次の年に持ち越しになる場合もあるという[土橋、一九八六]。また工藤隆・岡部隆志によれば、雲南省のジンポー族の歌垣では、男女のグループ同士が謎々のような歌を掛け合い、答えを間違えれば負けで、相手グループの誰かと結婚しなければならないのだという[工藤・岡部、一九九九]。

工藤・岡部によって、雲南省茈碧《ツーピー》湖の湖畔における白《ペー》族の「海灯会」という祭りで映像に記録されたのは、一対の若い男女が一時間以上歌を交わしたケースである。女には連れがいて、男にも仲間がいるが、二人は少し離れたところからよく通る声で歌を伝達する。メロディは単調で、すべての歌が同じように詠われている(図2)。

その歌詞は、男女とも非常に熱烈で、最初から自分たちは相思相愛のカップルのようだと詠う。しかし、その後、どんどん仲が進むかというとそうではない。男性が名前を聞いて、女性が答える場面もあるが、答えたのは物語の主人公の名前で、本名は明かされない。女性のグループは、時間が経つと帰り支度を始め、詠っている女性は、まだ歌を続けようとするものの、促されて帰ることにする。男は、ここに泊ってゆけばいいと誘うが、女は「私たちの心は近いのですから、互いに心のな

図2　湖畔の小道における歌垣[工藤・岡部，1999]．女性の歌い手の周囲で，通りかかった村人が歌を聞いている．

かに相手がいるだけでいいのじゃないでしょうか?」とやりすごす。男は、「行かないでください。このまま別れたら、これから私はどういうふうに暮らしたらいいでしょうか」と迫る。しかし何と、この部分の歌い手は、泊ってゆくことを誘った男とは別人である。最初に詠っていた男は、喉が嗄《か》れたために休憩していたのであった。

女は、「あなたに上げられるものはないので、私の心をあなたに上げます。あなたに記念として上げるので、私の心を忘れないようにしてください」と詠う。男(復帰した最初の男)は女の家がどの村かを尋ねるが、女はでたらめを答える。男が「本当の村を教えてくれないと、もう会えなくなる」と言うと、女は「村の名前は聞かないで、私と一緒に行きましょう。私の家に来たら、よく世話をしてあげます。私はとてもいいベッドを用意してあげます」などと答える。それは、その誘いに男が乗らないことを承知で詠っているのであり、一種の別れの挨拶であろう。男は、女性グループが見えなくなると、「妹よ、あなたは心がない人じゃないだろうか。このまま帰ったら、本当に愛情がないというものです」と捨て台詞を述べ、「別れはとてもつらいが、仕方がないのでこのまま帰ります」「妹よ、私の言ったことを覚えていてください、また来年会いましょう」と詠って去ってゆく。それは、残った聴衆に聞かせているのである。観察者は、「背景といい通行人といい、別れの情景といい、まるで舞台を見ているのではないかという錯覚に陥るほどだった」という感想を述べている。

歌のやりとりは、まことに筋書の決まっていない演劇のようである。早い段階に、相思相愛の関係を作り上げてしまうのは、歌を交わすとは理想の恋愛を演じていくことだという了解があるからであろう。一方で、このような関係に入る前には、少なくともこの相手と恋愛関係に入ってもかまわないという現実的な判断が働いているはずだともいう[岡部、二〇一八]。初対面の現実の関係のぎこちなさを、歌の上で関係を作り上げる作業がほどき、互いの好意をドライブするということであろう。聞書きによれば、歌垣に来る人は、1、結婚相手を探しに来る人、2、歌垣で歌を交わすのが目的の歌友達(あるいは歌恋人)に会いに来る人、3、自分の持ち歌や歌の技を見物人に聞かせたくて来る人の三つのタイプがいるという[岡部、二〇一八]。虚構と現実と言えば、1は現実的な関心が強く、2や3は虚構のままで構わない人であろう。こうした多様な関心を持った人々が混在すること自体が歌垣を盛り上げるのに違いない。歌が虚構であるという建前が無ければ、見知らぬ者同士のコミュニケーションは成り立たず、現実と地続きだという観念が無ければ、見知らぬ人と歌を交わすスリルは失われる。虚実皮膜《きょじつひにく》の間にある言葉であることで、歌垣の歌は生きるのである。

西郷信綱は、『武烈紀』の「歌場」が「海石榴市」で行われたとされることが、市《いち》と歌垣との記号論的同型性を象徴しているという［西郷、一九八五］。市が共同体同士の境界に立つように、歌垣の参加者も共同体を超えてやってくる。結婚もまた、社会的な交換の一形式であり、商取引と同じように、男女の間にも、利害の対立と駆け引きがある。

しかし商取引がバナナの叩き売りとか実演販売とかを除けば、基本的に一対一の関係であるのに対して、歌垣では、歌い手を取り巻いて見聞きする第三者が重要である。歌い手同士の応酬は、同時に、取り巻く観衆に対しての演技でもある。歌垣には、競技や遊びの要素がより強く、その虚構性こそが、男女を結びつける現実の機能を果たすのである。

2　初期相聞歌の政治性と虚構性

『万葉集』相聞歌の性格

歌垣の歌の演技性や虚構性は、『万葉集』の恋歌に引き継がれる。以下に見るように、『万葉集』の男女の歌には、序詞を中心とした譬喩表現が目立つ。譬喩は、現実との間に距離を取る方法であり、自己の心底を端的に表現するよりも、むしろ隠して相手に探らせようとする。そうした競技性が互いを惹きつけ合うのは、歌垣と同じである。

相聞歌は、離れた場にいる者同士が交わすのが普通であり、歌垣が、男女ともに同じ場にいるのとは異なる。しかし、前述のように、和歌もまた、声に出して詠われるのが本来であるから、周囲の者たちもそれを聞くのである。恋の歌でも、当事者二人だけのものではなく、集団に共有される。相聞歌には、人目を畏《おそ》れる表現が実にたくさん現れるが、それはむしろ人々の前で演じられる仕草なのである。それは、その歌々が『万葉集』という歌集に残されているという事実が、何より雄弁に語っているだろう。

ただし、『万葉集』の歌は、冒頭に述べたように、宮廷社会を舞台に詠われたものであるから、集団に共有されるということは、政治性を帯びざるを得ないということでもある。母子が一体となる古代ヤマトの社会では、男子の系譜をもって継承される地位にも、母親の出自が大きく物を言った。貴族の結婚は政治そのものである。男女を媒介する相聞歌が、『万葉集』の「三大部立」の一つを占める理由もそこにある。

鏡王女をめぐる相聞歌

『万葉集』巻二は、巻一と並んで、奈良時代ごく初期までの、古い時代の歌の巻である。天皇の代ごとに配列し、その天皇を「――宮に御宇《あめのしたおさめたまう》天皇」と記す。それは天皇ごとに宮を替えていた時代を反映し、古い歌が収められていることを形式としても表している。

前半にあたる相聞の部は、冒頭に飾られた、仁徳《にんとく》天皇皇后磐姫《いわのひめ》に仮託した歌を除くと、「近江大津宮《おうみおおつのみや》御宇天皇代」すなわち天智《てんじ》朝の歌々から始まる。登場するのは天智天皇・藤原鎌足《ふじわらのかまたり》・鏡王女《かがみのおおきみ》など、政権の中枢にいる人々である。その歌々は天智朝に位置づけられているが、制作時期は、必ずしも狭義の天智朝に限らないだろう。斉明《さいめい》天皇が崩御して中大兄皇子《なかのおおえのみこ》が称制《しょうせい》(18)を始めたのが六六一年、即位したのが六六八年である。鎌足が六六九年に五六歳で薨《こう》じたのだとすれば(19)、斉明崩御の年に既に四八歳。鏡王女への求婚の歌(九三・九四、後掲)などは、少なくとも天智称制の時期、あるいは孝徳《こうとく》朝・斉明朝など、乙巳《いっし》の変(20)以降、中大兄が実権を握っていた時期に遡る可能性があろう。天智と鏡王女との贈答歌(九一・九二)は、更にその前である。

(18) 即位せずに天皇としての政務を執ること。

(19) 『藤氏家伝』。『紀』所引の「日本世記」は「春秋五十にして私第《しだい》に薨ず」としつつ、「碑」に「春秋五十有六にして薨ず」と記す。

(20) 六四五年六月、中大兄皇子らが蘇我入鹿《そがのいるか》を宮中で暗殺し、蘇我本宗家を滅ぼした政変。

鏡王女の出自

鏡王女は、『紀』には「鏡姫王」とあり、天武一二年（六八三）薨去《こうきょ》の前日に天武天皇の見舞いを受けている。彼女が極めて尊貴で重要な女性だったことを表す記事だろう。『万葉集』の天智に和《わ》し奉《たてまつ》る歌（九二、後掲）にも「御歌《みうた》」とある。

その出自に関しては、はやく中島光風《てるかぜ》が『延喜式《えんぎしき》』諸陵寮《しょりょうりょう》に、「鏡女王」の「押《おし》坂《さか》墓」を舒明《じょめい》天皇の押坂陵域内とすることを重視して、舒明の近親と推測した〔中島、一九四三〕。澤瀉《おもだか》久孝『万葉集注釈』は、それをうけつつ、皇孫と見るのは年齢的に無理があるとして、舒明の皇女または皇妹とした。これに対して、小川靖彦は、『延喜式』では、天皇の女《むすめ》は皇女と記していて、「鏡女王」は、「吉備姫王《きびつひめのみこと》」（欽明《きんめい》皇孫）と同じく二世から五世の皇族という扱いであること、『紀』その他、あらゆる資料で「王」を用い、「皇」が見えないことから、皇女とは考えにくく、やはり舒明の皇孫であろうとする。鎌足より遥かに若かった可能性もありうるとするのである〔小川、一九九九〕。近時、吉川敏子は、小川と同様にこの女性を舒明皇孫とし、皇女と扱われていない点からして、天智・天武の女ではないので、古人大兄皇子《ふるひとおおえのみこ》の女である蓋然性が高いと説く〔吉川、二〇一九〕。舒明皇子としては、もう一人蚊屋采《かやのうね》女《め》所生の蚊屋皇子がいるが、舒明即位前紀に名が見えるだけで、他には一切現れない。これに対して古人大兄皇子は、蘇我馬子《そがのうまこ》の女を母とし、皇位継承にも名の挙がる重要人物である。前述のような「鏡姫王」の扱い方からして、古人大兄の女である方がより相応しいという。従うべき結論であろう。

古人大兄皇子は、皇極《こうぎょく》二年（六四三）一〇月、蘇我入鹿が天皇に立てようとし、同年一一月の山背大兄皇子《やましろおおえのみこ》殺害事件でも入鹿に与している。乙巳の変の後には、軽《かるの》皇子《みこ》（孝徳天皇）に即位を勧められるも固辞し、出家して吉野で仏道修行に入る。しかし大化元年（六四五）九月には謀反の罪で、中大兄の派遣した兵に討たれている。『紀』の記す異伝では、同年一一月、子とともに斬られ、妃《ひ》や妾《しょう》は自殺したという。

しかし、天智の皇后は、古人大兄の女、倭姫王《やまとひめのおおきみ》であり、それは天智崩御まで変わることがない。『万葉集』巻二所収の天智天皇に対する挽歌《ばんか》群（一四七—一五五）も「倭太后」の歌を中心に構成されている。大海人皇子《おおあまのみこ》（後の天武天皇）は、譲位を天智に持ちかけられて固辞し、「倭姫皇后に天下を附し、大友皇子《おおとものみこ》を皇太子としてほしい」と申し出て、出家修道のために吉野に向かう。倭姫は、場合によっては皇極（斉明）天皇(21)のように即位する可能性があったのだろう。古人大兄の血統は、それだけ尊貴だった。吉川は、天智が倭姫王を皇后にした理由を、古人大兄の女子が中大兄への怨恨を抱いたまま他の王族と婚姻することを避けたためと推測する。それとともに、自分の生ませた子に貴種を伝える意味もあっただろう。政敵の血を引く者

(21) 宝皇女《たからのひめみこ》。押坂彦人《おしさかひこひと》大兄皇子《おおえのみこ》の孫、母は欽明天皇の孫吉備姫王。舒明天皇の皇后となって、中大兄や大海人を生んだ。

(22) 『紀』天智七年（六六八）二月条（即位の翌月）では倭姫王を皇后とし、嬪《ひん》として蘇我山田石《そがのやまだのいし》川麻呂《かわまろ》の女（遠智娘《おちのいらつめ》・姪娘《めいのいらつめ》）など大豪族の女四人、その他三人が数えられているが、鏡姫王の名は見えない。既に鎌足に降嫁していたか。

でも、女子ならば利用価値があったのである。

鏡王女（姫王・女王）も、そうした貴種の女性として尊重されたものと思われる。天智と鏡王女の関係は、はっきりと言明されることが少ないが、倭姫王と同じく古人大兄の女であれば、やはり后妃《こうひ》の一人であったとするのが妥当だろう。(22)

天智天皇と鏡王女の贈答歌

ともあれ、天智天皇と鏡王女との関係を語る資料は『万葉集』に限られる。

天皇、鏡王女に賜ふ御歌一首

妹《いも》が家《いえ》も　継《つ》ぎて見ましを　大和《やまと》なる　大島の嶺《ね》に　家もあらましを（九一）(23)

鏡王女の和《こた》へ奉《まつ》る御歌一首

秋山の　木《こ》の下隠《したがく》り　行く水の　我こそ益《ま》さめ　思《おも》ほすよりは（九二）(24)

この贈答には、不明なところが残る。天智の詠う「大和なる大島の嶺」の所在がはっきりせず、初句の「妹が家」と末句の「家もあらましを」の「家」が同じ「家」を指しているかどうかに両説ある。山の上にあったらいいと思うのが、鏡王女の家なのか、自分の家なのかが明確でないのである。(25)

ただし「大和なる大島の嶺」という表現が、自分と「妹」とが、大和と、そうでない場所とに分断されていることを表すのは確かである。鏡王女だけが大和の外に

(23)「あなたの家を続けて見たいものだが。大和にある大島の嶺に家があればよいのに」。

(24)「秋の山の木の下に隠れながら行く水のように、私の方がまさっているでしょう。貴方様がお思いになるよりは」。

(25) この歌には異伝があり、繋ぎ合わせると「妹があたり継ぎても見むに大和なる大島の嶺に家居らましを」（あなたの住む辺りを続けて見るために、大和にある大島の嶺に住みたいものだが）の意になり、自分が山の上に住むことが明確であるが、これは伝承中に変更された形であり、元の形も同様に解してよいかどうかは不明である。

図3　大阪(難波)側から見た生駒山 (©Evergreen Planet/Amanaimages PLUS)

住んでいる状況は考えにくいので、天智の側が大和以外に居ると見られよう。すると天智が乙巳の変後、孝徳天皇らとともに難波宮《なにわのみや》に居た時のことと考えると無理がない。(26) 難波宮からは、大和との境になる信貴《しぎ》・生《い》駒《こま》の山々(**図3**)がよく見える。それらは、瀬戸内海航路では「大和島(根)」と呼ばれた(巻三・二五五・三〇三)。それを「大島の嶺」と考え、そこに「妹」の家があったらよいのに、の意と下三句を解しておきたい[鉄野、一九九五]。

鏡王女の和し奉った歌は、第三句までが序詞で、下二句の本旨を引き出している。「秋山の木の下隠り行く水」は、秋雨のために水量を増している。その「増す」ではないが、自分の思いの方こそが「ます」(優っている)、そちらがお思いになるよりは、ということである。マスという言葉の多義性(増す、優す)によって転換しつつ、木の下でひそかに増水する川の水を、自分の思いの譬喩とするのである。自分の思慕は、目立たないけれども、あなたに優っている、と言えば、相手の言葉は、派手だが内実に乏しいことになる。君の家を続けて見たい、などというのは、二人の間にある距離をそのままにする物言いであるから、女にとっては不実に他ならないの

(26) 天智(中大兄皇子)は、舒明天皇一三年(六四一)、一六歳で誄《しのびごと》を奉ったという記事が正しければ、天皇崩御の際、乙巳の変の時二〇歳である。その時、古人大兄の方が年長なので、即位を思いとどまるように、鎌足に諭されている。

である。

ただし相手をなじりながら、自分の好意を強調するのは、この時期の女歌《おんなうた》に共通する特徴である[橋本、一九七七]。実際には相手を迎えているのであり、反発は更なる誠意を求める手段なのである。天智と鏡王女の贈答歌は、情愛の確認としては十分に機能している。しかし、鏡王女が古人大兄皇子の女であり、この贈答が難波宮時代のものだとすれば、それは女の父が男によって誅殺されて間もない頃に交わされたことになるのである。

古代の皇族は、両親によって育てられるのではなく、臣下によって養育の奉仕を受けるのが習いである。現代の核家族のような親子の情愛を彼らに求めるわけにはゆかない。しかし娘が父の生死に関心を持たないのではない。『紀』は、中大兄の妃造媛《みやつこひめ》が、父蘇我山田石川麻呂《そがのやまだのいしかわまろ》を夫に無実の罪で誅殺されると、心痛の余り病死したと伝える〈大化五年〈六四九〉三月是月条〉。彼女たちの存在意義が父の地位に由来している以上、父を殺されることが計り知れない衝撃を与えたことは想像に難くない。しかし相聞歌は、そうした婚姻が確かに行われたことを示しつつ、背後の過酷な現実を少しも窺わせないのである。

藤原鎌足と鏡王女

天智と鏡王女の贈答に続くのは、藤原鎌足が鏡王女に求婚した時の歌である。

　内大臣藤原卿(27)、鏡王女を娉《つまど》ふ時に、鏡王女、内大臣に贈る歌一首

玉櫛笥《たまくしげ》　覆《おお》ふをやすみ　明けていなば　君が名はあれど　我が名し惜しも（九三）(28)

　内大臣藤原卿、鏡王女に報《こた》へ贈る歌一首

玉櫛笥　御諸《みもろ》の山の　さな葛《かずら》　さ寝《ね》ずはつひに　ありかつましじ（九四）(29)

この唱和は鏡王女の側から贈られている。第二句までがやはり序詞で、アケテが、「（玉櫛笥を）開けて」と「（夜が）明けて」の多義性を持つことで本旨へと転換している。本旨は、あなたの名が広まるのはともかく、自分の名が傷つくのが惜しい、ということである。玉櫛笥（美しい櫛の箱）を開けたままでは、化粧道具などが丸見えになるから、序詞はまた本旨の譬喩ともなっている。既に自分のところに来ている相手に対して、迷惑だから暗いうちに帰ってくれと追い返す体である。

　これに対して、鎌足の側は、鏡王女と同じく「玉櫛笥」を初句に置き、「（玉櫛笥を）見《み》」と「みもろ」の同音関係で「御諸の山のさな葛」を引き出している。更に第三句までが序詞となり、「さな葛」と「さ寝ず」との類音で本旨を引き出す「二重の序」［伊藤、一九七六］になっている。

(27)「大臣」も「藤原」の姓も、天智八年（六六九）一〇月薨去の前日に賜ったもの。それ以前は中臣《なかとみ》姓で、皇極朝では「鎌子《かまこ》」とも記されるが、本稿では「藤原鎌足」とする。

(28)「玉櫛笥を覆うのが簡単だとて開けておく、ではないですが、明けてから帰られたら、貴方の名はともかく、私の名が惜しまれます」。

(29)「玉櫛笥の中を見る、という御《み》諸の山のさなかずらではないが、さ寝―共寝《ともね》をしなければ最後には死んでしまうだろう」。

本旨は、共寝をしなくては、結局死んでしまうだろうということである。ただし死ぬのが自分と相手のどちらなのかについては議論がある。通説は、鎌足自身が共寝しなければ恋い死にしてしまう、という意に解しているが、鏡王女の側と見る余地もあろう。村田正博は、「玉櫛笥（を見る）」と「御諸の山」(30)に、『崇神紀《すじんき》』の三輪山神話（箸墓《はしはか》伝説）が投影していると説く［村田、二〇〇三］（**図4**）。夫である三輪山の神の正体を問い、櫛笥の中に蛇として居るのを見て驚き、恥をかかせたと怒る神によって、陰部を箸で衝《つ》いて死ぬという無惨な死を遂げた、ヤマトトトビモモソヒメの物語である。「玉櫛笥御諸の山」から三輪山神話は容易に想起されよう。それと同じならば、生きていられなくなるのは女の側である。鎌足の歌は、あまりお高くとまっていると、いい死に方をしないよ、という恫喝なのである。

図4　三輪山（後方）と箸墓古墳（手前）

小川も指摘するように、令制では、臣下が四世までの女王を娶《めと》ることは許されていない。皇族の聖性を守る日本独自の通婚圏の限定は、令制以前からと考えられる。皇女に限定すれば、応神《おうじん》朝から平城《へいぜい》朝に至るまで、臣下への降嫁は例が無い［今井、二〇〇一］。あなたを通わせているという噂になったら、自分の名前に

(30)「みもろ」は神の依《よ》り代《しろ》の意。大物主《おおものぬし》神の依り代である三輪山《みわやま》が、「みもろの山」の代名詞となる。

傷がつく、という鏡王女の言辞は、血筋正しい二世女王であれば当然の物言いでもあろう。剣呑なやりとりは、彼らの結婚が本来ありえないことを表している。

しかしそれは、天智と鎌足との盟友関係に拠るものであり、鎌足は当然、天智の許しを得て求婚しているのである。むしろ天智の差し金とも見られよう。したがって、歌の通り、鎌足が直接、鏡王女の家に求婚に訪れるといったことがあったとしても、じかにこのような会話が交わされることはないだろう。歌が表すのは言わば演じられた拒否であり、実質的には、むしろ二世女王の降嫁という特別な結婚を実現するための贈答なのである。

小川は、天智が妻を鎌足に譲渡したとする見方には否定的で、鏡王女は天智天皇にとって最も信頼を置く近親だったという。しかし吉川の推測するように、殺害した政敵の女であるとすれば、やはり貴種として妻に迎えていたと考えられよう。そして、真に信頼する腹心に報いるために、彼女を与えたのだと思われる。

額田王

「譲られた妻」と言えば額田王《ぬかたのおおきみ》も同様である。額田(姫)王は、『紀』に天武天皇(大海人皇子)の「初め」の妻で、十市皇女《とおちのひめみこ》を生んだと記される(天武二年〈六七三〉二月二七日条)。しかし『万葉集』では、一貫して天智天皇の妻という扱いである。巻二の天智挽歌群では、倭姫皇后ら後宮の女性たちと詠っている（一五一・一五五）。

巻四には、「額田王、近江天皇（天智）を思ひて作る歌一首」として、

君待つと　我《あ》が恋ひ居《お》れば　我《わ》がやどの　簾《すだれ》動かし　秋の風吹く（四八八[31]）

が載せられている。簾が動いたのを夫の来訪かと思ったら、秋の風だった、という落胆の歌である。更にこの歌の次には、鏡王女の、

風をだに　恋《こ》ふるはともし　風をだに　来むとし待たば　何か嘆かむ（四八九[32]）

が配列されている。題には単に「鏡王女作歌一首」とあるのみで、額田王の歌といかなる関係にあるかは明示されないが、この二首は、巻八にもまったく同じ題詞《だいし》・歌詞で重ねて掲載される（秋相聞、一六〇六・一六〇七）ので、一組であることは疑いがない。額田王の歌は、風を恋い慕っているのではないのだが、鏡王女の歌はそれを曲解した上で、なお何を待つことも期待し得ない惨めな境遇を嘆いていることになろう。

この二首によれば、額田王と鏡王女とは、同時期に天智の妻としてあり、ともに寵《ちょう》を失っていたことになる。しかし秋風や簾といった素材は、六朝《りくちょう》の閨怨《けいえん》詩[33]に、「清風は帷簾《いれん》を動かし、晨月《しんげつ》は幽房を照らす。佳人は遐遠《かえん》に処《あ》り、蘭室には容光無し……」（晋・張華「情詩」『文選《もんぜん》』巻二九[34]）などと用いられており、それに倣った創作と見られる。そこに詠われている状況は、やはり彼女たちの実際とは程遠いであろ

(31)「あの方を待って私が恋しく思っていると、家の戸の簾を動かして秋の風が吹いてくる」。

(32)「風だけでも恋しく思って待つのは羨ましい。せめて風だけでも来るだろうかと思って待つことができたら、何を嘆くことがあろう」。

(33) 女性が淋しく夫を待つ姿や情を述べる詩。特に梁《りょう》代以降の宮廷で流行した。

(34)「清らかな秋の風が吹いて帳《とばり》の簾を動かし、明け方の月が奥深く吾が室を照らす。吾が夫は遠くに行っていて、この香《かぐわ》しい部屋には立派なお姿が見えない」。

う。それでも、「近江天皇を思ひて作る歌」という題は、大海人皇子の子を生んだ額田王が、確かに天智天皇の後宮に居ることを表すのである。

大海人皇子が、妻の一人として自らの宮に額田王を留めることは可能だったはずである。しかしそうなっていないのは、大海人から天智への譲渡があったためと見てよい。天智の皇女は、ほとんどが天武（大田《おおた》・鸕野《うの》・大江《おおえ》・新田部《にいたべ》）とその皇子（草壁《くさかべ》─阿閇《あへ》、大津《おおつ》─山辺《やまのべ》、高市《たけち》─御名部《みなべ》）の妻となっている。それに対応するように、額田王の譲渡があったのではないだろうか。額田王は、『紀』によれば鏡王《かがみのおおきみ》を父とするので、三世王以下であり、天武の妻としても大豪族の女たちが就く「夫人《ぶにん》」より下に位置づけられている。鏡王女のような貴種ではない(35)。しかし、『万葉集』に残る歌々は、彼女が「遊宴の花」〔伊藤、一九七五〕であったことを窺わせる。それは額田王もまた、取引の具になりうることを示すだろう。

巻一の次の二首は、『万葉集』中でも最もよく知られた歌である。

あかねさす　紫野《むらさきの》行き　標野《しめの》行き　野守《のもり》は見ずや　君が袖振る（二〇）(36)

紫の　にほへる妹《いも》を　憎くあらば　人妻故に　我《あれ》恋ひめやも（二一）(37)

額田王が、貴重な紫草を栽培する野を監視する番人が見ているから、私が恋しくても袖を振るのは止めてちょうだい、と詠えば、皇太子大海人が、紫のように輝く貴女が憎いのならば、人妻だというのに恋しく思ったりしようか、と答える。これが

(35) 額田王の父が「鏡王」であることからすると、鏡王女と養育氏族が共通していたか。

(36) 「（あかねさす）紫野を行き、標野を行きして、野守が見ているではないですか、貴方が袖を振るのを」。

(37) 「紫のように照り輝く貴女が憎いのならば、人妻だというのに、私が恋い慕うことなどあるものか」。

二人の間で密かに交わされた恋歌ではなく、天智七年〔六六八〕五月五日、天皇以下文武百官が揃って出かけた蒲生野《かまふの》の狩という盛儀で披露された歌であることは、現在ではほぼ定説である。そもそも「袖を振る」のは、二人が離れた位置にいるからであって、「野守が見ているではないか」と歌によって制止することは不可能である。歌が表す状況は、現実にはありえない。

「標」や「─守」は譬喩歌に頻出する言葉で、婚姻関係や配偶者を暗示する。額田王の歌が、「野守」の眼を気にするのは、それが夫の譬喩だからである。そして大海人は、「野守」に監視されている「紫」とは、美しい「妹」であり、「人妻」であると詠う。それは、額田王の歌の譬喩に隠されていた事柄を露わにする歌なのである。言わば謎かけと謎解きという趣の、宮廷行事に華を添えるに相応しい応酬と言ってよいだろう。しかしその場面に立って考えれば、この唱和を聞く者は直ちに歌い手の二人がかつて夫婦だったことを連想するだろうし、歌い手がそれを計算に入れていないはずがない。つまり、二首は虚構であり、演技なのであるが、同時に、額田王が「譲渡された妻」であるという現実を背景にして成り立っていると考えられるのである〔鉄野、二〇一五〕。

和歌の詠うこと

巻二相聞部に戻れば、鏡王女への求婚の贈答に続くのも、鎌足が采女《うねめ》の安見児《やすみこ》を娶った時の歌である。

内大臣藤原卿、采女の安見児を娶《ま》く時に作る歌一首

我《われ》はもや　安見児得《え》たり　皆人《みなひと》の　得かてにすといふ　安見児得たり（九五）(38)

采女は、地方豪族から天皇に献上される女性であるから、天皇の許しが無ければ婚姻できない。許可なく通じて罰せられた者は『紀』には多く見えるし、奈良時代に入っても、安《あ》貴王《きのおおきみ》が因幡八上采女《いなばのやがみのうねめ》を「娶」って不敬の罪に断ぜられた例が『万葉集』に載る（巻四・五三四・五三五）。第二句・第五句を繰り返して、天真爛漫に采女を得た喜びを詠う鎌足の歌は、それが許される、天智との強い紐帯を誇るものでもあろう。

巻二相聞部は、乙巳の変以来の盟友である天智と鎌足が、女性の下賜によって結びつきを深めてゆく次第を語っている。その関係は、やがて自氏出身の母を持つ天皇を即位させ、台閣《たいかく》（議《ぎ》政官《せいかん》）に複数の代表を送り込み、臣下出身の皇后をさえ実現させる藤原氏の礎を築く。高度な政治的判断で行われたであろう、天智と鏡王女との婚姻、また鎌足への下賜と、彼らの歌の素朴さとは大きな距離がある。それはむしろ、蒲生野での唱和や、「秋の風」をめぐる問答の歌の演技性・虚構性と連続的

(38)「私は何と、安見児を手に入れた。皆が得難いと噂する安見児を手に入れた」。

なのであろう。

巻二の相聞歌は、史書には見えにくい内々の人間関係を述べる点で政治的である一方、歌の内容自体は非政治的としか言いようがない。和歌は、彼らの冷厳な現実を覆い隠してしまう。それは、駒として動かされる女たちの生の不満や悲しみを盛る器ではなかった。現実を隠蔽して、円満な人間関係を言葉の上に構築することが、かえって和歌の大きな政治的機能だったのだろう。

3　大伴坂上郎女の相聞歌と族内婚

『万葉集』の奈良時代

『万葉集』の作者名を記す巻は、奈良時代に入ると、いずれも大伴《おおとも》氏関連の歌の占める割合が高くなる。巻四は全体が相聞歌の巻で、初期万葉歌や七世紀末の柿《かきの》本人麻呂《もとのひとまろ》の歌も含むが、やはり途中からは大伴氏の氏族史の様相を呈している。大伴氏は伝統的な氏族として、唐風化の進む宮廷にあって、漢詩の要素や方法を取り入れながら、和歌に拠ることを選択したと見受けられる。その中心は、まず坂上《さかのうえの》郎女《いらつめ》であり、次いで家持《やかもち》である。

大伴坂上郎女の婚姻

坂上郎女は、巻四の随所で、歌と注によって、その経歴や生活を紹介される。その最初は、次の藤原麻呂(39)との贈答である。

京職(40)藤原大夫《まえつきみ》、大伴郎女《おおとものいらつめ》に贈る歌三首 卿は諱《いみな》を麻呂《まろ》といふ

娘子《おとめ》らが　玉櫛笥《たまくしげ》なる　玉櫛の　神《かむ》さびけむも　妹《いも》に逢はずあれば（五二二(41)）

よく渡る　人は年にも　ありといふを　いつの間《ま》にそも　我《あ》が恋ひにける（五二三(42)）

蒸《む》し衾《ぶすま》　なごやが下に　伏せれども　妹とし寝《ね》ねば　肌し寒しも（五二四(43)）

大伴郎女の和《こた》ふる歌四首

佐保川《さほがわ》の　小石踏み渡り　ぬばたまの　黒馬《くろま》の来る夜《よ》は　年にもあらぬか（五二五(44)）

千鳥《ちどり》鳴く　佐保の川瀬の　さざれ波　止《や》む時もなし　我《あ》が恋ふらくは（五二六(45)）

来《こ》むと言ふも　来《こ》ぬ時あるを　来《こ》じと言ふを　来《こ》むとは待たじ　来《こ》じと言ふものを（五二七(46)）

千鳥鳴く　佐保の川門《かわと》の　瀬を広み　打橋《うちはし》渡す　ながくと思へば（五二八(47)）

五二八歌の後の注は次のように述べる。「この「大伴郎女」は、佐保《さほ》大納言卿《だいなごんきょう》（安《やす》麻呂《まろ》(48)）の女である。最初穂積《ほづみ》親王（天武皇子、一品に至る）に嫁ぎ、その薨去後（霊亀元年

(39) 不比等《ふひと》の四男、京家の祖。持統《じとう》九年（六九五）生。養老元年（七一七）従五位下、同五年左右京大夫、天平三年（七三一）参議、同九年参議兵部卿従三位で薨去。

(40) 麻呂の務めた左右京大夫のこと。

(41) 「おとめの玉櫛笥の中にある玉櫛のように、神々しくなってしまったようだよ、あなたに逢わないうちに」。

(42) 「よく我慢できる人は一年だって我慢できるのに、どれだけ経ったというので、私はこんなに恋しくなってしまったのだろう」。

(43) 「暖かい寝具の柔らかいのに寝ていても、あ

〈七一五〉)、藤原麻呂に求婚された。郎女は、坂上の里に住んだので、氏族内で「坂上郎女」と呼ばれた」。以下、この女性の呼称は、一貫して「大伴坂上郎女」である。巻四が、大伴氏内の関係を語るように変化することを象徴する呼称変更である。(49)

この贈答は、注に麻呂が坂上郎女を「娉《へい》」(妻問《つまど》い、求婚の意)したとあるのに拠って、その求婚の時の歌々と考えられてきた。しかし麻呂の歌は、「神さびけむも妹に逢はずあれば」「いつの間にそも我が恋ひにける」「妹とし寝ねば肌し寒しも」と、三首いずれも、結婚後、逢瀬の無い状況を表している。これは求婚時の贈答ではない。しかるになお、左注が「娉」と記すのは、かえって、その結婚が中絶したことを暗示するのであろう。

図5 佐保川(上野誠氏撮影)

麻呂の三首は、それぞれ三輪山神話(50)・七夕伝説・八千矛神《やちほこのかみ》(51)の「神語《かむがたり》」を踏まえた歌と思しい[土佐、二〇二〇]。しかし坂上郎女は、麻呂の贈歌の趣向にほとんど取り合わず、わずかに第二首の「よく渡る人は年にもありといふ」を捉えて、「黒馬の来る夜は年にもあらぬか」と返すの

なたと共寝していないと肌寒いことよ」。

(44)「佐保川(**図5**)の小石を踏み渡って、(ぬばたまの)黒馬が来る夜は年中であってくれないか」。

(45)「千鳥の鳴く佐保の川瀬のさざれ波のように、止む時も無い。私が恋しく思うのは」。

(46)「来ると言っていても来ない時があるのに、来ないと言っているのに、来るかもしれないと思って待ったりはすまい。来ないと言っているのに」。

(47)「千鳥の鳴く佐保の渡し場が広いので、橋を渡しておく。貴方が来ると思うから(長くと思うから)」。

みである。以下、坂上郎女は、独自の趣向を凝らす。第三首は、「来」という語を繰り返す戯歌《ぎか》で、「梓弓《あずさゆみ》引きみ緩《ゆる》へみ来《こ》ずは来《こ》ず来《こ》ば来《こ》そを何《な》ぞ来《こ》ずは来《こ》ばそを」(巻十一・二六四〇)[52]のもじりであろう。そして第四首の末句ナガクは原文「奈我来」と万葉仮名書きになっており、「長く」と「汝《な》が来《く》」の掛詞《かけことば》になっていると見られる[53]。

そして、第一・二・四首に自らの居所「佐保」を繰り返すことに注意される。それは麻呂の来訪は待つけれども、こちらから行くことは無いということであろう。「ながく(汝が来・長く)と思へば」と言いながら、藤原氏に所属して働くことは明確に拒否するメッセージである。表面的には、互いに無沙汰であることを嘆くように見えて、大方もう離別が近いことを表しているのである[鉄野、二〇〇六]。

藤原麻呂と別れた坂上郎女が夫に択んだのは、異母兄宿奈麻呂《すくなまろ》であった。それは、宿奈麻呂と別の妻との間の女、田村大嬢《たむらのだいじょう》が、坂上郎女との間の女、坂上大嬢《さかのうえのだいじょう》に贈った歌(七五六―九)の注で明らかにされる。宿奈麻呂は、安麻呂と前妻巨勢郎女《こせのいらつめ》との間の子で[54]、和銅元年(七〇八)に従五位下、神亀元年(七二四)に従四位下に昇っており、坂上郎女より、かなり年上と推測される。この左注には、宿奈麻呂は田村の里[55]に住んでいたとあるので、坂上郎女とは別居のままだったと見られる。

このように氏族内での婚姻を択ぶのは、大伴氏のこの世代の著しい特徴である。

(48) 壬申《じんしん》の乱(六七二年)で天武方に付き活躍。大宝元年(七〇一)従三位、慶雲二年(七〇五)に大納言、和銅七年(七一四)、大納言兼大将軍で薨去。

(49) この直前に、坂上郎女の父安麻呂(五一七)と、母石川郎女(五一八。「即ち佐保大伴の大家《おおとじ》なり」の注記あり)の二首が並んでおり、坂上郎女登場の呼び水になっている。

(50) 前節の鎌足の歌(九四)の項を参照のこと。

(51) 「八千矛神」は大国《おおくに》主命《ぬしのみこと》の別名で、越《こし》の国の沼河日売《ぬなかわひめ》、后の須勢理《すせり》毘売《びめ》との間に唱和を交わす(「神語」という、と付記されている)。須勢理毘売の歌に「蚕衾《むしぶすま》にこや父安麻呂は、巨勢郎女と、坂上郎女の母石川郎女という、他の大豪族の女と婚姻していたが、坂上郎女のもう一人の異母兄、旅人《たびと》の妻は「大伴郎女」であり、やはり族内婚である(56)。

こうした族内婚は藤原氏にも見られ、奈良時代に普遍的であった。律令制下、高官に昇った者の子や孫が、恵まれた地位から官人生活を始められる蔭位《おんい》の制度によって、一族に高官が多く出ると、それぞれが「家」を立て、氏族は分裂してゆく。また当時は女性にも財産権が認められていたので、他氏族に輿入《こしい》れすると、その女性の財産は他氏族に渡ることになる。そうした分裂や散逸に歯止めをかけ、氏族の結束を固めるために、族内婚が有効と考えられたと推測される[西野、一九八二]。

「家刀自」としての坂上郎女

坂上郎女に相聞の歌は数多いけれども、明確に彼女自身の婚姻関係で詠われたのは、先の麻呂との贈答だけである。穂積皇子や宿奈麻呂に関わる歌は見えない。その他は、親族など、自分の婚姻とは関係無く詠われたものがほとんどである。次の三首もその一つ。

向かひ居て　見れども飽かぬ　我妹子《わぎもこ》に　立ち離《はな》れ行《い》かむ　たづき知らずも

（六六五、安倍虫麻呂《あべのむしまろ》(57)）

が下に」（絹の寝具の柔らかい下で）とある。

(52)「梓弓を引いたり緩めたりするように、私を翻弄するんだから。来ないなら来ない。来るなら来てよ。それなのに何でよ。来ない、来るなら、それなのに」。

(53)『万葉集』の掛詞は、「玉櫛笥みもろの山」（九四）のミ（見・御）のように文脈が入れ替わる場所に用いられることが多く、当該例のように文脈が並行する掛詞は稀である。

(54)巨勢郎女は、天智朝で御史大夫（大納言）に昇った巨勢人《こせのひと》の女。安麻呂が求婚した時の歌が巻二に残る（一〇一・一〇二）。安麻呂の次男田主《たぬし》の母であることが、巻

相見ぬは　幾久《いくびさ》さにも　あらなくに　ここだく我《あれ》は　恋ひつつもあるか（六六六、坂上郎女(58)）

恋ひ恋ひて　逢ひたるものを　月しあれば　夜は隠《こも》るらむ　しましはあり待て

（六六七、同(59)）

六六七歌の後の注に、坂上郎女の母石川内命婦《ないみょうぶ》と、安倍虫麻呂(60)の母安曇外《あずみのげ》命婦《みょうぶ》とは、「同居の姉妹、同気の親」で(61)、その子二人は従兄妹の誼《よしみ》で、このような「戯歌」を作って問答したのだ、とある。虫麻呂の歌と、坂上郎女の第二首とは、顔を合わせての「問答」の趣であるが、坂上郎女の第一首は、虫麻呂来訪以前を時点とすると思しい。それはその場で創られた設定なのだろう。「戯歌」とは何を意味するかには議論があるけれども［井ノ口、二〇〇七］、歌自体の諧謔《かいぎゃく》よりも、恋仲を装う虚構性が「戯」と表現されたと理解されよう。この問答は、坂上郎女が、母系をたどって他氏族の男性と、歌によって気脈を通じていることを表している。

一方、この注によって、坂上郎女の母が石川氏（蘇我氏の後身）出身で、内命婦(62)であったことが分かる。この女性は、元正上皇の傍らに侍って作歌した時にも「内命婦石川朝臣《あそみ》」「石川命婦」として見える（巻二十・四四三九）。藤原不比等の妻、県犬《あがたのいぬ》養三千《かいのみち》代《よ》が後宮に仕えて不比等を支えたのと同じように、安麻呂と連繋して、宮廷で氏族のために働いたのであろう。

二・一二一六歌の注に見える。おそらく長男旅人・三男宿奈麻呂の母でもあろう。

(55) 現在の奈良市尼辻町付近。

(56) 大伴郎女は、神亀五年（七二八）、旅人が帥《そち》として下向《げこう》していた大宰《だざい》府《ふ》で亡くなっている（巻八・一四七二歌注）。その後、坂上郎女が大宰府に下った（天平二年〈七三〇〉に上京する時の歌がある。巻六・九六三・九六四）のは、その頃までに坂上郎女も夫宿奈麻呂を亡くしていたためと見られる。

(57) 「向かい合っていくら顔を見ていても飽きないのに、座を立って離れてゆこうにも、どうして坂上郎女が宮廷に仕えたかどうかは不明で、少なくともそれを示す証拠は無い。しかし穂積親王の妻であったためか、母が内命婦であった縁か、聖武天皇とは旧知の間柄で、佐保の自宅から歌を奉っている。(63)

天皇に献る歌一首　大伴坂上郎女、佐保の宅に在りて作る

あしひきの　山にし居《お》れば　風流《みやび》なみ　我《わ》がするわざを　とがめたまふな（七二一）(64)

これらも、坂上郎女が大伴氏のために氏族の外との交渉を担っているさまを表す。

石川郎女は氏族内でも、「邑婆《おおば》」（巻二十・四四三九）・「佐保大伴大家《おおとじ》」（巻四・五一八）などと呼ばれており、大伴氏佐保大納言家の女性の中心、「家刀自《いえとじ》」であったことが知られる。坂上郎女は、その母の後継者であった。天平七年（七三五）、新羅《しらぎ》から佐保に移住していた尼理願《りがん》が亡くなると、その葬儀を取り仕切り、有間温泉に湯治に出かけて不在だった母に、挽歌を送って報告している（巻三・四六〇・四六一）。おそらく一族の女性による仏教信仰の場があったのであろう。また農繁期には、奈良盆地南部の跡見《とみ》庄（巻四・七二三）・竹田庄（同・七六〇）といった大伴氏の荘園に、長期にわたって出張し、管理を行っている。遠く賀茂《かも》神社に詣でて奉拝する（巻六・一〇一七）、あるいは大伴氏の氏神《うじがみ》を祭る（巻三・三八〇）時などに作歌しており、一族の祭祀の中心でもあった。親族と宴《うたげ》する時に、歌を作って座を取り持つ（巻六・九

いいか分からないよ」。

(58)「逢わないのは、いくらの間でもないのに、こんなにも自分は恋し続けることか」。

(59)「恋に恋を重ねてようやく逢えたのに。月がまだ空にあるから、夜はまだ更《ふ》けてもいないのでしょう。しばらくここで明けるのをお待ちください」。

(60) 天平九年（七三七）外従五位下。天平勝宝四年（七五二）、従四位下中務大輔で卒。

(61)「同気」とは中国では同じ家の「気」を共有することなので、二人が同姓でないのは不審であるが、ここは異父姉妹であることを言うのだろう。

九五)のも、「家刀自」としての活動の一環であろう。

坂上大嬢と家持

坂上郎女は、母のように他氏族に入るのではなく、生まれた大伴氏の家刀自として生きることを択んだ。彼女が腐心したのは、一族の結束だったはずである。そして、その最も有効な手段は、やはり自分と同様に、氏族内で結婚することと考えたのであろう。坂上郎女の下の世代も、族内婚をしているが、そこには彼女の意志が働いていると思われる。

坂上大嬢は、旅人の長男、家持に嫁いでいる。この結婚は、一度破綻して、後によりを戻すことになった。[65] 最初の結婚の時の大嬢の歌(五八一―四)の巻四における位置からすると、旅人が薨去した天平三年(七三一)から間もなくだったらしい。家持は一四歳、大嬢は更に下であろう。しかしその後には、笠女郎《かさのじょろう》・山口女王《やまぐちのおおきみ》・大神《おおみわ》女郎・中臣《なかとみ》女郎など、多くの女性と家持との間に交わされた相聞歌が並ぶようになる。これとは別に、家持には「妾《おみなめ》」と呼ばれる女性があり、嬰児を遺して天平一一年(七三九)の春夏の時期に亡くなっている(巻三・四六二―七四)。坂上大嬢は、その秋に家持に稲の縵《かずら》に歌を添えて贈っており(巻八・一六二四)、それが復縁の契機らしい。その後は巻四でも、家持は、一方で紀女郎[66]との贈答を挟みつつではあるが、

(62) 自ら五位以上の位を持つ宮人《くにん》。「外命婦」は、五位以上の官人の妻。

(63) 他に、春日《かすが》の宅から奉った二首(七二五・七二六)もある。また巻六には、天平一一年(七三九)、聖武天皇が高円《たかまと》野《の》で遊猟した時に、平城京内に降りてきたムササビを捕まえたのを奉る際、坂上郎女が添えた歌が載る(一〇二八)。

(64) 「(あしひきの)山住まいですので、垢抜けない私の振る舞いを咎めないでください」。佐保は平城京の東北部(現在の奈良市法蓮町付近)で、佐保山の麓。

(65) 巻四・七二七歌の題「大伴宿祢《すくね》家持、坂上家の大嬢に贈る歌二首」

坂上大嬢との贈答を続けるようになる。天平一八年(七四六)、家持が越中守として赴任した後、天平勝宝二年(七五〇)になると大嬢も越中に下り、「家婦《かふ》」と呼ばれるようになった(巻十九・四一六九題)。

巻四の、家持と多くの他氏族の女性たちとの相聞歌が並ぶ辺りに混じって見えるのが、坂上郎女の「怨恨歌《うらみのうた》」(六一九・六二〇)である。

おし照る　難波の菅《すげ》の　ねもころに　君が聞こして　年深く　長くし言へば　まそ鏡　磨《と》ぎし心を　許してし　その日の極み　波のむた　なびく玉藻の　かにかくに　心は持たず　大舟の　頼める時に　ちはやぶる　神か放《さ》けけむ　うつせみの　人か障《さ》ふらむ　通《かよ》はしし　君も来まさず　玉梓《たまずさ》の　使ひも見えず　なりぬれば　いたもすべなみ　ぬばたまの　夜はすがらに　あからひく　日も暮るるまで　嘆けども　験《しるし》をなみ　思へども　たづきを知らに　幼婦《たわやめ》と　言はくも著《しる》く　手童《たわらわ》の　音《ね》のみ泣きつつ　たもとほり　君が使ひを　待ちやかねてむ(六一九[67])

反歌

はじめより　長く言ひつつ　頼めずは　かかる思ひに　あはましものか(六二〇[68])

用心堅固でいたものを、相手が熱心に言ってくるので心を許したところ、相手か

に「離絶数年、また逢ひて相聞往来す」という注が付されている。

(66) 紀鹿《きのか》人《ひと》の女。安貴王の妻だったが離婚後、家持と恋仲になったと見られる。

(67)「(おしてる)難波の菅の根のそのねんごろに貴方がおっしゃって、いつまでも末永くというので、明鏡のように研ぎ澄ました心を許したその日を限りとして、波とともに靡《なび》く玉藻のようにあれこれと迷う気持ちは持たず、大船のように頼みに思っていたその時に、(ちはやぶる)神が引き離したのか、この世の人が邪魔をしているのか、通って来ていた貴方は来なくなり、(玉梓の)使いも見えなくなったので、ど

らは音沙汰が無くなってしまった。何の手立ても無いまま、使いを待つだけなのか、と嘆き、熱心に求婚したのはそちらではないかと恨む。配列からすれば、宿奈麻呂とも死別した後と思われ、「たわやめ」の原文「幼婦」が、坂上郎女に相応しいとは思われない。この長反歌が、坂上大嬢に代わって、家持に贈られたものとする説[橋本、一九八五]は正鵠を射ているだろう。坂上郎女は、同母弟稲公《いなぎみ》と義理の娘田村大嬢との間を取り持ち、稲公の恋歌を代作したこともあった(巻四・五八六注)。

　坂上郎女にとって、家持は最も大事な佐保大納言家の跡取りであり、旅人亡き後、自分が庇護しなければならない存在である。[69] 家持と坂上大嬢との結婚は、坂上郎女の望むところであっただろう。一般に、相聞歌において、恋の障害として詠われるのは女の母親である。その意味で家持と坂上大嬢とは、最初から乗り越えるべき障害を奪われていたとも言える。最初の結婚が立ち消えになったのも、そのためかもしれない。もっとも「妾」が亡くならなければ、そのまま正妻となった可能性もある。「妾」は、なでしこを自分だと思ってほしいと言って、家持の家の庭に植えて行った(巻三・四六四)と家持が詠うので、別に過ごしていたことは確かである。しかし佐保山に葬られていることからすれば(同・四七四)、やはり佐保大納言家の女性だったと推測される。

うしようもなく、(ぬばたまの)夜は一晩中、昼は(あからひく)日も暮れるまで、嘆いても甲斐は無く、考えてもしようも分からず、「幼婦」と言われるのもその通り、赤子のように声を上げて泣き、うろうろしながら、貴方の使いを待ちかねていなければいけないのでしょうか」。

(68)「初めから末永くなどと頼みにさせなければ、こんな思いをしなかったでしょうに」。

(69) 家持に和歌の手ほどきをしたのも坂上郎女と見られる。天平五年(七三三)、家持一六歳の処女作「初月《みかづき》歌」(巻六・九九四)は、その前の坂上郎女の歌(九九三)と同題で、三日月を女性の眉

坂上二嬢と駿河麻呂

坂上郎女は、宿奈麻呂との間の次女坂上二嬢《さかのうえのにじょう》を、やはり同族の駿河麻呂《するがまろ》に縁付けようとしている。坂上郎女と駿河麻呂とは、巻四に贈答があり（六四六―九）、坂上郎女は佐保大納言卿（安麻呂）の女、駿河麻呂は、高市大卿《たけちのだいきょう》（安麻呂の兄御行《みゆき》）(70)の孫で、叔母甥の関係に当たるので、歌を贈り合って連絡を取っていた、と注に記す。

駿河麻呂は、天平勝宝九歳（七五七）の橘奈良麻呂《たちばなのならまろ》の変に連座し、家持が中立を保ったのとは異なる立場を取る。しかし宝亀元年（七七〇）、光仁《こうにん》天皇即位にともない、家持と並んで正五位下、同二年一一月また家持と並んで従四位下に昇叙と、宝亀年間にはともに栄進して、大伴氏の両輪となった。

坂上郎女は、一族のホープとして、早くから駿河麻呂に目を付けていたのであろう。巻三譬喩歌の部に、次のようなやりとりがある。

　　大伴坂上郎女、親族を宴する日に吟《うた》ふ歌一首
山守《やまもり》が　ありける知らに　その山に　標結《しめゆ》ひ立てて　結ひの恥しつ（四〇一）(71)
　大伴宿祢《すくね》駿河麻呂の即ち和《こた》ふる歌一首
山守は　けだしありとも　我妹子《わぎもこ》が　結ひけむ標を　人解かめやも（四〇二）(72)

先に額田王の蒲生野の歌で見たように、占有を表わす「―守」や「標」は、譬喩歌の主要な素材である。坂上郎女の歌には、他の女の存在を知らないで、結婚の約に見立てる趣向も同じである。

(70) 大宝元年（七〇一）大納言正広参（従二位―正三位）で薨去、贈正広弐右大臣。

(71) 「山の番人が居たとも知らないで、占有の目印を付けて恥をかきましたよ」。

(72) 「山の番人がもし居ても、貴女が結った目印を他人が勝手に解いたりするものですか」。

束などして恥をかいた、という寓意が込められている。「親族を宴する日に吟ふ」ことで、一族を前に言い逃れのできない形で、婚約の履行を迫るのである。

前述のように、初期万葉の頃までの歌は、声に出して詠われ、その場の聞き手に共有されることで機能する面が強かった。天武・持統朝に入ると、和歌は漢字で記され始め、柿本人麻呂歌集のような歌集も作られるようになる〔稲岡、一九七六〕。相聞歌も、書面で伝えられることも多くなったであろう。しかし和歌の音声的な側面が失われたわけではない。書かれた歌も声に出して詠われるのが普通だったと推測されるし、この歌のように「吟」われて一座が共有する場合もあったのである。

駿河麻呂は、知らんぷりもできず、他の女の存在を半ば認めつつ、婚約を履行すると答えざるをえない。巻三譬喩歌部のこの後に、「大伴宿祢駿河麻呂、同じ坂上家の二嬢を娉《つまど》ふ歌一首」がある。駿河麻呂の求婚の歌である。

春霞　春日の里の　植ゑ小水葱《こなぎ》　苗なりと言ひし　柄《え》はさしにけむ（四〇七[73]）

「春日の里の植ゑ小水葱」が坂上二嬢の譬喩で、「苗なりと言ひし、柄はさしにけむ」は、少女だったのが適齢期になったことを表すと考えられる。確かに譬喩でなければ言いにくい事柄である。そしてこれは、坂上二嬢本人よりも、坂上郎女に対するメッセージであろう。巻四の「大伴坂上郎女の歌二首」のうちの一首、

玉守に　玉は授《さず》けて　かつがつも　枕と我《われ》は　いざ二人寝む（六五二[74]）

(73)「(春霞)春日の里の植えた水葱は、まだ苗という話でしたが、もう柄も伸びたことでしょう」。

(74)「玉守に玉を預けて、ともかくも私は、枕と二人で、さあ、寝ることにしよう」。

は、相聞部に収められているが、「玉守」という語に譬喩歌的性格が窺われる。娘二人を、一族の男たちに縁付けて、ほっとした心境を詠ったものと読める。

家持へ送ったと見られる娘の代作、駿河麻呂に対し一族の前で詠いかける譬喩歌、ともに極めて虚構的・演技的である。表現上も、長歌・短歌ともに、譬喩や序が多用され、非常にレトリカルであることが知られよう。虚実綯《な》い交《ま》ぜの和歌というツールを使って、坂上郎女は、族内婚という現実的な課題をこなしていたのである。

おわりに

古代における女と男をめぐる歌を、基層文化の歌垣、初期万葉の相聞歌、後期万葉の大伴氏という三つの局面で見てきた。その展開を概観すれば、広く関東一円から集まった男女によって交わされた歌から、族内婚の斡旋の歌へと、逼塞してゆく感は否めないだろう。それは、表現の洗練と引き換えであった(75)。

和歌は、天平宝字三年(七五九)元日の『万葉集』巻末歌の後、一〇世紀初頭の『古今和歌集』の登場まで、表舞台から姿を消す。九世紀の宮廷は、専《もっぱ》ら漢詩文が首座を占めていた。その間の和歌は、「色好みの家に、埋もれ木の、人知れぬこととなりて」っていたという(『古今和歌集』仮名序)。

(75)『万葉集』の巻十一・十二には、柿本人麻呂歌集や出典不明の相聞歌が大量にある。本稿では触れえなかったが、これらは実際に交わされた歌ではなく、それぞれに恋の一場面を設定して創作されたものらしい[稲岡、二〇一一]。

しかしそれは、「男女の仲を和《やわ》らげ」(同)る機能が、和歌の命脈を保ったということでもある。繰り返し述べて来たように、その力は歌がフィクションであることから生まれるのであろう。言葉の上に、現実とは異なる世界を作り上げることの楽しさが、女と男の現実を牽引してゆく。古代を通じて、女と男を演ずることは、女と男が結びつくために必要な装置としてあり続けたのである。

引用・参考文献

浅見　徹、二〇〇一年「筑波山に登りてかがひをする歌」神野志隆光・坂本信幸編『セミナー　万葉の歌人と作品7　山部赤人・高橋虫麻呂』和泉書院
伊藤　博、一九七五年「遊宴の花」『萬葉集の歌人と作品(上)』塙書房
伊藤　博、一九七六年「二重の序」『萬葉集の表現と方法(下)』塙書房
稲岡耕二、一九七六年『萬葉表記論』塙書房
稲岡耕二、二〇〇一年『人麻呂の工房』塙書房
井ノ口史、二〇〇七年「戯歌を作りて問答をなせり――巻四・六六五～七歌」『萬葉』197
今井久代、二〇〇一年「皇女の結婚」『源氏物語構造論――作中人物の動態をめぐって』風間書房
小川靖彦、一九九九年「鏡王女に関わる歌」神野志隆光・坂本信幸編『セミナー　万葉の歌人と作品1　初期万葉の歌人たち』和泉書院
岡部隆志、二〇一八年『アジア「歌垣」論――附・中国雲南省白族の歌掛け資料』三弥井書店
工藤　隆・岡部隆志、一九九九年『中国少数民族歌垣調査全記録　1998』大修館書店
西郷信綱、一九八五年「市と歌垣」『古代の声――うた・踊り・市・ことば・神話』朝日新聞社
品田悦一、二〇〇一年『万葉集の発明――国民国家と文化装置としての古典』新曜社

土橋　寛、一九八六年『古代歌謡をひらく』大阪書籍
鉄野昌弘、一九九五年「天智天皇と鏡王女の贈答歌について」『東京女子大学日本文学』84
鉄野昌弘、二〇〇六年「藤原麻呂と大伴坂上郎女の贈答歌」『東京女子大学日本文学』102
鉄野昌弘、二〇一五年「和歌の「ゆらぎ」――額田王の「蒲生野の歌」試解」『文学』隔月刊16―3
土佐秀里、二〇二〇年「藤原麻呂贈歌三首の〈神話〉」『律令国家と言語文化』汲古書院
中島光風、一九四三年「鏡王女について」『文学』11―10
西野悠紀子、一九八二年「律令体制下の氏族と近親婚」女性史総合研究会編『日本女性史1　原始・古代』東京大学出版会
橋本四郎、一九七七年「巻二の贈答歌」伊藤博・稲岡耕二編『万葉集を学ぶ2』有斐閣
橋本達雄、一九八五年「幼婦と言はくも著く――坂上郎女の怨恨歌考」『大伴家持作品論攷』塙書房
村田正博、二〇〇三年「深遠の報贈」『萬葉の歌人とその表現』清文堂出版
柳田國男、一九三二年「山歌のことなど」『短歌民族』1（『民謡覚書』創元社、一九四〇年所収）
吉川敏子、二〇一九年「鏡女王考」『続日本紀研究』418
渡部泰明、二〇〇九年『和歌とは何か』岩波新書

コラム　和歌における譬喩と男女

一般に、譬喩は詩歌にとって最も重要な表現法で、和歌も例外ではない。和歌の譬喩は、男女に関わる比率が非常に高い点に特徴がある。『万葉集』巻十一・十二は、全体が作者未詳の相聞歌で占められる巻であるが、どちらにも大きな分類として「正述心緒」（正《ただ》に心緒《おもい》を述ぶ）、「寄物陳思」（物に寄せて思いを陳《の》ぶ）がある。前者は物象の表現を含まない歌、後者は含む歌を表している。そして後者の方が前者よりずっと歌数が多い。相聞歌は、物象表現を含むのがむしろ普通なのである。物象表現は、必ずしもすべて譬喩になるわけではないが、序詞の形を取って、状況や心情を譬喩的に表す場合が多いことは確かである。序詞は、掛詞や縁語《えんご》の母体でもあるから、和歌の主要な技法は男女の相聞歌に発するのである。

「正述心緒」「寄物陳思」とは別に、「譬喩歌」の部が巻十一にはある。巻三・巻七にもあり、他の巻にも「譬喩歌」を題とする歌が散在している。「譬喩歌」は寓喩《ぐうゆ》の歌と言ってよいが、内容には偏りがあって、ほとんどすべて、男女を物象に譬喩するものである。それも、男が女を手に入れるとか、女を自分のものと思い定めるといったことを背後に隠して詠う作が目立つ。例えば、

　海神《わたつみ》の　手に巻き持てる　玉《たま》故に　磯の浦回《うらみ》に
潜《かず》きするかも（巻七・一三〇一、柿本人麻呂《かきのもとのひとまろ》歌集《かしゅう》）

は、「海の神がしっかり手に巻き持っている玉なのに、その玉のために磯の辺りで潜《もぐ》りをすることよ」の意。「海神」は女の母親の寓喩である。箱入り娘のために、難しいと知りながら、男は危ない橋を渡ってしまうのである。本編に引用した「玉守に玉は授けて」という坂上郎女の歌（巻四・六五二）は、女を玉に見立てる発想を、母親の側から詠ったのであった。

あしひきの　岩根こごしみ　菅《すが》の根を　引かば
難《かた》みと　標《しめ》のみそ結ふ(巻三・四一四、大伴家持《おおとものやかもち》)

は、「山の岩根が険しいので、菅の根を引き抜くのが難しく、印を付けるだけに終わった」という歌。やはり困難な恋で、今は成就せず将来を約束して別れたことを寓意する。家持の数ある恋人のいずれに当たるのかは定かでない。植物を引く、折る、刈るといった動作を、女性を手に入れることの譬喩に用いるのは非常に一般的に見られる。また「標」は、占有の印として、これまた「譬喩歌」の常套表現である。「標野《しめの》」や「野守《のもり》」を詠う、額田王《ぬかたのおおきみ》の蒲生野《かまふの》での歌(巻一・二〇)を「譬喩歌」の発想によるとした所以である。

こうした歌々では、女性の側が受動的で、物のように扱われている面は否めない。男女をともに譬喩する場合には、女性を植物に、男性を動物に宛てるのが普通である。例えば、

橘の　花散る里に　通ひなば　山ほととぎす
とよもさむかも(巻十・一九七八、作者未詳)

は、「橘の花の散る里に通ったならば、山のホトトギスが騒ぎ立てるだろうか」という意味。「橘の花」が女で、ホトトギスはその女に恋する男を表わす。自分が女の里に通ったら、その男がやきもちを焼いて、文句を言ってくるだろうか、と言うのである。

この歌と共通の冒頭部を持つのが、大伴旅人《おおとものたびと》作の次の歌である。

橘の　花散る里の　ほととぎす　片恋しつつ
鳴く日しそ多き(巻八・一四七三)

大宰帥《だざいのそち》だった旅人は、赴任先で妻大伴郎女を喪い、朝廷から弔問の勅使石上堅魚《いそのかみのかつお》が送られた。弔問の儀が終わり、直会《なおらい》の場として、大宰府近くの基山《きざん》に遊覧した時、堅魚が、

ほととぎす　来鳴《きな》きとよもす　卯《う》の花の　供に
や来《こ》しと　問はましものを(一四七二)

「ホトトギスが来て声を響かせている。卯の花のお供にやってきたのか、と聞いてみたいものですが」と詠ったのに、旅人が答えたのが先の歌である。「橘の花が散る里のホトトギスは、片思いをしなが

ら鳴く日が多いのです」。初夏、山に咲く卯の花のお供をしに来たのかと聞いてみたい、という堅魚の歌に反応し、ホトトギスに成り代わって、いや散ってしまった橘の里のホトトギスです、毎日鳴きながら片思いを続けているのです、と答える。旅人の歌に、自分をホトトギスに、亡妻を橘にという寓意は明らかだろう。その歌は、堅魚の歌の卯の花とホトトギスの取り合わせに、それらを男女一対と見なす「譬喩歌」の発想が含まれていたのに引き出されたのである。

柿本人麻呂歌集の歌には、

さ雄鹿《おしか》の　心相思《こころあいおも》ふ　秋萩《あきはぎ》の　しぐれの降るに散らくし惜しも（巻十・二〇九四）

がある。「雄鹿が心に思い合う秋萩が、時雨の降るのに促されて散ってしまうのが惜しい」。やはり季節を同じくする動物と植物を一対の男女と見なす発想で、歌の主体は雄鹿とともに萩の落花を惜しんでいる。この歌も、堅魚・旅人の唱和も、雑歌《ぞうか》の部に収められているが、表現の基底には「譬喩歌」がある。他にも梅に鶯、藤にホトトギスなど、季節の動植物の取り合わせは、和歌に頻出し、花札の図柄にまでなって、今に至っている。

動植物を擬人化するだけでなく、逆に男女を動植物に譬《たと》える。それはトーテミズム的思考に基づくのかもしれないが、和歌の文化には、女と男という範疇が基礎にあることを再認識させてくれる。そして譬喩が、あるものに別のものを代置することだとすれば、それは本編で強調した、男女に関わる和歌の「演技性」にも通ずるように思われるのである。

座談会

〈古代人の一生〉と性差

吉村武彦
菱田淳子
若狭　徹
吉川敏子
鉄野昌弘
吉川真司

吉村　もの心がついて、幼稚園に行くころに、私は初めて男女を意識するようになったような気がします。小学校では男女別に並ばされましたので、否が応でも性差によって区別されます。そして、いつしか「男のくせに」などの枕ことばが耳につくようになりました。ただし、「性別」を自ら選んだわけではありません。

本巻の書名は『古代人の一生――老若男女の暮らしと生業』となっています。男か女かの性差によって人の一生が大きく変わることは、今も昔も同様です。性差については、生物学的な差違の問題に加え、時代による社会的・文化的・心理的な差違の問題が大きいのが特徴です。こんにちの言葉でいえば、ジェンダーの問題ですね。

今回の座談会に参加していただくのは、歴史学が専門の執筆者二名、考古学が二名、文学が一名と、編集委員である歴史学の吉川真司さんです。性別でいえば、男性が四名、女性が二名です。特に性別は意識する必要はないと思いますが、本書では男と女の問題が柱となっています。最初にこれまでの各自のご研究について、性差の問題と関連づけながら話していただけないでしょうか？

■これまでの研究と性差の問題

吉村　まず隗《かい》より始めよ、ということで。私はヤマト王権の成立から、律令制国家の時期までを研究対象としています。とりわけ中国律令法の継受の問題は、大学院時代からのテーマです。律令法が古代国家の枠組みをつくったのは事実ですが、最近は、七世紀の推古朝における中国礼制（儀注《ぎちゅう》）の影響について、研究が不十分ではなかったかと反省しています。日本における家父長制の問題や女性蔑視といわれる問題は、律令法にとどまらず、中国の礼制や漢訳仏典も含めて考える必要があります。今回、日本古代の男・女、あるいはジェンダーの問題を考えたのですが、中国の律令・礼制・漢訳仏典が大きな影響を与えていると再認識した次第です。

菱田　私は大学で修士課程まで考古学を学んでから兵庫県教育委員会に就職して、定年まで勤めたのですが、大学の考古学研究室では私が五人目の女性でして、就職した兵庫県では女性技師は私が二人目ということで、女性がとても少ないなかで仕事を始めました。そういうときに、現場で知り合った同世代の女性に声をかけられて、中世史研究者の脇田晴子さんが主宰されていた女性史総合研究会に参加するようになり、日本史の方とか、いろんな分野の方の話を聞く機会がありました。女性史総合研究会は関西を中心に一九七七年ぐらいから活動していまして、『日本女性史』（全五巻、東京大学出版会、一九八二年）とか、『日本女性史研究文献目録』（全四巻、東京大学出版会、一九八三―二〇〇三年）といった本を出しています。私は文献目録の二巻目から四巻目まで関わり、考古学の文献の中で女性を扱っているのはどういうものがあるのかを探し出して概説を書くというようなことを、一九八〇年代から九六年までやってきました。考古学研究のなかにおける女性の位置をずっと考えながら、ここまで来たというようなところです。

若狭　私は大学を卒業した後、地元の群馬県に帰りまして、群馬町という小さい自治体の教育委員会に入り、後に市町村合併を経て高崎市教育委員会に勤め、そして七年前に明治大学に移りました。フィールドは群馬県西部の榛名山《はるなさん》という火山の一帯でして、火山灰によってさまざまな遺跡が非常によく保存されています。これまでの古墳時代研究というのは、古墳そのもの、あるいはそこから出てきた副葬品などのモ

吉村武彦

ノを中心に進められてきたのですが、私はフィールドが良かったので、遺跡の総合的研究に取り組んできました。豪族の居館、その首長が埋葬された前方後円墳、群集墳、集落、あるいは広大な水田跡、さらには先進技術を提供した渡来人に関わる痕跡……。そういったものの関連を読み解きながら、東日本の古墳時代社会の構造を検討してきました。

　そうした要素のひとつである古墳を飾るものとして埴輪《はにわ》があります。私は人物埴輪群像の意味についても考えておりまして、群像が表す首長の儀礼のなかにおける男性のあり方、女性のあり方、それから首長の資質などにも着目してきました。今回はその辺りを、古墳時代社会の仕組みと絡めて取り上げることにしました。

吉川敏子　私の専門は文献史、日本古代史です。奈良時代を中心に、その前後の時代に少し広がるかたちで、政治史、制度史を中心に取り組んでいます。学生時代から政争史——血縁関係者どうしの争いとか、地位の相続とかいったところから、系図や系譜にも関心をもっておりました。そのなかには男性と女性が出てきますし、たしかに史料にはどうしても男性のほうが多く出てくるんですけれども、とくにどちらかに重点を置くということはなく、どちらも見るようなかたちで、史料にあるものをとにかくシンプルに読み解ければいいなと思っております。この史料は何を言っているんだろうということだけを見て、気が付けば何十年かが経っていました。

　私自身は女性史とか女性に関することを中心にやってきたわけではなく、むしろ自分自身の勉強のために、法制史料や六国史《りっこくし》(官撰の六つの国史)、文書にのっとって、なるべくニュートラルに事実関係を表現できればと、基礎的な研究を行っております。

鉄野　私の専門は上代文学で、『万葉集』を研究しています。私が勉強を始めたころは、もう「作者は死んだ」ことになっていました。ロラン・バルトが「作者の死」という論文を書いて、ミシェル・フーコーも、文学は「作品」というような捉え方をされるものではなく、もっと読者に開かれたものであるということを言っていた。つまりテクスト論がすでにあったので、近い年代の人は、もうあまり歌人論というようなことはやらなかったんですけれども、私は歌人というものに非常に惹かれるところがありました。それで流れに逆らって、古い枠組みでやってきたというところがあります。

加えて学生時代から歴史学にもずっと関心がありました。それで、『万葉集』が非常に歴史的なテキストであるということをだんだんと意識するようになっていって、とくに古代史のなかで生きる作者たちに関心をもって取り組んできました。独自な存在として文章を後世に残したいというような願望をもって作品を作っていく、そういうあり方を和歌のなかに持ち込んできたのが山上憶良《やまのうえのおくら》・大伴旅人《おおとものたびと》や大伴家持《おおとものやかもち》のような中国文学の影響を受けた人たちでしたので、そういう点で言うと非常にバイアスの強い、男性に偏った研究をやってきました。今回「『万葉集』にみる女と男」というテーマをいただいて、いつかは取り組まなければいけないだろうとは思っていたんですけれども、新たなことを勉強させてもらいました。

■その土器を作ったのは誰か？

吉村　それでは次に、今回書かれた論考について、一番伝えたかったこととか、改めて感じたことなどがあればお話しいただけますか。

菱田　いま、自然科学の分野でいろいろ新しいことがわかってきているので、これからますます研究が進んでいくんじゃないかという予感があります。とくに人骨関係の研究ですね。考古学を学んだ人間が人骨についても学んだうえで研究したり、東京大学では人類学研究室におられた方が考古学の研究をされたりしています。また、国立歴史民俗博物館や国立科学博物館でも総合的に骨の研究を進めておられます。例えば、親族・親子関係、婚姻関係といったことが古墳出土の骨のDNA分析などでだいぶわかるようになってきていますので、家族に関する細かい事例が、一気に明らかになる状況ではないですけれども、これまで以上にわかってくるのではないかと思います。ただ単に骨そのものを分析するだけでなく、骨と出土遺物との関係から、本当に細かいことがわかってきたうえでの分析が出てきている状況です。

菱田淳子

吉村　かつて田中良之さんの親族研究があって、その後、清家章さんの妊娠痕の研究があり、最近ではDNAを用いた研究や、考古学と自然科学との共同研究が進んでいるという感じがしますね。

それから今回のご論考を読んで思ったのは、歴史の場合、例えば古文書学では、誰が書いた誰宛の文書なのかということを常に気にしますよね。発信者と受け手の問題です。木簡《もっかん》の場合もそうですね。考古学の遺物にしてもやはり生産者がいて、消費者がいるわけです。その間に流通の問題があるかと思うのです。考古学では「遺物はニュートラル」だという話がありますが、モノを誰が作り、誰が消費するかを考えたとき、それが男か女かは考古学ではあまり論点になってこなかったのでしょうか。

律令制でいうと、納税者は戸主《こしゅ》ですからだいたい男なんですよね。布製品については東村純子さんの研究があります。それから土器についても、菱田さんが書かれていますが、土師器《はじき》と須恵器《すえき》とでは状況が違うんじゃないかという。土師器は女性が、須恵器は男性が作っていたようですね。ロクロを使って土器を作る場合も男性ですね。やっぱり力仕事的なものを担うのは男性になってくる。

■禁忌としての人物表象

若狭　埴輪群像は、古墳の被葬者である首長の生前の事績を顕彰したものと考えています。なかには女性を主役とした群像があります。巫女的な人物が主体ですが、「機織《はたお》り埴輪」が見つかったことによって、布生産を司る経済力をもった女性リーダーもいたことがわかりました（本書一六四頁参照）。布生産は、古墳時代から女性がリーダーシップを取った産業だったと考えてよいでしょう。大きな成果です。けれども、埴輪のリーダー像の多くはやはり男性です。神から託宣を受けている場面、水の祭祀の場面、誓約狩《うけいが》りの場面があり、武装して武威を誇っているものがあり、外交に関わるような装束のものがあります。生前に行った多様な行動が顕彰されており、当時の首長の全人的な性格が見えてくると思います。そういった全能性を求められるがゆえに、女性リーダーは古墳時代前期には多いけれども、軍事力や外交力が必要となった後期になると減っていくことが、埴輪を通じて確かめられると思います。

吉川真司　絵画でいいますと、古代絵画ではあまり人の顔を描かないそうですね。描くのは良くないことだという意識があったという話はあるんですけれど、埴輪の時代ではそういうことはないんでしょうか。

若狭　五世紀前半まで、人の像を表すことは禁忌だったと思います。埴輪群像が出てくる五世紀前半より前は、人物埴輪は無いんです。ただし、人はいませんが、家はあり、椅子があり、高坏《たかつき》が供えられていて、水の祭祀場が表現される。被葬者の存在や祭祀などの所作はイメージされているけれども、あえて人を造形しません。たぶん、被葬者——死者——を恐れているんですね。それで被葬者を竪穴式石室に封じ込めるわけです。徹底的に封じて、粘土で固め、そして鏡で覆ってバリアする。その上に家形埴輪や椅子形埴輪を置くのですね。だから被葬者を恐れているんだけれども、埴輪では亡き墓主をイメージさせる。そういう世界が、古墳時代前半までの器財《きざい》埴輪の世界です。その禁が破られるのが五世紀前半から中ごろ、応神陵古墳から仁徳陵古墳のころに人物埴輪が出現するのです。

吉川真司　それはなぜなんですか。

若狭　オプションが加えられていったんですね。古墳の墳丘設計も一代ごとにどんどん進化していきますし、埴輪もグレードアップしていくんですよ。仁徳陵古墳のような最大規模の前方後円墳を企画する際に、最後のオプションとして、人物造形を解禁したのだと思います。

吉村　応神天皇の時代から、王墓が大和盆地から河内の方に移りますよね。若狭さんが言われるように、人物埴輪もその時期からできるとなると、四世紀末から五世紀の転換を考える上でこれはかなり面白い。

若狭　やはり倭《わ》の五王の時代で、中国との関係性が深まった時期なので、日本的な死の観念のようなものが、もしかしたらそこで変質している可能性があると思います。これは想像の世界なのでこれ以上言えないのですが。

■人物埴輪と兵馬俑はどう違う?

吉村　そのころは、朝鮮半島や中国からいろいろ入ってくるわけですよね。そういう影響について、なかなか今まで思想・文化の面では史料上の制約で言いづらかったですよね。だから人物埴輪のことで言えたら非常に面白いなと思います。発掘できていない応神陵は別にして、仁徳陵(の人物埴輪)が最古と若狭さんは書かれていますね。

鉄野　大陸や半島には埴輪のようなものはないんですか？

吉川敏子　兵馬俑《へいばよう》をつくる文化は中国にありますよね。

若狭　中国の俑は来世への付き添い人のようなもので、お墓に入れるんですね。日本の埴輪はそうではなく、外に立てて見せびらかすんです。だから埴輪は被葬者のためではなくて、共同体のためにあるのです。墓主の生前の行いを見せて皆に納得させるというか、共同体のためにこんなことをやったんだということを人々に見せるために外に置くので、性格が違うんです。人物を造形するというアイディアは俑からかもしれませんが、思想は異なっている。

吉川敏子　人は財産ではなかったということですか？　牛とか馬とか、そういった財産を並べる感覚で、奴婢《ぬひ》などの人を財産として見る感覚はなかったのでしょうか。家や財産の埴輪は作られるけれども、人がいない時代がまずあるということでしたが、犬とか家畜はそこにもいるわけですよね。

若狭　犬とか馬の埴輪の出現は、人物埴輪とセットなんですよ。犬は、狩人・猪・犬の埴輪のセットで狩猟群像のキャストなのです。馬は、馬を保有している首長、あるいは馬の生産者としての首長を表すために登場するんですね。

若狭 徹

吉村　中国の俑と似た意味合いのものは、日本ではまだ発掘されてないですね。

菱田　俑に近いものは、私の論考で紹介しましたが、装飾付須恵器に載っている人物像です（本書一〇八頁参照）。中国ではなく朝鮮半島経由ですが。そこでも狩りの光景が表されている例があります。

若狭　あれは墓の中に入れるんですよね。

吉川敏子　『日本書紀』の伝承は何か関係しているんでしょうか。年代はずれますけれども、ストーリーとしてそういう発想があった可能性はあるわけですよね。

若狭　『日本書紀』の垂仁天皇のときの埴輪出現譚ですね。あれは、野見宿禰《のみのすくね》が殉死の代替として人物埴輪を考案したという説話なんですけれども、考古学的にみると埴輪のなかで最も遅く出てくるのが人物埴輪ですから、説話とは時間が逆転している。ですので、あの話は野見宿禰を始祖に仰ぐ土師《はじ》氏を高めるために創作された伝承だと考えられています。

■ 群像埴輪は人生絵巻

吉村　埴輪はある種の世界観を表していて、とくに若狭さんによれば、一つずつぽつぽつとではなくて、群像全体で何かを表している。そこにおける「虚構」――若狭さんはそれを「演出」と書かれているんだけれども、埴輪が実状を描いた実態的なものなのか、演出を強調したものなのかというところは気になりますね。何らかの世界観を表すようなかたちになっているために、例えば猪の場合は山の神を表現しているんですね。鹿の場合は、神話にあるように坂の神ですし。私は例えば「山海の政《まつりごと》」のようなものを考えますが、それでいうと、魚の埴輪もありましたよね。それから狩り自体が王を象徴する場面で、日本に限らずヨーロッパでもそういう例があります。それぞれの区画で表されている場面や儀礼を礎に、何かできれば面白いなと思っているんです。

吉川真司　「一生」というテーマとの関わりでいいますと、子どもの埴輪は出てきますか。

若狭　子どもはですね、母親に背負われたり、授乳されたりしている埴輪は稀にあるんですけれども、レアケースです。しかも茨城県や栃木県といった限定された地域から出ているのです。だから埴輪に人生のサイクルが表れている、とかはないんですよ。あとは年老いたという表現もはっきりとはわからない。

吉川敏子　大きい埴輪とちっちゃい埴輪で大人と子どもが分けられているということでもないのですか?

若狭　大きさで表現されているのは階層差ですね。例えば馬曳《うまひ》きの男性は小さいです。

吉川真司　古代の王宮には、「小子《ちいさこ》」といって子どものころから仕えている人とか、年老いても仕えている人とかもいました。そういう年齢差や、年齢の変化があまりはっきり埴輪に現れないのは、埴輪の世界にはかなり理想化された人々が登場しているということでしょうか。

若狭　墓主の生前活動のなかで、特別な場面が表現されていると考えています。埴輪自体の作りは形式化されているのですが、なかには特注のものがあるんです。例えば、先述した機織りする女性埴輪がそうですね。その墓主は生前に機織りをやっていて、経済力のある機屋の女主人のようなイメージでしょうか。また、群馬県の綿貫観音山《わたぬきかんのんやま》古墳では、埴輪群像の中心に鈴付きの大帯をまとった首長像があるのですが、この古墳の石室からは日本で一つしかない鈴付きの金銅製の大帯が出ているのです(本書一九三頁参照)。自慢の帯を締めてマツリゴトを行う生前の王の姿を表す、オーダーメイドの埴輪なんですね。

吉村　それはどこに特注するんですか?　近畿中央部か、あるいはその地域でできるのですか。

菱田　在地(その地域)ですよね。

若狭　埴輪は在地で作っています。希少な舶来の帯を身に着けた姿を、自分の配下の埴輪工房で作らせているわけです。埴輪の世界は虚構ではなくて、そこに埋葬されている墓主の記念碑的側面が非常に強いと考えます。若いころに、王権からすごい甲冑をもらって、朝鮮半島で軍事活動をしたとか、そういった記念すべき複数の場面が埴輪として表現されているんだと思いますよ。

吉村　私もそんな感じがするんですよね。それまでは地下に埋められていたのを外に出して、皆に見えるようにするわけですね。

吉川真司　そうか、中国だったら石碑に刻むようなことが埴輪になって出てくるわけですね。

若狭　それによって、共同体のために頑張った被葬者(首長)、という認知が強化されるんですね。埴輪は共同体に首長の機能を確認させるための装置で、もとより埴輪を立てる古墳そのものもそうだと思います。王個人のものではなくて皆の記念物。そのような公共性があるからこそ、古墳は全国で三〇〇年以上にわたって造られたのだろうと思います。

鉄野　いろんな場面が一つの図に収められているというお話がありましたが、古代の絵画もそういうものなんじゃないかな、と思うんですよね。釈迦八相図《しゃかはっそうず》とか絵巻もそうですし。若狭さんがおっしゃることはありうるのではないかと、うかがっていて思いました。

『万葉集』の巻十六に、「駒造《こまつく》る　土師《はじ》の志婢麻呂《しびまろ》　白くあれば　うべ欲しからむ　その黒き色を」という歌があります(三八四五番歌)。これは巨勢豊人《こせのとよひと》という人が、色黒をからかわれた反撃として、土師志婢麻呂に「いつも粘土で真っ白になってるから俺たちの色黒が欲しいんだろう」と詠ったものです。志婢麻呂は本名を土師水通《みみち》という官人で、大舎人《おおとねり》だから別に普段から粘土をいじっているわけじゃないんだけれども、「駒造る」というのは、土師はやはり埴輪の馬や土馬を製作している奴らだという印象なのでしょう。

吉川真司　顔はなんで真っ白なんですかね。

吉川敏子　土埃で、じゃないですかね。

鉄野　たぶんそうだと思いますよ。

吉川真司　なるほど。それが伝統的な土師のイメージなんですね。

■王の再生産

吉川敏子　私に与えていただいたテーマは「男の官仕え　女の宮仕え」でしたので、王権に関わる部分に限定されたものだというふうに割り切って考えさせてもらいました。そこで言うと、少なくとも当時、男と女の違いは何かかっていうと、やっぱり子どもを産むか産まないか。それだけはどうしても越えられない部分であると。王の再生産ですよね。子孫を残すことについては、おのずから役割分担が生まれるのは当然だと。系譜研究では研究者ごとの見解がいろいろありますけれど、私は古代は男系重視の時代であったと思っています。王の子どもをつくることは女性にしかできないわけですから、そういうところから男女の役割の区別が発生したのだろうと思います。必ずしも女性蔑視ということではなく、役割分担のうえで、ここは女性しか入れない場所、ここは男性の持ち場という区別がある。そこは吉川真司さんのご研究（『律令官僚制の研究』塙書房、一九九八年）をベースにしていいと思っていますが、律令の法制度のうえでも、それ以外の法制史料でも、このように整理できるのではないかという感触を得ました。考古学のほうでも仕事の分担ということを言われましたけれども、やっぱり役割分担はあってしかるべきだと思いますし、区別することと差別することは同じではありませんので、今回は区別に重点を置いてみました。

吉川敏子

吉村　官仕《つかさ》えっていう表現も面白いですね。男性は官仕え、女性は宮仕《みや》えというか、そういう空間的な、あるいは職掌も含めての区別。女性の宮仕えは、後宮で行われるという意味なんでしょうけどね。なかなかはっきりしてますね。官人《かんじん》・宮人《くにん》と言うよりわかりやすいと思いました。

吉川真司　私もまったく異議ありません。思い出されるのは、高松塚《たかまつづか》古墳に描かれた男女群像。葬送の場面を描いたとする説と、生前の奉仕の姿を描いたとする説があって、私はもちろん生前説をとるんですが、あれって面白いですよね。きっと墓の主は、親王かトップクラスの貴族なんでしょうが、南半分に男性群像、北半分に女性群像がある。外と奥、という感じで描き分けているんです。とすれば、王宮だけではなく、王族や貴族の家でも、空間的な奉仕の区分があったんだろうと思いますね。それは平安時代の貴族の家でも同じことです。男女の役割分担が厳然としてあったことは、やはり重視すべきだろうと思います。

■見えにくい子どもの姿

吉村　今回吉川敏子さんが強調された、男と女が共に「預かり知る」ということ（本書二三三頁参照）、要するに彼ら彼女らに知識としては共有させて、実際に誰が働くか、同じ場で働くのかどうかという史料の解釈はその通りだと思います。

吉川真司　階層差もありますね。つまり、下級の労働力といいますか、実際に現場で作業する人々は、男女が一緒に働く場合もあるんですよね。ところがそれを監督するような人は違うというところかな。

吉川敏子　そう思っています。そこまで下の位の人は王位継承者を産まないですしね。

吉川真司　階層差はかなり重要な問題だろうと思いますね。

吉村　万葉歌において、采女《うねめ》でも氏女《うじめ》でもいいんですけれども、どのぐらいの人が子どもの出産に関係する性愛の対象だったんでしょうか。

鉄野　わからないですね……。子どもがいたかどうかも全然わからない。子どもを詠った歌は本当にないんですよ。ほとんど、山上憶良だけで、あとはせいぜい防人《さきもり》歌の一部くらい。

吉村　埴輪の話と同じです。

鉄野　妻がみどり子を残して死んだ、みたいな歌は挽歌にはありますけれどね。

吉川敏子　文献でも、父親の名前はわかるけれど母親の名前は書いてくれないから、誰が産んだかわからない場合が多い。内親王とか女王でも、薨伝《こうでん》や卒伝《そつでん》はあるけれども、その人の人生を書いてくれないので、結婚していたかとか子どもがいたかとかはあまりわからないですね。実際は子どものいた人もたくさんいたと思いますが。『万葉集』でしか婚姻関係がわからない人もいますね。

吉村　古代の後宮というか、閨《ねや》に入れるのは、『日本霊異記』にある少子部蜾蠃《ちいさこべのすがる》の話（上巻第一縁）ではないですが、女性と子どもなんですよね。

吉川敏子　安康《あんこう》天皇暗殺の物語でも、眉輪《まよわ》王は子どもじゃないと屋内にいる王を暗殺できなかったんですよね。

吉村　でも子どもは埴輪にも登場しないし歌にも詠われないという……。そのことは何か関係・連動しているでしょうね。

吉川真司　きっとそうでしょうね。

■フィクションとしての文学

吉村　最近の研究動向でいうと、古代史をやろうとすると、歴史は歴史、文学は文学、考古学は考古学と、

鉄野昌弘

カリキュラムがあまりにも区別されていて、お互いあんまり学び合わなくなったという感じがしますね。ちょっと狭くなっているというか、何か一つの専門を決めると周辺には注目しないような印象があります。

吉川敏子　国文学の方は、最近何でもフィクションだというふうにおっしゃる傾向がありますよね。『万葉集』にしても。

鉄野　それは耳が痛い……。

吉川敏子　そうなってくると、同じように人物が登場する六国史があり、『万葉集』があり、と、歴史学と文学とで史料は両方あるんだけれども、文学はフィクションと言われてしまうと、怖くて使いにくいところがあります。私は、歌は一生懸命本人が叫んでる声なんじゃないの、って思いたいところ、でも国文学のほうでそれはフィクションであるとなってしまうと、うまく歴史学と接着しにくいというか、踏み込みにくいという感覚を自分はもってしまうんですけれども……。

鉄野　フィクションであるということを前提に、使っていただければと思います。一方では、こういう婚姻の事実があったっていうようなことは、『万葉集』を史料として言うことができる。ただそこで詠われている歌が額面通り事実に見合ったものかどうかっていうのは、やっぱり留保が必要だということですかね。例えば、大伴家持と大伴坂上大嬢《おおとものさかのうえのだいじょう》のような、母親が積極的に勧める、誰もが認めるような結婚でも、歌のなかでは、浮名が立ったと嘆く表現も見えるわけです。歌には歌のなかで完結する論理やレトリックがあります。

吉村　例えば『日本書紀』でも、ある時期から木簡のような同時期の史料が出てくると、使えることもある。『万葉集』のフィクション性とは、ある種の慣習とかまでをまったく創作するということではおそらくないでしょう。婚姻のときには饗宴用の「百机飲食《ももとりのつくえもの》」が提供されます。こうした婚姻慣習は『日本書紀』にもあるし、『万葉集』にもある。だからフィクションと言ったときの意味合いは、むしろ歌の中身ですよね。そう詠ったからといって、一字一句そのときそう考えてたってことじゃないという。ただフィクションであっても通じる部分、そこが私は重要だと思っているんですけれど。

吉川真司　つまりフィクションを成り立たせる社会のあり方とか慣習とかは存在しているから、それを読んでくださいってことですね。

鉄野　吉川敏子さんとも一緒に東京女子大学の古代史研究会で勉強させてもらって、聖武天皇の写した『雑集《ざっしゅう》』(正倉院宝物)の注釈を行ったんですね。すると歴史学の人はやっぱり事実にこだわるんだなと思いました。ここからそういうことを考えるか、と思うことが多かった。我々以上に、書いてあることから事実を引き出そうとされているのは感じたんですよね。そういう点では、面白いと思いつつ、これは「表現」だから……、という意味で違和感をおぼえるところでもあったわけなんです。それで私も歴史と文学のあわいを考えてきて、今度の論考もそういう話になったと思います。ある歴史事実に基づいて、それに取材した歌が並んでいるんだけれども、しかし、歌というのは、表現されたものだけではないというか、裏に隠されたものも見ていかないといけないというのが、今回の一番言いたいことですね。

吉村　論考では歌垣《うたがき》の話題から始められていますね。そこから万葉の相聞歌《そうもんか》へ、という流れ。実は私はそれが非常に面白いと思いました。つまり歌垣から相聞歌を考えると、やっぱり共同体(どうしの関係)が見えてくる。日本の古代女性史では、村内婚を中心に考える人が多い。しかしそうではなく、村外婚があるんだという考え方です。歌垣は同じ集団内でのこととはちょっと考えづらいです。

鉄野　筑波《つくば》山の歌垣の参加者は関東一円から集まるとされています。

吉村　だから市《いち》だったり浜だったり、共同体が接触する場所で行われるという。あとは相聞歌についてですけれども、『万葉集』を分析すると、あんまり村内婚みたいな例はないんですよね。歌はかなり遠方どうしで……。遠距離恋愛って言うのはおかしいんですが、かなり離れてやりとりされているものはありますよね。

鉄野　相聞歌は、基本的に離れたところにいる者どうしのやりとりですからね。

■歌は特別な言語形式

吉村　あと、歌が特別な言語形式だということを書かれていて。できたらもう少し具体的な話をしてほしいという気持ちがあります。私自身は、『日本書紀』『古事記』を考える場合、「帝紀《ていき》」とか「旧辞《きゅうじ》」を基にしている。旧辞はやっぱり歌謡と関係があるんですね。これはずっと言われていることで、国文学者の武田祐吉さん(一八八六―一九五八年)ぐらいまではかなり強調するんです。その次の世代になると、歌は歌で独立させてしまって、旧辞を歌謡に含んで考える人は歴史学でも本当に少ないです。やっぱり歌がどういう意味で特別な形式であるのか、どういう役割を果したか、またいつごろから起こったものなのかということが聞きたいですね。

鉄野　『古事記』と『日本書紀』だと、だいぶ歌謡と地の文の関係は違うのですが、『古事記』は本当にうまくできているというか、歌の語ることと、その物語が協働している。

吉川真司　それはかなり旧辞そのままですか。

鉄野　私は帝紀、旧辞がそのまま『古事記』『日本書紀』になっているとは思わないです。帝紀が系譜部分、旧辞が物語という区分もできないと思っています。

吉村　歌謡が出てきたのはいつごろなんでしょうかね。

鉄野　それはやっぱり、かなり古いものも新しいものもあるんだろうと思うんですよね。歌謡がなければ成り立たない話がたくさんあって、しかも歌の出自はそんなに古くはないだろうと。天武、持統朝くらいか、あるいはそのあとできたようなものもかなりあるんじゃないかという感触です。

吉村　埴輪でも琴を弾く姿のものがありますよね。しかもだいたい男性が。『日本書紀』でも男性なんです。そういうときに歌謡が伴うんですかね。また踊りは関係あるでしょうか。

若狭　香椎宮《かしい》で、仲哀天皇《ちゅうあい》が神を降ろすじゃないですか。あのような場面を埴輪にしたのが、琴を弾く埴輪なのではないかと思っています。だから、音曲が伴うというよりも、神を呼ぶような神秘的な音を出すというイメージですね。

吉川真司　そこにはきっと言葉もあるでしょうね。

吉村　言葉があるんですよ、おそらく。言葉から節《ふし》も考えられるし。私は本当は、歌とは何かということが知りたい。

鉄野　それは一言では答えられないですが、日常言語とは切り離されたものっていうことは、最低限言えるだろうとは思うんですよね。神の言葉と言っていいのかもしれないんですけれど。

吉村　そうすると琴を弾くとき、おそらく何かを話すわけでしょう。節がつくとやっぱり歌的なものになるのではないか……。

吉川真司　そこに原初の歌があってもおかしくないですね。

■女帝「中継ぎ」説をめぐって

吉村　天皇の性差については、男女が結婚して、男性が即位するのが男帝なんですね。男女が結婚して、女性が女帝になる例はないんですよ。大化前代だと、結婚した後に女性が即位します。でも即位時には夫はすでにおらず、その後も独身ですよね。

吉川真司　夫婦がともに生きている場合に、女性のほうが即位することはないということですよね。

吉村　男と女が結婚していて女性が即位するのが、女帝論でいう本来の女帝のかたちだとすると、日本の場合はちょっと特別扱いしなくちゃいけない。これをなぜ言いたいかというと、女帝は「繋ぎ」だろうという説に対して、いまでも批判が強いわけですね。女性は中継ぎで即位するけれども、男性だってそういう場合があるじゃないかと。ひょっとしてそうであっても、女帝と男帝では意味が違うのではないかと思うんです。

吉川敏子　それは女系天皇が認められないから、ということで答えになりませんか？

吉村　女系天皇という意識は、当時どうでしょうか。結果的に女系天皇はいないんですけれども。

吉川敏子　次の世代では男系王族しか即位できないとなると、継承上、女帝が同じ立ち位置になることはないですよね。自分の王族としての血統だけでは子どもに跡を継がせられないわけですから、どうしても男系で繋がる者への中継ぎにならざるを得ない、というだけだとあまりにもシンプルすぎるでしょうか。

吉村　それでいいと思いますが、女帝は一般的に男帝とまったく同じ性格だという議論がありますから。

吉川敏子　継承上は違いがありますが、性別にかかわらず、天皇として持ちうる権利は同じですよね。

吉川真司　そうですね。たとえ中継ぎであっても、それは同じことですね。ただ、私も男帝と女帝を同じように見なすことには賛成できないんです。国王としての権力は変わらないと思います。しかし、太上天皇になるのは、もともと女性だけだったんです。ここに明らかな性差があります。そして、太上天皇として何をするかといえば、自分が中継ぎをした若い男性の天皇をバックアップする。つまり後見役なんですね。だから、男性天皇と女性天皇の性格は違う、とずっと考えてきました。

鉄野　聖武天皇の即位宣命《せんみょう》に、元正上皇の言葉として、母の元明から、聖武に確かに皇位が渡るようにせよ、と言われたとありますからね。彼女たちの自意識として、中継ぎであり、バックアップなんですよ。

吉村　男性で太上天皇になるのは聖武天皇からでしょう。

吉川真司　聖武太上天皇は出家していますね。その次の光仁太上天皇も政治権力を放棄しました。結局、政治権力をもったまま太上天皇になったのは、女性しかいないんですよね。これを混乱させたのが平城《へいぜい》太上天皇。彼の敗北（薬子の変）により、男性太上天皇は政治権力をもたない、というルールが定着します。

吉村　大化以前では、譲位がありませんからね。女性天皇の譲位は政治的な意味があります。

吉川真司　男性天皇は、もともと死ぬまで帝位にいたんですよね。

吉川真司

■女性史研究と男女関係史

吉村　さて、これまでの研究を振り返ってみますと、歴史学では、戦前から高群逸枝《たかむれいつえ》（一八九四―一九六四年）の研究があります。高群の研究については、古代史学界では当時は必ずしも評価されてはいなかったと言われています。ただし、古代史に大きな影響を与えた、石母田正さんや井上光貞さん、また岸俊男さんらは、それぞれ中世成立史や古代国家史、宮都論や木簡論などに取り組んでおられ、女性史の問題に十分に対処できなかったことは事実です。また、家父長制論の影響があったことも否めないかと思います。

戦後でいえば井上清『日本女性史』(上下、三一書房、一九五五年)と『現代日本女性史』(三一書房、一九六二年)が大きな影響を与えました。私なども傍線を引いて熟読したものです。近年の古代女性史を主導した関口裕子さんたちの研究はめざましいものがありますが、考古学の田中良之さんの親族研究や、万葉研究者である古橋信孝さんらの文学研究とは、まったくかみ合っていません。論争は行われましたが、対立したままの状態です。稔《みの》りある議論ができていなかったと思います。私としては田中・古橋説が正しいと理解しています。また女性史とは別に、男性・女性関係史の視点が必要だという提言もしました。そこにお年寄りや子どもの問題も入ってくるわけです。

さて、吉川真司さんはそうした女性史の研究にも参加されていたわけですが、ご自分の研究を振り返って、いかがでしょうか?

吉川真司　いえ、参加していたというより、参加したことがあるというレベルです。大学院を修了するころ、女性史総合研究会の『日本女性生活史』(全五巻、東京大学出版会、一九九〇年)というシリーズに呼んでもらったんですけれども、それまではほとんど接点がありませんでした。家族史の問題などについて、女性史のお仕事を興味深く読んでいましたが、自分ではなかなかタッチできなかった。で、シリーズに何を書くことになったかと言いますと、律令体制のもとでの女官の話だったんですね。それまで女官の研究はあまり盛んではなかった。角田文衞、須田春子、野村忠夫といった方々の先駆的研究があるくらいでした。いま振り返ってラッキーだったなと思うのは、そのころ平安時代の儀礼や政務の研究が盛んになり始めていたことです。そういう観点からだと、やれることが山ほどあったんですね。儀式書や古記録には、女官の活動がたいへんリアルに書かれていますから。しかも、吉村さんが男女関係史とおっしゃいましたが、たしかにそのとおりで、女官だけを考えてもわかることは少ない。男性の官人と女性の宮人の両方をとらえないといけないんですよね。朝廷儀式を読んでいくと、古代王宮における男女の空間的分業がはっきりわかってきて、とても面白かったです。

そのころから、古代の政治史の研究、文化史の研究、平安貴族社会の研究などが、男女関係史という観点から深められるようになったと思います。自分もそのような流れのなかにいたんだな、と思ったりもします。つまり古代女性史が、男女関係史という視角をそなえながら、政治や文化の方面に大きな広がりを見せたのが一九九〇年代以降、ということになるでしょうか。

■各分野のジェンダー状況

吉村　女性史には歴史学研究から取り組んでいる方が多く、なかでも女性研究者が圧倒的に多いような気がします。先ほども少し触れましたが、これまで女性研究者として、吉川敏子さんは女性史とどのように接してきたのでしょうか。

吉川敏子　学生時代に指導教官から、男だけの歴史もないし、女だけの歴史もないよと言われたことがありました。それはそうだと思ったので、とくに男性史や女性史の見方をせずにおこうと、とにかく両方いての歴史と思ってやってきております。それから女性研究者としての取り組みですが、これもやはり指導教官から言われたことで、自分にとっての戒めになっているのですけれども、史料を読むときは、男でもなく女でもない目で見るということを心掛けているつもりです。そのようなことで、とくに女性研究者として、という取り組みはしたことがないと思っています。

それでも実社会では、性別を二分してどちらかと言われたら自分は女性だと自認していますので、避けられないものはあるかもしれません。この座談会では、男性は四人、女性は二人というジェンダーバランスですね。職場でも女性研究者は少ない。家庭のことがあったりいろんなことがあったりで、一緒に勉強していてもフェードアウトしていってしまう。それは研究の中身とは関係ないもので、社会の問題と研究の中身は分けて考えるべきだと思っています。

菱田　私が就職したのは男女雇用機会均等法施行の前年だったのですが、それまでは、応募条件に「男性に限る」と本当に書いてあったところがあったんですよ。その次の年からはそういう条件はたぶん外されたと思うんですけれど。だから私より上の世代の人の感覚に対してはいろいろ思うところもありますが、いまは女性も相当増えました。私の学生時代は、男性は技師として就職し、女性はその下で補助員として働く。女性は下働きをして報告書は書くけれど、論文を書くのはどうかという感じが残っていた時代でした。

あとは、例えば女性が選びやすい分野がありました。政治や古墳の大きい部分については男性が取り組むけれど、女性はちょっと外れたことを扱うような。私も卒論では紡錘車を扱いました。あまり男性が注目しないようなところを選ぶということですね。それからもう少し後の時代でしたら、自然科学的な分野や保存処理など、どちらかというと周辺的な分野のほうに女性が集中するようなことがあったんですけれども、いまはそうした枠はわりとなくなってきているし、どんどん変わっている状況ではないかと思います。

人骨は別ですが、モノ自体には基本的に男性女性はありませんので、そこはニュートラルだとは思います。ただ教える先生が男性だと、どうしても男性の興味のあるテーマに集中していくところがあります。

ジェンダーに関しては、考古学は歴史や他の分野に比べて半歩ほど遅れているので、女性の問題を取り上げることには、まだ意味があるのかなと思います。

若狭 最近は、埋蔵文化財の調査員として自治体に就職する女性がすごく増えています。「ブラタモリ」(NHKのテレビ番組)を見ていると、タモリが訪れた遺跡や地形の解説者として、女性技師が登場するという場面もとても多いですね。私の教え子の女性も、埋蔵文化財センターでばりばり働いています。

鉄野 文学研究では、平安時代に比べると、上代の女性研究者は少なかったですね。『万葉集』ですと、先駆けは青木生子《たかこ》さん、私の師匠の世代だと阿蘇瑞枝さん。私の一回り上では平舘英子さん。皆さん日本女子大学で教鞭をとられた方々ですね。でも数が多いとは言えなかった。『万葉集』ではとくに相聞歌が非常に大きな部分を占めているんですけれども、それについては青木さんの『日本抒情詩論』(弘文堂、一九五七年)、『日本古代文芸における恋愛』(弘文堂、一九六一年)などが先駆的な研究です。しかし雑歌や挽歌に比べると、相聞歌は無名のものが多いということもあって、そこからあまり研究が進んでいないようにも思うんですね。いまは『万葉集』研究自体がそれほど盛んではないんですけれども、女性の研究者の割合が増えてきましたので、これからその辺りが開拓されていくんじゃないかとは思います。これ自体、ジェンダーバイアスのかかった発言ですけれども。

挽歌については、西郷信綱さんがかつて「女の挽歌」論を立てました。『万葉集』の実質的な挽歌の初めは天智天皇挽歌で、これは皇后はじめ後宮の人たち、宮人に当たるような人たちが詠っています。それで、「泣き女」の風習などと結びつけて、挽歌の起源は「女の哀歌」にあるという。しかし総合的に見ると、『日本書紀』に出てくる天智天皇の妻である造媛《みやつこひめ》が亡くなったときに渡来人が詠ったもの、それが挽歌的なものの最初になっていて、男性の立場で女性を悼む歌から始まっているともいえます。ですので、男女関係、相聞歌的なものから挽歌が始まっていくというふうにも見えるわけですね。そういう辺り、まだ未解明の部分があるように思います。

吉村　文学では最近は若手、中堅の研究者で女性が増えているようにも見え、いい傾向だと思います。古代史はそれほどでもないというか、偏ってるのかな……。

吉川敏子　ライフサイクルが我々の世代の上と下で違って、私より上では、出産後に大学に行きなおすガッツのある方々が散見される。私より下の世代はそのまま大学院に進学して研究を続けている人たちが多いと。私たちには、道を付けられた上の世代の方々の頑張りの恩恵を受けている部分があると思っています。状況が改善されてもまだ女性の研究者が少ないのは、やっぱり社会の問題でしょう。菱田さんが話されたような制度の問題もありましたし、家庭のことで手一杯になり結局研究から遠ざかっていかざるを得ない女性たちがいたわけで、そこの問題は男性にもしっかりと考えていただきたいですね。

■「古代人の一生」を描き出すために

吉村　今回私は、『日本書紀』とか『古事記』とか、『万葉集』もそうですし、律とか令とかについても男女に関係するものを扱ったんです。律令自体に男女差別みたいなところが、もちろんあるわけですよね。それともう一つ、『日本書紀』全体がそうですが、中国を意識したところがあり、また日本的に書かれているものもあれば、そうでないところもあるわけですね。しかも詔勅《しょうちょく》は、『続日本紀』なんかそうですけれど、中国の故事を引用している部分はどうしても出てきます。日本の古代人の実態をどう説明しているかとなると、もう一つよくわからないことが多かった。律令とか、『日本書紀』とかに出てくる語句は、家族中心、夫婦中心に考えられているかというと必ずしもそうではない。その辺りの事実を中心に分析したようなかたちになりました。

あとは布生産だとどうなるかとか、土器作りだとどうなるかというようなことですよね。それは全体の作業に関わる労働過程の問題と個々の仕事、そこで性別によって役割分担が行われているということです。ただ先ほども述べたように、律令制になると、納税単位が戸主になってきてしまうから、実際に働いている人と納税の責任者が違うということになってしまう。そういう問題も改めて考えたいということがあります。

ジェンダーを考えるというか、男性と女性の問題を考えるにしてもそうですけれども、歴史の史料、六国史などはかなり制約がありますね。同時代の史料にも社会生活の史料はいくつか出てきますが、歴史史料だけではなかなか難しい面がある。そうすると考古学と歴史学、文学が、何かのテーマに基づいて一緒に取り組むことをしない限り、全体像が解明できないと思っています。

最後に、今回は「古代人の一生」をテーマにした巻に参加していただきましたが、今後どういう研究をしていかれたいか、一言ずつお願いしたいと思います。

菱田　本書とは直接関係ないかもしれないですが、展示の場で描き出されている原始・古代の人物群像に、根拠がないものが多いのが気になっています。少なくともそれぞれの考古資料に関する復原は根拠に基づいているのですが、それを取り巻く人間の関係というのは、考古学ではなかなかわからないことまで作りこんで展示されている場合が多いんじゃないかなと思うんです。どうしても地方の文化財行政という枠の中にいると、調査成果を市民に還元するために、なるべくわかりやすく見やすく楽しく面白く、と心がけることになるのですけれども、そこで一歩立ち止まり、どこまでがわかっていることで、どこまでが想像かということがもうちょっと伝わるようなかたちで提示しないと、あまりよろしくないのではないかと思っています。そういうことについて見直したり、根拠について考えていきたいと思っています。

若狭　私は主に古墳時代の遺跡の動態論的研究をしています。例えば集団移住がありますね。古墳時代前期、関東地方には東海や北陸から大量に人がやってきて、定着していきます。男女比を含む移住の形態について、土器や家屋型式の変化の観点から考えられる可能性があると思います。また、火山噴火で埋もれている集落が発掘されています。情報量が多いため、ミクロな視点で分析を行い、家族構成などが見えてくれば面白いと思います。今回の原稿の中で、水汲みのことを書きました（本書一七二頁参照）。小さい問題ですが、意外とわかっていないんですよ。そういった生き生きとした古代の男女の姿や、老いや若きの問題が解き明かせればと思います。

吉川敏子　今回自分なりに頭の整理ができましたので、何かを考えるとき、政治史とか制度史、あるいは系譜論でも、そこにちゃんと当てはめて整合性が保てるかどうかを検証していきたいと思っております。

鉄野　最初にも述べたように、私はこれまで、大伴旅人とか家持とか、男性が歴史のなかで生きる姿が描かれている部分を中心にやっていたんですね。でも『万葉集』全体として、男女に関わる相聞歌をたくさん含んでいて、その全体を形成したのもおそらく家持たちなんだろうというふうに思っているんですよね。そういう『万葉集』の全体像がどういうものなのかということを、これから考えたいなと思います。

吉村　ありがとうございました。本書では考古学、歴史学、文学の五名が論文を書きました。「古代人の一生」と言いながら、ちょっと老人や子どもが少なかった感じがしますけれども、いわゆる男と女、ジェンダー的な問題については、研究の礎ができたのではないかと思います。皆さんどうもありがとうございました。

（二〇二三年七月三一日、岩波書店会議室にて）

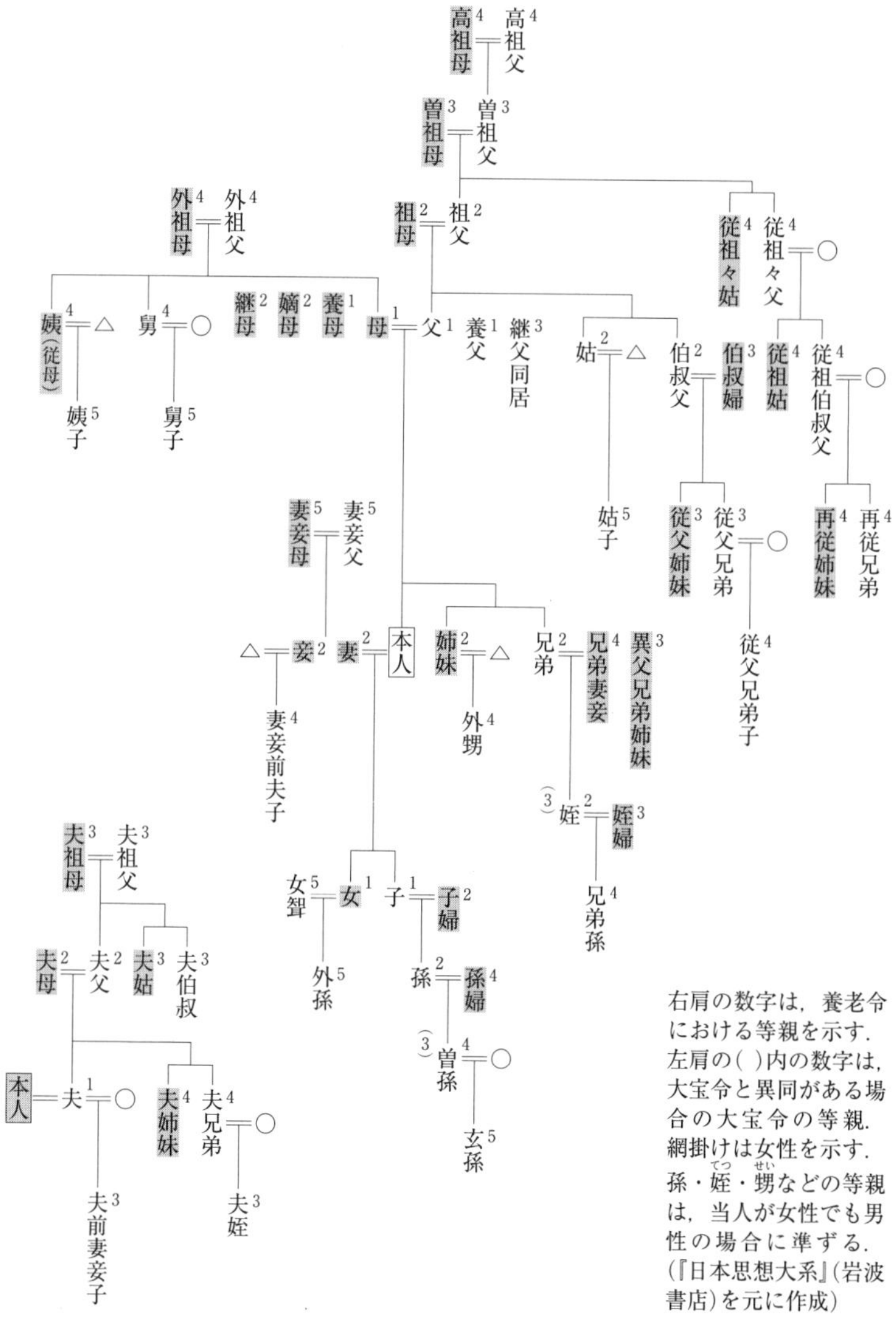

右肩の数字は，養老令における等親を示す．左肩の( )内の数字は，大宝令と異同がある場合の大宝令の等親．網掛けは女性を示す．孫・姪《てつ》・甥《せい》などの等親は，当人が女性でも男性の場合に準ずる．(『日本思想大系』(岩波書店)を元に作成)

古代五等親図

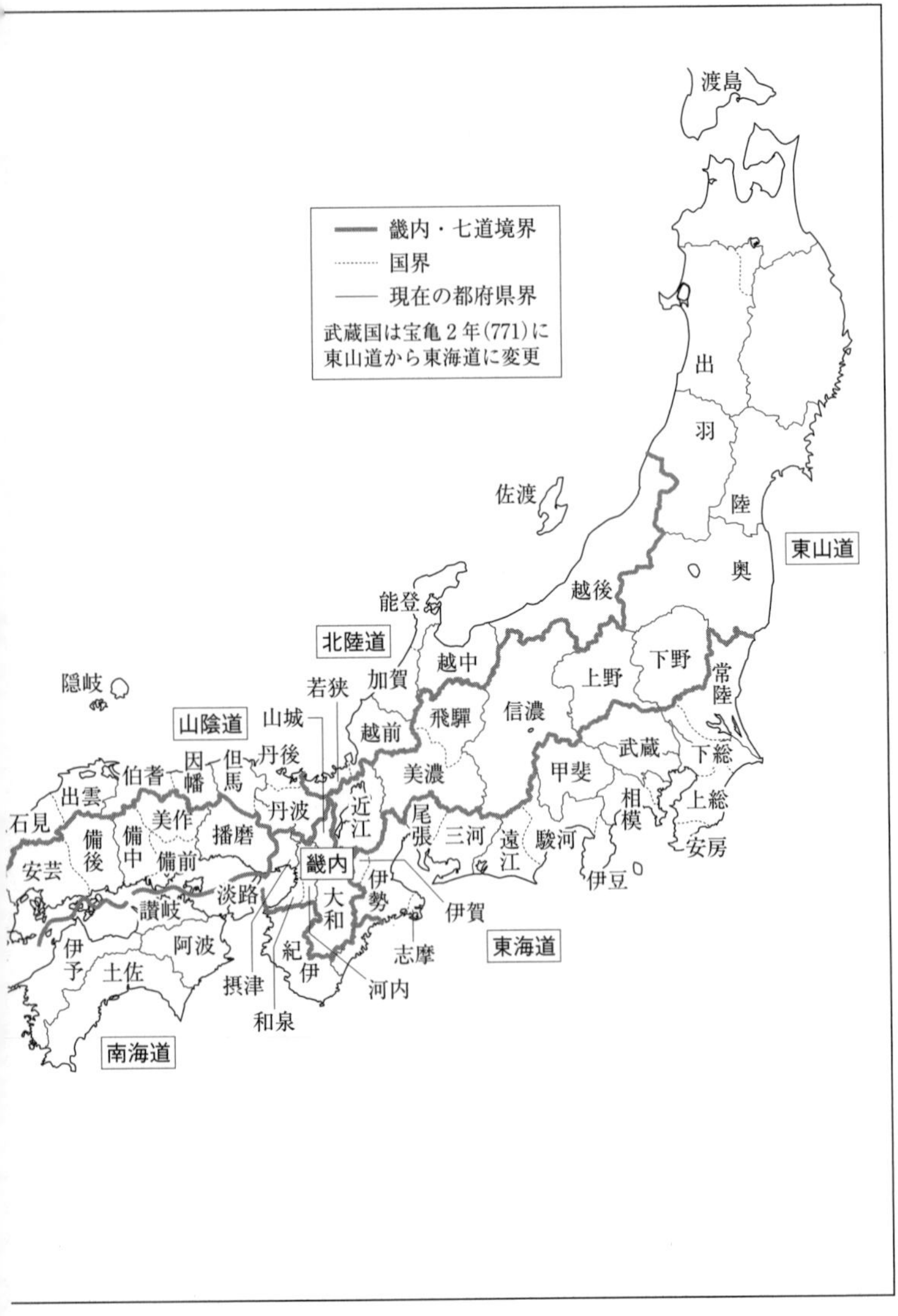

畿内・七道境界
国界
現在の都府県界
武蔵国は宝亀2年(771)に
東山道から東海道に変更
渡島
出羽
陸奥
佐渡
東山道
越後
能登
北陸道
越中
加賀
若狭
越前
飛驒
信濃
上野
下野
常陸
隠岐
山陰道
山城
丹後
因幡
但馬
伯耆
出雲
石見
美作
丹波
近江
美濃
甲斐
武蔵
下総
上総
相模
安房
備後
備中
備前
播磨
安芸
畿内
尾張
三河
遠江
駿河
伊豆
伊勢
伊賀
大和
淡路
讃岐
伊予
阿波
土佐
摂津
和泉
紀伊
河内
志摩
東海道
南海道

諸国図

国名	都府県名
大和《やまと》	奈良
河内《かわち》	大阪
和泉《いずみ》	大阪
摂津《せっつ》	兵庫・大阪
山城《やましろ》	京都
伊賀《いが》	三重
伊勢《いせ》	三重
志摩《しま》	三重
尾張《おわり》	愛知
三河《みかわ》	愛知
遠江《とおとうみ》	静岡
駿河《するが》	静岡
伊豆《いず》	静岡・東京
甲斐《かい》	山梨
相模《さがみ》	神奈川
武蔵《むさし》	埼玉・東京・神奈川
安房《あわ》	千葉
上総《かずさ》	千葉
下総《しもうさ》	千葉・茨城・埼玉・東京
常陸《ひたち》	茨城
近江《おうみ》	滋賀
美濃《みの》	岐阜
飛騨《ひだ》	岐阜
信濃《しなの》	長野
上野《こうずけ》	群馬
下野《しもつけ》	栃木
陸奥《むつ》	青森・秋田・岩手・宮城・福島
出羽《でわ》	秋田・山形

国名	都府県名
若狭《わかさ》	福井
越前《えちぜん》	福井
加賀《かが》	石川
能登《のと》	石川
越中《えっちゅう》	富山
越後《えちご》	新潟
佐渡《さど》	新潟
丹波《たんば》	兵庫・京都
丹後《たんご》	京都
但馬《たじま》	兵庫
因幡《いなば》	鳥取
伯耆《ほうき》	鳥取
出雲《いずも》	島根
石見《いわみ》	島根
隠岐《おき》	島根
播磨《はりま》	兵庫
美作《みまさか》	岡山
備前《びぜん》	岡山
備中《びっちゅう》	岡山
備後《びんご》	広島
安芸《あき》	広島
周防《すおう》	山口
長門《ながと》	山口

国名	都府県名
紀伊《きい》	和歌山・三重
淡路《あわじ》	兵庫
阿波《あわ》	徳島
讃岐《さぬき》	香川
伊予《いよ》	愛媛
土佐《とさ》	高知
筑前《ちくぜん》	福岡
筑後《ちくご》	福岡
豊前《ぶぜん》	福岡・大分
豊後《ぶんご》	大分
肥前《ひぜん》	佐賀・長崎
肥後《ひご》	熊本
日向《ひゅうが》	宮崎・鹿児島
大隅《おおすみ》	鹿児島
薩摩《さつま》	鹿児島
壱岐《いき》	長崎
対馬《つしま》	長崎

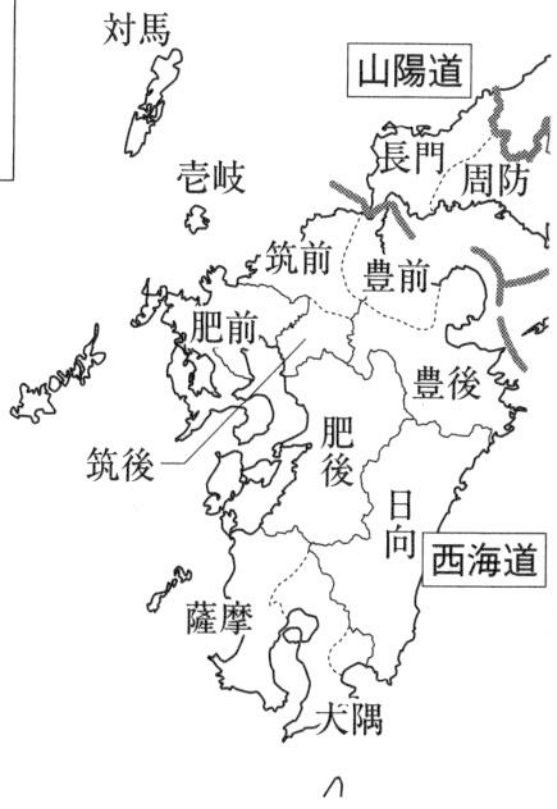

【執筆者】

吉村武彦（よしむら・たけひこ）
本書責任編集. 【編集委員】紹介参照.

菱田淳子（ひしだ・じゅんこ）
1959年生. 兵庫県立考古博物館埋蔵文化財技師. 日本考古学. 「男女の分業の起源」(『古代史の論点2』小学館), 「考古学と女性の視点」(『文化の多様性と比較考古学』考古学研究会)など.

若狭 徹（わかさ・とおる）
1962年生. 明治大学教授. 日本考古学. 『埴輪――古代の証言者たち』(角川ソフィア文庫), 『古墳時代東国の地域経営』(吉川弘文館)など.

吉川敏子（よしかわ・としこ）
1968年生. 奈良大学教授. 日本古代史. 『律令貴族成立史の研究』『氏と家の古代史』(以上, 塙書房)など.

鉄野昌弘（てつの・まさひろ）
1959年生. 東京大学教授. 上代日本文学, 特に『万葉集』. 『大伴家持「歌日誌」論考』(塙書房), 『人物叢書 大伴旅人』(吉川弘文館)など.

【編集委員】

吉村武彦

1945年生．明治大学名誉教授．日本古代史．著書に『日本古代の社会と国家』『日本古代国家形成史の研究』(以上，岩波書店)，『ヤマト王権』『大化改新を考える』(以上，岩波新書)など．

吉川真司

1960年生．京都大学教授．日本古代史．著書に『律令官僚制の研究』(塙書房)，『天皇の歴史2 聖武天皇と仏都平城京』(講談社)，『律令体制史研究』(岩波書店)，『飛鳥の都』(岩波新書)など．

川尻秋生

1961年生．早稲田大学教授．日本古代史．著書に『古代東国史の基礎的研究』(塙書房)，『日本古代の格と資財帳』(吉川弘文館)，『平安京遷都』(岩波新書)，『古代の東国2 坂東の成立』(吉川弘文館)など．

シリーズ 古代史をひらくII
古代人の一生 ── 老若男女の暮らしと生業

2023年11月28日 第1刷発行

編 者 吉村武彦《よしむらたけひこ》 吉川真司《よしかわしんじ》 川尻秋生《かわじりあきお》

発行者 坂本政謙

発行所 株式会社 岩波書店
〒101-8002 東京都千代田区一ツ橋2-5-5
電話案内 03-5210-4000
https://www.iwanami.co.jp/

印刷・三陽社 カバー・半七印刷 製本・松岳社

ISBN 978-4-00-028635-0 Printed in Japan